# ALÉM DA EXCELÊNCIA

# ALÉM DA

**Nove Estratégias** *para* **Ter Sucesso** *em*
*uma* **Era** *de* **Tensão Social, Nacionalismo
Econômico** *e* **Revolução Tecnológica**

# EXCELÊNCIA

Nikolaus Lang

Arindam Bhattacharya

Jim Hemerling

ALTA BOOKS
GRUPO EDITORIAL

Rio de Janeiro, 2022

# Além da Excelência

Copyright © 2022 da Starlin Alta Editora e Consultoria Eireli.
ISBN: 978-65-5520-709-5

> Translated from original Beyond Great. Copyright © 2020 by Arindam Bhattacharya, Nikolaus Lang and Jim Hemerling. ISBN 978-1-5417-5718-9. This translation is published and sold by permission of PublicAffairs an imprint of Perseus Books, LLC, the owner of all rights to publish and sell the same. PORTUGUESE language edition published by Starlin Alta Editora e Consultoria Eireli, Copyright © 2022 by Starlin Alta Editora e Consultoria Eireli.

Impresso no Brasil — 1ª Edição, 2022 — Edição revisada conforme o Acordo Ortográfico da Língua Portuguesa de 2009.

Todos os direitos estão reservados e protegidos por Lei. Nenhuma parte deste livro, sem autorização prévia por escrito da editora, poderá ser reproduzida ou transmitida. A violação dos Direitos Autorais é crime estabelecido na Lei nº 9.610/98 e com punição de acordo com o artigo 184 do Código Penal.

A editora não se responsabiliza pelo conteúdo da obra, formulada exclusivamente pelo(s) autor(es).

**Marcas Registradas:** Todos os termos mencionados e reconhecidos como Marca Registrada e/ou Comercial são de responsabilidade de seus proprietários. A editora informa não estar associada a nenhum produto e/ou fornecedor apresentado no livro.

**Erratas e arquivos de apoio:** No site da editora relatamos, com a devida correção, qualquer erro encontrado em nossos livros, bem como disponibilizamos arquivos de apoio se aplicáveis à obra em questão.

Acesse o site www.altabooks.com.br e procure pelo título do livro desejado para ter acesso às erratas, aos arquivos de apoio e/ou a outros conteúdos aplicáveis à obra.

**Suporte Técnico:** A obra é comercializada na forma em que está, sem direito a suporte técnico ou orientação pessoal/exclusiva ao leitor.

A editora não se responsabiliza pela manutenção, atualização e idioma dos sites referidos pelos autores nesta obra.

---

Dados Internacionais de Catalogação na Publicação (CIP) de acordo com ISBD

B575a    Bhattacharya, Arindam
　　　　　Além da Excelência: Nove Estratégias para Ter Sucesso em uma Era de Tensão Social, Nacionalismo Econômico e Revolução Tecnológica / Arindam Bhattacharya, Nikolaus Lang, Jim Hemerling ; traduzido por Matheus Araújo. - Rio de Janeiro : Alta Books, 2022.
　　　　　288 p. : il. ; 16cm x 23cm.

　　　　　Tradução de: Beyond Great
　　　　　Inclui índice.
　　　　　ISBN: 978-65-5520-709-5

　　　　　1. Autoajuda. 2. Sucesso. I. Lang, Nikolaus. II. Hemerling, Jim. III. Araújo, Matheus. IV. Título.

2022-2445　　　　　　　　　　　　　　　　　CDD 158.1
　　　　　　　　　　　　　　　　　　　　　　CDU 159.947

Elaborado por Vagner Rodolfo da Silva - CRB-8/9410

Índice para catálogo sistemático:
1. Autoajuda 158.1
2. Autoajuda 159.947

---

**Produção Editorial**
Editora Alta Books

**Diretor Editorial**
Anderson Vieira
anderson.vieira@altabooks.com.br

**Editor**
José Ruggeri
j.ruggeri@altabooks.com.br

**Gerência Comercial**
Claudio Lima
claudio@altabooks.com.br

**Gerência Marketing**
Andrea Guatiello
andrea@altabooks.com.br

**Coordenação Comercial**
Thiago Biaggi

**Coordenação de Eventos**
Viviane Paiva
comercial@altabooks.com.br

**Coordenação ADM/Finc.**
Solange Souza

**Direitos Autorais**
Raquel Porto
rights@altabooks.com.br

**Produtor da Obra**
Thales Silva

**Produtores Editoriais**
Illysabelle Trajano
Maria de Lourdes Borges
Paulo Gomes
Thiê Alves

**Equipe Comercial**
Adriana Baricelli
Ana Carolina Marinho
Daiana Costa
Fillipe Amorim
Heber Garcia
Kaique Luiz
Maira Conceição

**Equipe Editorial**
Beatriz de Assis
Betânia Santos
Brenda Rodrigues
Caroline David
Gabriela Paiva
Henrique Waldez
Kelry Oliveira
Marcelli Ferreira
Mariana Portugal
Matheus Mello

**Marketing Editorial**
Jessica Nogueira
Livia Carvalho
Marcelo Santos
Pedro Guimarães
Thiago Brito

---

**Atuaram na edição desta obra:**

**Tradução**
Matheus Araújo

**Copidesque**
Vanessa Schreiner

**Revisão Técnica**
BCG - Boston Consulting Group

**Revisão Gramatical**
Hellen Suzuki
Thais Pol

**Diagramação**
Joyce Matos

**Capa**
Paulo Gomes

Editora afiliada à:

Rua Viúva Cláudio, 291 — Bairro Industrial do Jacaré
CEP: 20.970-031 — Rio de Janeiro (RJ)
Tels.: (21) 3278-8069 / 3278-8419
www.altabooks.com.br — altabooks@altabooks.com.br
**Ouvidoria:** ouvidoria@altabooks.com.br

*Nós dedicamos* Além da Excelência *às nossas famílias:*

*Arindam: À minha esposa, Sujata, e aos nossos filhos, Ishaan e Dhiman*
*Nikolaus: À minha esposa, Miriam, e aos nossos filhos, Juliane, Johanna e*
*Jakob Jim: À minha esposa, Nicola, e aos nossos quatro filhos, Nicholas,*
*Christian, Mitchell e Alexander*

# AGRADECIMENTOS

Uma das grandes alegrias de terminar um livro como *Além da Excelência* é a oportunidade de agradecer às muitas pessoas notáveis que nos ajudaram ao longo do caminho. Somos especialmente gratos a Seth Schulman, por seu brilhante trabalho em nos ajudar a conceituar, escrever e editar o manuscrito deste livro. Seth é um profissional completo, e não poderíamos ter concluído este trabalho sem ele.

A liderança hábil de Rajah Augustinraj e Kishore Seetharam em nossa excepcional equipe de pesquisa foi vital para o desenvolvimento do livro. A parceria de Rajah e Kishore conosco foi inabalável nos últimos dezoito meses, desenvolvendo estratégias em conjunto e apoiando-as com histórias relevantes e bem pesquisadas e entrevistas instigantes. A capacidade deles em orquestrar a multidão de colaboradores foi crucial para garantir o desenvolvimento oportuno do manuscrito em cada marco importante. Da mesma forma, nossos sinceros agradecimentos vão para a equipe incansável e talentosa que trabalha com Rajah e Kishore. Alejandro Assam e Stephanie Rich forneceram a pesquisa por trás de nossos argumentos iniciais e nos ajudaram a identificar as histórias mais interessantes para contar. Paul Pavel e Ina Foalea desenvolveram esboços profundos para a parte "Além do Crescimento". Akash Sehra, Heather Cameron-Watt e Laura Vasconcellos pesquisaram as seções "Além da Operação" e "Além da Organização". Sophia Lugo e Afreen Ghauri nos ajudaram a pesquisar os tópicos de IST, liderança e resiliência e a dar os retoques finais. Nossos agradecimentos, também, a Hiba Warrach, por nos ajudar a encontrar muitos dos fatos mais importantes utilizados pela equipe, e a Rachel Gostenhofer, por sua habilidade de checar os fatos.

Gostaríamos de agradecer ao nosso agente, Todd Shuster, e à nossa editora, Colleen Lawrie, pelo sólido e inestimável apoio a este projeto. Todd serviu como um verdadeiro parceiro de pensamento, moldando o conceito do livro desde o início e nos guiando pelo intrincado processo de colocar um livro no

## viii AGRADECIMENTOS

mercado. Colleen nos guiou pacientemente ao longo dos muitos meses de escrita e edição, mostrando-nos novas maneiras de tornar o argumento conciso, direto e provocativo. Obrigado!

Tivemos a sorte de contar com vários de nossos colegas seniores como parceiros de pensamento ao longo desta jornada. Em primeiro lugar, agradecemos ao nosso CEO, Rich Lesser, por ler cuidadosamente e contribuir para o manuscrito. O livro ficou muito melhor com seus insights. Também somos profundamente gratos ao presidente global do BCG, Hans-Paul Bürkner; ao presidente do BCG na Índia, Janmejaya Sinha; e ao presidente global de pessoas do BCG, Dinesh Khanna, que moldou nosso pensamento sobre as mudanças na globalização. Agradecemos a Martin Reeves e a François Candelon, respectivamente presidente e diretor do BCG Henderson Institute, onde nós três, como bolsistas, pesquisamos as ideias que deram vida a *Além da Excelência*. Líderes de área experientes e especialistas em tópicos do BCG nos ajudaram a revelar as nuances de cada estratégia e nos indicaram empresas excepcionais para pesquisa. Agradecimentos especiais a dezesseis especialistas em tópicos, por seu envolvimento intenso: Sylvain Duranton, Karalee Close e Rajiv Gupta (dados globais e digitais); David Young (sustentabilidade); Massimo Russo e Konrad von Szczepanski (ecossistemas); Peter Rosenfeld, Daniel Küpper e Michael McAdoo (entrega flexível e cadeias de suprimentos globais); Allison Bailey, Vikram Bhalla, Martin Danoesastro, Diana Dosik, Julie Kilmann, Deborah Lovich e Sumit Sarawgi (pessoas e organização).

Estendemos nossos profundos agradecimentos aos eminentes líderes empresariais que passaram muitas horas conosco, compartilhando histórias pessoais e percepções. Temos uma dívida de gratidão com essas pessoas e esperamos que o livro realmente capture as perspectivas que elas compartilharam. Gostaríamos, também, de agradecer a vários parceiros mundiais e executivos de clientes do BCG — incluindo Daniel Azevedo, Douglas Beal, Jan Philipp Bender, Aparna Bharadwaj, Ted Chan, Ajay Chowdhury, Marc Gilbert, Volker Hämmerle, Nimisha Jain, Ryoji Kimura, Satoshi Komiya, Justin Rose, Abheek Singhi, Peter Tollman, Tomer Tzur e John Wenstrup —, por nos ajudarem a ter acesso a esses líderes.

Três consultores seniores do BCG — Bob Black, Bernd Waltermann e David Michael — revisaram criticamente nosso trabalho e serviram como nossa caixa de ressonância. Seus comentários perspicazes e suas avaliações encorajadoras nos dão grande confiança de que *Além da Excelência* será um livro extremamente relevante para nossos tempos. Este livro também não teria sido possível sem o patrocínio da Global Advantage Practice, do BCG. Agradecemos a Kasey Maggard, a diretora global de práticas, por reunir os recursos necessários e navegar incansavelmente por todos os processos internos e externos para permitir a conclusão bem-sucedida deste livro. Obrigado também a Massimo Portincaso, que, junto com Belinda Gallaugher, Eric Gregoire e Sarah McIntosh, orientou nossos esforços para levar *Além da Excelência* para o maior público possível.

Por fim, e o mais importante, queremos agradecer a cada uma de nossas famílias pelo constante apoio, encorajamento e fé, que nos sustentaram durante o árduo processo de escrever um livro. Sem vocês ao nosso lado, não teríamos sido capazes de contar a fascinante história de *Além da Excelência* e apresentá-lo a um público global. Obrigado por tudo!

**Dr. Arindam Bhattacharya** é sócio sênior do escritório de Nova Delhi do Boston Consulting Group. Ele foi o chefe do BCG Índia; é cofundador e membro do BCG Henderson Institute, braço de liderança inovadora do BCG e membro da equipe de liderança da Global Advantage. Ele pesquisa, escreve e presta consultoria sobre o tema globalização e modelos de negócios globais e deu uma palestra TED sobre o tema. É coautor do livro *Globalidade: A nova era da globalização*, nomeado pelo *Economist* para a lista de Melhores do Ano.

**Dr. Nikolaus Lang** é sócio sênior do escritório do Boston Consulting Group em Munique e líder global da Global Advantage, do BCG, apoiando clientes em uma variedade de tópicos relacionados à globalização, que vão desde geopolítica e comércio a joint ventures e ecossistemas digitais. O Dr. Lang é o maior especialista do BCG em mobilidade, conectividade e veículos autônomos. Nos últimos anos, ele liderou a colaboração do BCG com o Fórum Econômico Mundial sobre o futuro da mobilidade, ajudando a supervisionar os programas-piloto e o lançamento de veículos autônomos na cidade de Boston.

**Jim Hemerling** é sócio sênior do escritório de São Francisco do Boston Consulting Group e líder de Pessoas, Organização e Práticas de Transformação da empresa. Ele foi o líder do BCG Greater China e é membro do BCG Henderson Institute. Seu trabalho com clientes e sua pesquisa enfocam abordagens holísticas e centradas no ser humano para a transformação organizacional. Ele é um orador profícuo sobre o tema e tem uma palestra TED com ampla visualização, intitulada "5 Maneiras de Liderar em uma Era de Mudanças Constantes".

# SUMÁRIO

| | |
|---|---|
| Prefácio | xiii |
| A Excelência Não É Mais o Suficiente | 1 |

**PARTE I      Além do Crescimento**

| | |
|---|---|
| Faça o Bem, Cresça Além | 21 |
| Use Stream, Não Transporte | 47 |
| Refine Seu Jogo Global | 73 |

**PARTE II      Além da Operação**

| | |
|---|---|
| Construa um Ecossistema | 97 |
| Seja Flexível | 115 |
| Deixe os Dados Trabalharem | 135 |

**PARTE III      Além da Organização**

| | |
|---|---|
| Seja Focado, Rápido e Plano | 161 |
| Prospere com Talento | 185 |
| Adote a Transformação Contínua | 209 |
| Além da Excelência em Liderança | 231 |
| Notas | 237 |
| Índice | 269 |

# PREFÁCIO

Como navegar por estes tempos incertos? Que estratégias você implantará para construir um legado duradouro? Ao longo de sua história, o Boston Consulting Group (BCG) ajudou empresas em todo o mundo a construir e reter vantagens para alcançar o melhor desempenho. Este livro segue essa tradição, antevendo como as empresas prosperarão nos próximos anos. Como os líderes já sabem, o ambiente de negócios vem mudando rapidamente há algum tempo, e as mentalidades e abordagens que antes ajudavam as empresas a se tornarem e permanecerem excelentes não são mais suficientes. As escolhas que os líderes enfrentam para definir a estratégia, distribuir capital, desenvolver habilidades, otimizar a execução e montar uma equipe vencedora são dinâmicas, complexas e oferecem maiores riscos e retornos.

Nesse cenário, não é de se surpreender que a maioria dos líderes com quem falamos esteja procurando esquemas ilustrados, com exemplos da vida real que possam ajudar a orientar essas escolhas e esclarecer o que definirá o sucesso na década seguinte. *Além da Excelência* visa atender a essa necessidade, fornecendo um manual abrangente que os líderes podem implantar para auxiliar as empresas a prosperar em uma nova e mais tumultuada era de tensão social, nacionalismo econômico e revolução tecnológica.

Depois de anos de pesquisa intensiva com líderes em todos os setores e geografias e aproveitando o extenso trabalho com clientes do BCG em todo o mundo, Arindam Bhattacharya, Nikolaus Lang e Jim Hemerling sintetizaram um conjunto de nove estratégias fundamentais que empresas de ponta em todo o mundo estão implantando para se tornarem mais responsivas, sustentáveis, bem-sucedidas e resilientes em meio à volatilidade. Acredito que você ficará tão fascinado quanto eu ao mergulhar nas estratégias, identificar as conexões entre elas e descobrir como as empresas as implementam no mundo real para entregar valor excepcional a todos os stakeholders. Você também ficará fascinado ao descobrir que a maioria das companhias que vão além da excelência não são as gigantescas e relativamente jovens empresas digitais que atraem tanta atenção, e sim as empresas bem estabelecidas do mundo real, em setores como

##### xiv PREFÁCIO

manufatura, agricultura, produtos de consumo, tecnologia, assim como empresas de serviços financeiros e de TI. Qualquer empresa, em qualquer setor, pode usar a sabedoria contida neste livro para ir *além*, aumentando a capacidade de prosperar e crescer na década seguinte. E, como os autores também apontam, qualquer líder pode cultivar práticas que o ajudarão a impulsionar as habilidades de transformação e a mentalidade necessárias para ir *além*.

Em adição às mudanças já rápidas dos últimos anos, a pandemia de Covid-19 e o choque macroeconômico dela resultante acrescentaram outro nível de estresse e desafio para se navegar nos próximos anos. Para a maioria das empresas, as pressões serão ainda maiores, e os graus de liberdade parecerão mais restritos. Mas, ao enfrentarmos essa nova realidade, há dois elementos essenciais que devemos ter em mente. Em primeiro lugar, ambientes difíceis têm apresentado, historicamente, períodos mais férteis para inovar e mudar posições competitivas. Em segundo, as primeiras indicações são de que o ambiente atual está agindo para impulsionar as tendências subjacentes dos últimos anos: mudanças mais rápidas no comportamento online do consumidor e novas formas de trabalhar; maior ênfase na resiliência e no escrutínio do comportamento empresarial para todos os stakeholders; e aumento das pressões sociais e geopolíticas.

Isso sugere que as estratégias em *Além da Excelência* não são meros aspectos desejáveis que podem ser adiados para quando os tempos melhorarem, mas prioridades mais urgentes a serem aceleradas. Conforme ilustrado ao longo deste livro, as empresas que adotaram elementos do manual apresentado aqui foram pioneiras em propostas de valor na criação de setores, alavancaram a tecnologia para reengenharia de operações e transformaram organizações, antes estagnadas, em potências de dinamismo e inovação. No processo, elas aceleraram a criação de valor e aumentaram sua resiliência. Por mais assustador que seja, nossa era atual não é o momento para nos comportarmos de forma tímida. É hora de obter inspiração, forjar as próprias estratégias e liderar o caminho a seguir. Líderes há muito concebem a *excelência* como uma ambição digna. Você e sua empresa têm o necessário para ir *além*.

Desejo a você o melhor nesta jornada emocionante.

Rich Lesser CEO,
Boston Consulting Group Junho de 2020

## INTRODUÇÃO

# A EXCELÊNCIA NÃO É MAIS O SUFICIENTE

Você é um executivo de uma grande empresa de manufatura e, depois de desfrutar de anos de crescimento, agora enfrenta um sério problema. Uma crise de saúde global irrompeu, e autoridades governamentais no exterior fecharam um de seus principais fornecedores de peças, impedindo o funcionamento dessas instalações. O fornecedor sequer atenderá o telefone. Em sua cadeia de suprimentos global altamente eficiente e just-in-time, você não tem uma fonte alternativa para essas peças. Seus estoques estão acabando e, quando acabarem, suas linhas de produção serão interrompidas. Se essa paralisação durar semanas em vez de alguns dias, os efeitos financeiros podem ser catastróficos, dizimando os lucros do ano inteiro. O que você faz?

Muitas empresas vivenciaram esse cenário em 2020, quando a crise da Covid-19 fechou grandes setores da economia global. Embora extremamente raros, esses choques no sistema parecem ter se tornado mais comuns — basta considerar os surtos de SARS e de H1N1, choques econômicos como a crise financeira de 2008 ou choques políticos como o Brexit. Muito antes da pandemia de Covid, Marc Bitzer, então diretor de operações e agora diretor-executivo da fabricante de bens duráveis Whirlpool, comentou conosco que a economia global havia entrado em uma nova era, que ele chamou de "tempos difíceis".[1] Referindo-se a recentes desenvolvimentos políticos em todo o mundo, ele observou que as empresas agora enfrentam questões estratégicas complexas, como onde alocar as fábricas, se devem deslocar instalações entre continentes para contornar a incerteza em termos de impostos alfandegários e se devem abandonar totalmente as estratégias globais, pois fazer negócios em alguns países antes atraentes tornou-se muito difícil e arriscado. Mas, segundo

## 2 ALÉM DA EXCELÊNCIA

Bitzer, nosso mundo mais volátil também apresentou uma grande oportunidade para as empresas, sobretudo aquelas que primaram por compreender as tendências de consumo globais. "Mesmo em nosso setor, supostamente 'monótono'", disse ele, "o crescimento da conectividade digital acelerou o ritmo de convergência de consumidores de modo impressionante".

Mais do que a própria volatilidade, o que essas crises parecem destacar é a inadequação das estratégias de negócios que as empresas implementam há tempos para prosperar. Durante a última parte do século XX, as maiores e mais admiradas empresas do mundo se empenharam em oferecer excepcionais retornos totais aos acionistas (RTA).[2] Elas fizeram isso por meio da venda de produtos e serviços diferenciados, de uma operação eficaz e em escala e da otimização de processos para vencer em um sistema global que proporcionava regras claras e resultados previsíveis, graças à liberalização do comércio e ao crescimento do multilateralismo. Hoje, essas propostas de valor para o cliente e as estratégias operacionais e organizacionais destinadas a gerar escala e eficiência não são mais suficientes para produzir um RTA excepcional, muito menos sustentá-lo ao longo do tempo. Em 1965, uma empresa de capital aberto permanecia no índice S&P 500, em média, por uma geração — cerca de 33 anos. Em 2016, a permanência média no S&P 500 havia encolhido para 24 anos.[3] Da mesma forma, conforme revelou a pesquisa do Boston Consulting Group (BCG), a expectativa de vida das empresas públicas está diminuindo — de cerca de sessenta anos, em 1970, para menos de quarenta, em 2010.[4] Os mandatos dos CEOs também estão encolhendo.[5] A lacuna entre as empresas de desempenho superior e as de inferior está aumentando, e as empresas que entregam um RTA forte estão tendo mais dificuldade em sustentá-lo.[6]

Ao analisar as empresas — locais e globais — cada vez mais vulneráveis da atualidade, encontramos uma série de desafios que, em uma era volátil, as impedem de fornecer retornos sustentáveis e excepcionais aos acionistas e, mais ainda, de ter um impacto positivo na sociedade. Os líderes impulsionam propostas de valor desatualizadas, que os clientes não desejam, e mantêm densas pegadas globais que corroem os lucros, apesar de a concorrência local e o nacionalismo econômico em alguns mercados de alto crescimento representarem novos desafios incômodos. Eles se sentem paralisados por processos e cultura internos que os impossibilitam de compreender os consumidores em constante mudança e de construir relacionamentos de longo prazo que atendam às necessidades dos clientes. Debatem-se com práticas tradicionais de gestão de pessoas que os impedem de atrair, inspirar e reter os melhores inovadores, engenheiros, cientistas de dados e profissionais de marketing digital. Acima de tudo, os líderes enfrentam demandas de governos, comunidades, clientes e funcionários para operar de forma mais sustentável e responsável. Como disse nosso CEO, Rich Lesser, "a Covid-19 serviu para acelerar drasticamente as tendências e pressões globais e antecipou o futuro". Os líderes percebem que os parâmetros de desempenho das empresas mudaram e que os modelos de negócios legados, que funcionaram tão bem por tanto tempo, não serão suficientes nos próximos anos. Eles sabem que precisam de um novo manual de estratégias para vencer, sobretudo no contexto pós-Covid, mas não têm certeza do que exatamente ele deve incluir.

## Indo Além da *Excelência*

Algumas empresas começaram a traçar um novo caminho a seguir, criando estratégias pioneiras destinadas a ajudá-las a se adaptarem a esta nova era e a torná-las resilientes. Como essas empresas de ponta percebem, não é mais suficiente oferecer ótimo desempenho com a venda de produtos e serviços diferenciados. As empresas devem ir *além* e oferecer soluções personalizadas que entreguem resultados e experiências que encantem os clientes. Também não é mais suficiente para os clientes que as empresas mantenham a rede mais econômica de centros de distribuição e de produção. Elas devem ir *além* e de-senvolver uma rede flexível o suficiente para lidar com interrupções repentinas e mudanças nas regras (por exemplo, aumentos súbitos de tarifas ou restrições de vistos sobre o deslocamento de pessoas) e para se ajustar rapidamente às mudanças nas necessidades dos clientes. As empresas têm que ir além da defi-nição de *excelência* usada no século XX, em termos de estratégias de cresci-mento, modelos operacionais e estruturas organizacionais, e construir novas formas de vantagem próprias para o século XXI.

No entanto, as empresas de ponta estão indo *além da excelência* em um segundo sentido, redefinindo a própria noção de desempenho excepcional. O retorno dos acionistas continua sendo um parâmetro essencial para essas empresas, mas elas estão buscando esses retornos com um novo objetivo — fazer a diferença não apenas para os acionistas, mas também para *todos* os

# 4 ALÉM DA EXCELÊNCIA

stakeholders, incluindo clientes, funcionários, comunidades locais, governos e meio ambiente. Essas empresas de ponta perceberam que o caminho mais fácil para um RTA de longo prazo, sustentado e de alto nível em meio à volatilidade, é reimaginar o crescimento, as operações e a organização de maneiras que promovam a resiliência e, também, gerem impacto para todos os stakeholders, Assim, elas estão adotando um novo manual de estratégias para prosperarem em longo prazo, tornarem-se mais resilientes em face de desafios e choques imprevistos *e* mais sensíveis às necessidades sociais e ambientais.

Você pode presumir que essas empresas de ponta são as grandes organizações digitais que dominam a mídia — que vão na linha de Google, Netflix e Alibaba —, e que as grandes empresas tradicionais e bem estabelecidas invariavelmente estão ficando para trás. Na verdade, não é o caso. Nenhum setor é mais antiquado do que a agricultura, e, ainda assim, a respeitável empresa John Deere está reinventando o setor por meio do pioneirismo em novas propostas com uso intensivo de dados e se reconfigurando internamente para entregá-las. Líderes de setores, como a PepsiCo e a Mastercard, também adotaram novos propósitos e novas estratégias de apoio para vencer; a PepsiCo se transformou para prosperar de forma sustentável e responsável, e a Mastercard se posicionou para competir com empresas de fintech ágeis, provocando uma disrupção no setor de serviços financeiros. A Tata Consultancy Services (TCS), empresa indiana de serviços de software, empreendeu uma série de transformações abrangentes para se manter à frente das mudanças e se tornar um parceiro estratégico em grande escala para seus clientes. Todas as quatro empresas criaram e mantiveram um valor enorme não apenas para os acionistas, mas para todos os stakeholders.

Dentre elas, o caso da TCS parece ser o mais intrigante, dada sua trajetória histórica. Fundada em 1968 como parte do Tata Group e estabelecida em um curto período como uma empresa global, a TCS cresceu rapidamente durante o final do século XX, competindo com base em escala, vantagem de custo, automação, foco no desenvolvimento de propriedade intelectual e com uma estratégia de modelo de fábrica de serviços enxuta, na qual a empresa foi pioneira. Em 2001, a TCS conquistou a *excelência*, na definição tradicional do termo, atingindo margens de cerca de 30% sobre uma receita de US$690 milhões.[7] Ela deveria ter sido atingida com força pela crise financeira global e suas consequências, em especial devido à desaceleração do crescimento econômico — na Índia e em outros mercados emergentes em relação aos desenvolvidos — e à erosão da vantagem de escala da empresa gerada por seu modelo industrializado de distribuição de serviços de software. No entanto, a TCS prosperou, não por ter apostado nas estratégias que a levaram à excelência, mas porque seus líderes buscaram novas estratégias. Nas últimas duas décadas, a empresa se transformou, de modo reiterado, para acompanhar as drásticas mudanças no ambiente externo e para se tornar mais flexível e resiliente. Os frutos desse esforço ficaram mais evidentes em 2020, quando a TCS foi capaz de continuar operando com interrupções mínimas durante a pandemia de Covid-19.

Em especial, a TCS redefiniu seu relacionamento com os clientes, oferecendo um amplo portfólio de serviços que incorporam as tecnologias mais recentes, independentemente da localização dos clientes no mundo.[8] Transformou a rede de distribuição offshore com vantagens econômicas e em larga escala, na qual foi pioneira, adotando um novo modelo de distribuição global mais flexível que inclui instalações — todas conectadas por meio de nuvem — de custo médio e alto, com localização mais próxima dos clientes em mercados desenvolvidos. Essa nova rede de distribuição oferece aos clientes mais opções em termos de custo, além de reduzir os riscos — pois, se surgirem problemas regionais, a rede como um todo permanecerá intacta. A TCS também "servitizou" suas ofertas; em vez de fornecer um único tipo de serviço, passou a oferecer soluções personalizadas, que envolvem uma ampla gama de tecnologias e abordam resultados de negócios específicos. Ao longo do tempo, a TCS buscou de modo ativo uma visão multissetorial desse negócio, alavancando as habilidades tecnológicas de excelência da empresa para efetuar mudanças em comunidades locais de todo o mundo. Embora nesse último aspecto a TCS tenha se mantido à frente do tempo, ela também voltou às raízes. Como observou Jamsetji N. Tata, fundador do Tata Group, em meados do século XIX: "Em uma empresa livre, a comunidade não é apenas mais um stakeholder nos negócios; na verdade, é o propósito de sua existência."[9]

Os esforços contínuos e diversificados de transformação da TCS, aliados à sua determinação abrangente em contribuir de modo positivo para a sociedade, permitiram que a empresa entregasse e sustentasse um valor excepcional para os acionistas. Entre 2009 e 2020, a capitalização de mercado da empresa aumentou mais de dez vezes, atingindo um pico de mais de US$120

## 6 ALÉM DA EXCELÊNCIA

bilhões. Em 2020, a TCS detinha uma das maiores capitalizações de mercado entre as empresas globais de serviços de TI —, no mesmo patamar que a IBM e a Accenture, apesar de apresentar receitas muito mais baixas.[10] Para sustentar um excelente desempenho em meio à volatilidade, a TCS foi além das estratégias tradicionais para se tornar mais resiliente e beneficiar um grupo mais amplo de interessados. "Dizemos que o crescimento é a fonte de toda a nossa energia", comentou N. Chandrasekaran (atual presidente do Tata Group). "Cada uma das unidades [de negócios da empresa] está focada no tipo certo de crescimento: receita, lucros, conhecimento, pessoas e relacionamento mais profundo com os clientes. Para nós, o crescimento é holístico, não unidimensional."[11]

As empresas digitais podem ter sido pioneiras em dispensar as estratégias que tradicionalmente beneficiaram as incumbentes, mas o sucesso sustentado de empresas como TCS, John Deere e Mastercard sugere que, nesta nova era de volatilidade, o campo de jogo de incumbentes e insurgentes digitais está muito mais nivelado do que antes. As empresas incumbentes de todos os setores estão reagindo, aprendendo com empresas digitais a alavancar novas tecnologias e estratégias inovadoras que podem ser sobrepostas às práticas existentes, para aproveitar ao máximo seu tamanho e criar novas formas de vantagem. A Siemens, a Philips e a Nokia estão se transformando de modo a criar mais resiliência, aumentar a lucratividade e, ao mesmo tempo, permitir uma resposta melhor às necessidades sociais e ambientais. Diversas empresas nos setores de varejo, serviços financeiros e de consumo fizeram o mesmo. Como exatamente essas empresas estão conseguindo enfrentar e dominar os desafios desses tempos difíceis, enquanto tantas outras, não? Quais são as estratégias de sucesso? E como você pode começar a adaptar estratégias semelhantes para a sua própria empresa?

### Três Forças que Estão Mudando o Mundo

Em 2016, lemos um artigo no Fórum Econômico Mundial alegando que "a globalização está morta" e que os negócios globais "cruzaram os limites do mapa em direção à *terra incognita*".[12] Para nós, essa foi uma afirmação chocante, visto que, em muitos lugares do mundo, os executivos de negócios ainda estavam bastante otimistas em relação à globalização e ao crescimento global. Curiosos sobre o que realmente mudou e o que não mudou, bem como se algumas empresas de ponta estavam se adiantando a essa mudança, iniciamos uma pesquisa com dezenas de empresas, entrevistando executivos e sondando suas estratégias de crescimento e as medidas operacionais que estavam tomando.

Como vimos na época, a globalização não estava morta nem moribunda. Quando se tratava de fluxos de dados transnacionais, do número de turistas internacionais ou mesmo da quantidade de remessas enviadas para casa por trabalhadores estrangeiros, a integração global estava, na verdade, acelerando-se. Mas as regras do jogo mudaram radicalmente e a turbulência aumentou, criando ameaças e também enormes oportunidades. Algumas empresas globais estavam prosperando porque seus líderes estavam atentos às oportunidades e pressionavam suas organizações a se adaptarem e se tornarem mais resilientes. Muitos continuaram passivos, apegados a estratégias e abordagens convencionais, que não eram tão eficazes quanto antes.

Com base nessa pesquisa, identificamos *três forças fundamentais* que estavam (e estão) transformando a própria natureza dos negócios globais como a conhecemos nos últimos 150 anos. Cada uma dessas forças incorporou uma ou mais tendências históricas de longa data que se desenvolveram nos domínios da tecnologia, da sociedade, da política, da saúde e do meio ambiente. A primeira é a tensão social desencadeada por duas mudanças distintas, porém relacionadas: o agravamento da pressão sobre nosso ecossistema natural e o crescente descontentamento com o capitalismo e a desigualdade resultante dele. Um século e meio de industrialização esgotou severamente nosso mundo natural e seus recursos, levando à mudança climática, à poluição galopante, à perda de biodiversidade e a uma série de crises de saúde humana concomitantes. Enquanto, antes, os cidadãos consideravam a proteção do meio ambiente natural um papel do governo, agora eles exigem que as empresas tomem medidas agressivas. Mas essa não é a única exigência. A crescente desigualdade em muitos países alimentou o ceticismo generalizado em relação ao capitalismo entre funcionários, acionistas ativistas e outros. Aumentam os clamores por parte de clientes e funcionários para as empresas irem além da maximização do valor ao acionista e passarem a entregar benefícios sociais claros.[13]

A segunda força que está transformando o ambiente de negócios global é o crescente nacionalismo econômico e a erosão contínua da hegemonia dos Estados Unidos. Embora os Estados Unidos permaneçam singularmente poderosos em termos econômicos, militares e tecnológicos, a contribuição da China para o PIB global triplicou desde 2000. O aumento da intensa competição entre esses dois países impacta não apenas suas economias, mas toda a economia mundial. A crescente desconfiança e as ações de retaliação entre os Estados Unidos e a China, especialmente com a pandemia, tornam a geopolítica global muito mais complexa e volátil. Embora nas últimas décadas parecesse que os mercados emergentes atingiriam paridade de PIB com os mercados desenvolvidos, sustentados por um crescimento mais rápido (o que alguns economistas chamaram de "grande convergência"),[14] isso não aconteceu. Apesar de a Covid-19 ter causado estragos nas economias desenvolvidas, na última década, o crescimento das economias em desenvolvimento desacelerou de modo coletivo, enquanto o das economias desenvolvidas acelerou.[15] As economias asiáticas cresceram mais rapidamente do que a do mundo como um todo, apesar de o crescimento em países como a Turquia e o Brasil — os quais, antes da crise financeira global, apresentavam economias em rápida expansão — ter se tornado mais volátil. Dentro dos países, vemos a desigualdade aumentando, e certas indústrias e segmentos da população prosperando mais do que outros. Por essas razões, atualmente, as empresas devem buscar bolsões de crescimento específicos do setor dentro de países específicos, em vez de apenas procurar expandir-se amplamente nas economias em desenvolvimento.

O nacionalismo econômico intensificado também acelerou o declínio do multilateralismo que surgiu em resposta à Segunda Guerra Mundial. Entre 2012 e 2017, o número de ações protecionistas empreendidas pelos Estados Unidos quase dobrou (e continua aumentando), e a maioria das demais economias experimentou um aumento dessas ações.[16] Em 2009, cerca de 20% das exportações dos países do G20 foram "afetadas por distorções comerciais", enquanto, em 2017, esse número foi de mais de 50%.[17] Em todo o mundo, a identidade nacional assumiu uma nova importância e está influenciando cada vez mais o comportamento do consumidor — uma tendência que alguns comentaristas chamam de tribalismo. Nas sociedades ocidentais, a crescente desigualdade também estimulou o nacionalismo, com grandes segmentos da sociedade se sentindo vitimados pela globalização devido à estagnação dos salários reais e à perda dos clássicos empregos de alta remuneração na indústria. Como resultado, os processos e as instituições multilaterais estão encolhendo, e o progresso na negociação de novos acordos comerciais multilaterais desacelerou. Em uma pesquisa de 2018, um terço das cadeias de abastecimento globais citou as políticas protecionistas como, nas palavras de um jornalista, um "grande desafio".[18] A tendência é que esse desafio se agrave à medida que a Covid-19 intensifica ainda mais o sentimento nacionalista.

A terceira e última força que reescreve as regras dos negócios globais é uma revolução tecnológica alimentada pelo crescimento exponencial dos dados globais e das tecnologias digitais. Os fluxos de dados entre os países dobram a cada dois anos, desmentindo qualquer afirmação do fim da globalização e tornando o mundo online cada vez mais sem fronteiras.[19] Em 2019, o valor do comércio eletrônico global, tanto doméstico quanto internacional, era quase o dobro do comércio de bens físicos — cerca de US$42 trilhões e US$24 trilhões, respectivamente.[20]

Em especial, o uso crescente de tecnologias de Internet das Coisas (IoT) está transformando a economia da manufatura, a natureza do trabalho dentro das fábricas e a maneira como as empresas podem entregar valor aos clientes, uma transformação acelerada por restrições relacionadas à saúde no deslocamento físico de pessoas. A conectividade digital também levou ao surgimento de um novo consumidor global. Chegar até os clientes costumava significar entregar mercadorias em toda a divisão geográfica, mas, com as tecnologias digitais, as empresas podem entregar cada vez mais serviços e experiências aos clientes, independentemente de sua localização — uma tendência que se tornou mais acentuada durante a pandemia de Covid-19, conforme grande parte do consumo passou a ser em casa. Enquanto isso, o comércio digital está produzindo um nivelamento do comportamento e das expectativas do consumidor além das fronteiras. Os consumidores em lugares como Índia e China esperam produtos e serviços de qualidade, entrega pontual, capacidade de pedido online e de resposta às suas necessidades em evolução, assim como fazem os consumidores nas economias desenvolvidas.

## Nove Estratégias para Ir Além da Excelência

Em conjunto, essas três forças estão transformando o cenário global, embaralhando as estratégias tradicionais que os líderes usam há muito para competir. Uma nova era está, de fato, chegando — uma que certamente evoluirá ainda mais nas próximas décadas. Uma característica permanente desta nova era é a volatilidade impulsionada por choques disruptivos mais frequentes nos mercados e no sistema econômico global. Agora as empresas precisam enfrentar um número cada vez maior de poderosos eventos climáticos, graças à degradação do clima; obsolescência tecnológica mais rápida e riscos de cibersegurança, devido à nossa dependência de novas tecnologias digitais; tarifas comerciais súbitas e barreiras não tarifárias decorrentes do nacionalismo econômico; e a mudança rápida de comportamento do consumidor em resposta a um tuíte ou a uma postagem no Facebook de um canto obscuro do mundo. As três forças também estão deixando as empresas mais suscetíveis a choques tradicionais, como colapso financeiro ou econômico, conflitos geopolíticos e pandemias sanitárias. Maior conexão global significa que os riscos não são apenas mais complexos, mas se espalham com mais rapidez, conforme vimos com a pandemia de Covid-19. Enquanto escrevemos isto, o Cboe Volatility Index, ou VIX — o "medidor do medo", como é conhecido —, atingiu seu pico desde a crise financeira,[21] subindo para 85,47 no dia 18 de março de 2020.[22]

No entanto, por mais volátil e incerto que o mundo tenha se tornado, essas três forças também criaram enormes oportunidades para que as incumbentes construam novas formas de vantagem. Essas empresas estabelecidas podem oferecer sólidos retornos aos acionistas por meio da alavancagem de tecnologia para construir modelos de negócios resilientes, ao mesmo tempo que geram imensos benefícios sociais. Diante dos fracassos governamentais em lidar com as enormes ameaças à sociedade e ao ecossistema natural, comunidades, funcionários, governos e um número cada vez maior de acionistas passaram a pedir às empresas que se esforcem e façam mais. Em 2019, a Business Roundtable, uma organização que representa os CEOs das maiores empresas dos Estados Unidos, divulgou uma "declaração sobre o propósito de uma corporação" que colocava a geração de valor para o acionista em último dentre uma lista de cinco dimensões de propósito, depois de "entrega de valor aos clientes", "investir nos funcionários", "lidar de forma justa e ética com fornecedores" e "apoiar as comunidades em que trabalham".[23] Conforme documentamos em nossa pesquisa, empresas de ponta estão adotando tais conceitos de propósito, ao mesmo tempo que tomam medidas para criar mais capacidade de resposta e resiliência em suas estratégias de crescimento, operações e organizações. Um bom exemplo entre muitos é a PepsiCo, que, nos últimos anos, perseguiu agressivamente uma estratégia chamada desempenho com propósito. A PepsiCo, assim como outras empresas com propósito específico, não está abandonando de modo indiscriminado suas antigas propostas de valor, cadeias de suprimentos, estratégias de gestão de talentos ou estruturas organizacionais. Em vez disso, ela as mantém no que é apropriado, mas também constrói um novo conjunto de estratégias que a habilitará a exercer novas formas de vantagem, aumentar a resiliência e liberar valor sustentado para seus stakeholders — em outras palavras, isso permitirá que ela avance cada vez mais, *além da excelência.*

Ao analisar as ações da empresa, bem como várias entrevistas que fizemos com líderes e outros stakeholders, descobrimos que os executivos dessas empresas de ponta bem-sucedidas estão silenciosamente "liquefazendo" a organização, como declarou um gerente sênior. Ou seja, eles estão construindo organizações fluidas, flexíveis e ágeis, capazes de se adaptar e explorar as mudanças nas necessidades dos consumidores, nos regimes regulatórios, nas condições econômicas e nas tecnologias. Eles entregam soluções e experiências inovadoras e incríveis, em muitos casos, conectando-as a produtos físicos. Repensam quais elementos das operações globais centralizar, para reter ou construir vantagem de escala, e quais aprofundar ou construir localmente, para ajudar a tornar todo o sistema mais responsivo e resiliente. Constroem amplas redes de parceiros e aprendem a colaborar de modo remoto. Desenvolvem identidades fortes nos mercados locais, para se adaptar ao sentimento público e aos requisitos do governo. Incorporam a preocupação com as pessoas, o planeta e as comunidades em suas estratégias de crescimento, tornando as empresas mais objetivas e mobilizando as maiores habilidades e competências das organizações, para lidar com problemas sociais e ambientais urgentes. Ao mesmo tempo, os líderes continuam mantendo intactas muitas partes das antigas estratégias, cadeias de suprimentos globais e competências. Na verdade, as empresas globais mais dinâmicas e bem-sucedidas estão se tornando empresas duplas, capazes de fazer duas coisas ao mesmo tempo — unir o novo e o velho, o líquido e o sólido, o menor custo e a maior velocidade e eficiência e resiliên-

# 12 ALÉM DA EXCELÊNCIA

cia. Os líderes mais bem-sucedidos são aqueles que adotam essa mentalidade de ambiguidade, contradição, abertura e mudança perpétua, ao mesmo tempo que mantêm um pé firmemente plantado no passado.

À medida que as características de nossa nova era de volatilidade ficavam mais claras para nós, conforme o surgimento de um padrão de desempenho novo e mais ambicioso tornou-se inegável, e ao observarmos empresas de ponta construindo novas formas de vantagem, redobramos nossos esforços de pesquisa. Nosso objetivo era entender e codificar as ações e abordagens que permitiriam às empresas atingir ou superar os parâmetros de desempenho nas próximas décadas. Ao longo de muitos anos, nossa equipe desenvolveu dezenas de estudos de caso, avaliou extensos dados quantitativos do BCG, realizou uma ampla pesquisa secundária e conduziu várias centenas de entrevistas adicionais com líderes empresariais seniores.

Nossa conclusão — que talvez não seja surpreendente — foi de que não existia uma estratégia única para ajudar as empresas a irem além da excelência. Em vez disso, uma constelação de estratégias adotadas por empresas e adaptadas a suas situações competitivas e a seus setores específicos foram responsáveis pelo sucesso. Ao examinar nossas descobertas de pesquisa e extrair insights, e com base em nosso extenso trabalho com os clientes BCG, nós destilamos *nove estratégias principais* e um conjunto de imperativos de liderança capazes de produzir as empresas sustentáveis de alto desempenho de amanhã. Em conjunto, essas estratégias envolvem todas as partes da companhia, desde suas propostas de valor e cadeias de suprimentos globais até a busca pelos compromissos com os funcionários e os stakeholders. Uma empresa além da excelência tem que fazer o seguinte:

- **Reimaginar suas operações principais para gerar impacto social e, assim, um RTA sustentado de longo prazo, em vez de considerar o impacto social como uma atividade separada do núcleo.** Empresas que podem integrar de maneira inteligente *fazer o bem* em suas principais estratégias e operações proporcionarão altos retornos sustentáveis para os acionistas, ao mesmo tempo que impactarão positivamente todos os stakeholders.

# A EXCELÊNCIA NÃO É MAIS O SUFICIENTE 13

- **Oferecer soluções e experiências digitais atraentes, não apenas produtos ou serviços físicos.** As empresas de ponta da atualidade assumem a propriedade total dos resultados e das experiências para os clientes. Ao aproveitar as tecnologias digitais, elas se aprofundam no ciclo de vida de uso para atender às necessidades não satisfeitas, seja ao enxertar novas soluções em produtos e serviços físicos ou ao substituí-los completamente.

- **Crescer seletivamente (ou seja, onde puderem reivindicar uma participação lucrativa no mercado) e de maneiras adequadas para o ambiente local, não em todos os lugares ao mesmo tempo.** As empresas de ponta usam modelos de negócios asset light, digitais ou centrados em e-commerce para entrar em novos mercados e se expandir rapidamente. Elas também se tornam mais seletivas em relação a quais mercados entrar e, paradoxalmente, aprofundam seu envolvimento nos mercados escolhidos.

- **Complementar as cadeias de valor tradicionais com novas redes de valor dinâmicas capazes de criar e fornecer soluções, resultados e experiências que os clientes desejam.** Essas redes ou ecossistemas de valor receberam muita publicidade. Mas, como as empresas de ponta estão descobrindo, alguns ecossistemas funcionam melhor do que outros.

- **Investir em fábricas e centros de entrega multilocais de alta tecnologia que, combinados com capacidades de baixo custo, podem entregar ofertas personalizadas com rapidez.** Os atuais modelos de distribuição devem ser de alta velocidade, ágeis e resilientes diante de interrupções, além de ter um baixo custo.

- **Construir uma arquitetura de dados global e recursos analíticos para sustentar as outras oito estratégias.** As empresas de ponta consideram os dados globais como o combustível precioso que não apenas prevê o desempenho futuro ou o comportamento do consumidor, mas também impulsiona propostas de valor vencedoras.

- **Afastar-se do modelo organizacional de matriz tradicional em favor de equipes ágeis com foco no cliente, suportadas por recursos de pla-**

**14** ALÉM DA EXCELÊNCIA

**taforma.** A burocracia e a distância do cliente são fatais em uma era de volatilidade — e as empresas de ponta da atualidade sabem disso.

- **Adquirir, retreinar, inspirar e capacitar uma força de trabalho engajada e experiente em termos digitais.** Hoje, as empresas devem atender mais de perto ao que uma nova geração de funcionários deseja e precisa. Elas devem mudar fundamentalmente a forma como encontram, inspiram e desenvolvem uma força de trabalho do século XXI.

- **Adotar a transformação sempre ativa em vez das iniciativas tradicionais de mudança única.** Essa estratégia é essencial para ter sucesso nas outras oito. Para competir e vencer em ambientes de negócios voláteis e em rápida evolução, as companhias globais devem ser adeptas da busca por transformações múltiplas, de modo contínuo.

Nenhuma empresa que estudamos adota todas essas estratégias. Algumas se engajavam em três ou quatro, e poucas das escolhidas intentavam cinco ou mais. Levada à sua conclusão lógica, cada uma dessas estratégias (facilitadas pelos imperativos de liderança descritos no final deste livro) acarreta uma profunda transformação da empresa. Em conjunto, elas levam à reformulação total da empresa, transformando-a em uma organização mais responsiva e resiliente em face de uma volatilidade muito maior e capaz de impactar positivamente um conjunto mais amplo de stakeholders. Em última análise, elas constituem a base para o sucesso global no século XXI, um manual abrangente que qualquer empresa, local ou global, pode implantar para crescer além da excelência.

## Sobre Este Livro

Durante o desenvolvimento de nossa pesquisa, sabíamos que tínhamos algo importante em mãos: uma abordagem que líderes corporativos, empreendedores e outros interessados em negócios globais poderiam adotar para compreender os mercados contemporâneos e traçar um caminho sensato à frente. Se sua organização está em processo contínuo de atualização, e você, pessoalmente, não tem certeza de como se antecipar às mudanças, este livro pode ajudá-lo. Se sua empresa está prosperando, use *Além da Excelência* para orientá-la em direção a obter mais sucesso e resiliência nos próximos anos. Com base nas análises quantitativas do BCG — bem como nas histórias de transformação em

A EXCELÊNCIA NÃO É MAIS O SUFICIENTE    15

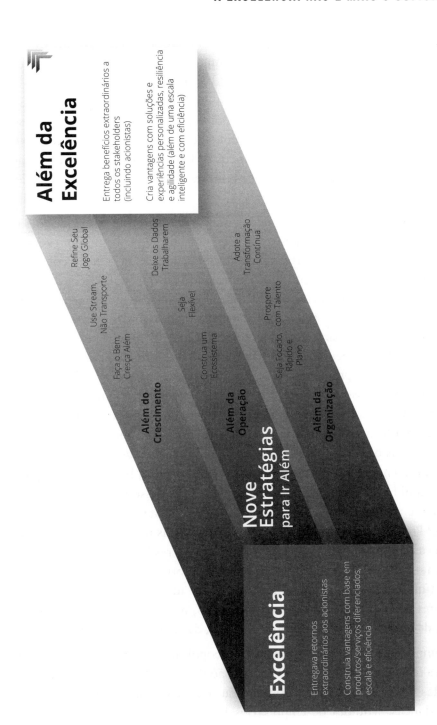

# 16 ALÉM DA EXCELÊNCIA

primeira mão de empresas como Tata Consultancy Services, Natura, Siemens, Adobe, John Deere, Microsoft, Nike e muito mais —, apresentaremos nove estratégias que revelam como a maioria das empresas globais de sucesso da atualidade encanta consumidores, atrai e engaja funcionários, aprimora comunidades inteiras, sustenta e melhora nosso planeta frágil e gera alto crescimento e retorno. Reconhecendo a dificuldade dessas tarefas, concluiremos o livro refletindo sobre os traços específicos de liderança e as mentalidades que os líderes devem cultivar para ajudar as empresas a fazerem uma jornada além da excelência.

Ao longo deste livro, o leitor encontrará determinados temas e questões relacionadas a eles que perpassam as nove estratégias. Descobrirá, por exemplo, que as empresas que se esforçam para ir além da excelência estão constantemente em uma posição de equilíbrio entre o local e o global. Quais capacidades, processos e equipes elas devem desenvolver local e globalmente? Como devem operar em regiões geográficas que possam desafiá-las com regras variáveis e incertas? Da mesma forma, as empresas que vão além da excelência não consideram mais a tecnologia apenas como uma ferramenta para melhorar o desempenho ou os processos, mas, sim, como um novo fator crítico de produção. Como é possível incorporar tecnologia ao empreendimento, de modo a impregnar todas as atividades operacionais da mesma forma que o local, a mão de obra ou a propriedade intelectual? Além disso, como é possível tornar suas empresas biônicas, unindo seres humanos e tecnologia de forma integrada e onipresente? Empresas que vão além da excelência buscam se engajar de forma equilibrada com todos os stakeholders. Como isso funciona na prática? Como as empresas podem ter certeza de que realmente tratam bem os funcionários? Por fim, e o mais importante, que mudanças operacionais e organizacionais as empresas podem fazer para melhorar a resiliência? Essas perguntas costumam desafiar respostas fáceis, mas, conforme veremos, servem como um estímulo à criatividade e à inovação e, em última análise, dão respostas melhores à volatilidade. Nos próximos anos, a capacidade de respondê-las bem e de modo consistente comporá o DNA das empresas que vão além.

Compreendemos como as mudanças geopolíticas emergentes, as transformações tecnológicas e as tensões sociais são desafiadoras para líderes e gerentes. Mas nossa pesquisa nos ensinou o que é preciso para dominar a torrente de mudanças. Milhões de empresários buscam, há muito tempo, expandir seus negócios para *alcançar a excelência*. Mas, em nossa era de disrupções e complexidade sem precedentes, as estratégias tradicionais — que ajudavam os líderes a vender mais produtos, obter mais eficiência nas organizações globais e recompensar os acionistas — não se aplicam mais tão bem como antes. Em última análise, você deve reimaginar a empresa global mais uma vez, mas, assim como os líderes com visão de futuro descritos neste livro, também deve adotar um novo tipo de disciplina, a capacidade de demonstrar abertura, flexibilidade e leveza — para implantar, de forma agressiva, novas estratégias e normas operacionais, sem descartar por completo as existentes. Você deve se tornar especialista em lidar com ambiguidade e contradição, multiplicidade e nuance, e deve dominar todo um novo conjunto de regras sobre o que é necessário para ser uma empresa privilegiada e resiliente.

A boa notícia é que você não precisa fazer essas alterações todas de uma vez. Junte-se a nós para dar os primeiros passos além da excelência, imaginando novas possibilidades e começando a implementar algumas delas em sua organização. Se mapear uma jornada de longo prazo e segui-la com diligência, descobrirá que esses tempos difíceis, embora desafiadores, criam um conjunto de oportunidades — não apenas para os investidores, mas também para os clientes, os funcionários e as comunidades em que opera. Abrace as estratégias deste livro não apenas para sobreviver, mas para prosperar; não apenas para agradar, mas para encantar e inspirar; não apenas para lucrar, mas para se curar e aprimorar. Nas próximas décadas, as velhas fórmulas para ser uma grande empresa não serão mais suficientes. Cada um de nós deve descobrir o que significa *além da excelência* para nossa organização. Felizmente, este livro pode fornecer uma base sólida para essa jornada.

# PARTE I
# ALÉM DO CRESCIMENTO

## CAPÍTULO 1

# FAÇA O BEM, CRESÇA ALÉM

*Com o aumento dos riscos climáticos e da desigualdade, os funcionários, a sociedade e os governos passaram a exigir mais das empresas. Aquelas capazes de integrar o bem em seu núcleo de operações não só impactarão positivamente todos os stakeholders, mas também entregarão maiores retornos de longo prazo aos acionistas.*

Muitos anos atrás, o vice-presidente de uma indústria global com sede nos Estados Unidos nos relatou como a adoção de políticas protecionistas por parte dos governos, à época, obrigava empresas como a dele a investirem nos países a cujos mercados queriam ter acesso. As estratégias utilizadas por sua empresa, entre elas a maximização do lucro por meio da exportação de produtos ocidentais para países em desenvolvimento, não seriam suficientes em uma era de nacionalismo econômico. Sua empresa, bem como outras semelhantes, precisaria levar ainda mais a sério seu papel como cidadã corporativa nos mercados locais, reorientando estratégias para entregar, ao mesmo tempo, maior propósito social e maiores lucros. Caso contrário, o crescimento futuro da empresa seria comprometido. "Não há nada de errado", disse ele, "com os governos nos perguntando o que estamos fazendo para melhorar o desenvolvimento de seus respectivos países. Precisamos merecer a 'licença de operação e crescimento' nesses mercados".

O impacto positivo para *todos* os stakeholders (incluindo governos, órgãos regulatórios, comunidades, clientes, funcionários e meio ambiente) é a coisa certa a fazer em um mundo de crescente desigualdade e risco climático. No entanto, perseguir um propósito e gerar impacto social para diversos stakeholders não é apenas questão de altruísmo ou justiça. Em muitos países e setores,

## 22 ALÉM DA EXCELÊNCIA

esse é um pré-requisito para conseguir uma licença de operação. Mais do que isso, são objetivos que estão emergindo como um poderoso núcleo de estratégia de negócios para empresas que procuram sustentar um desempenho alto em uma era volátil. Integre a preocupação com o impacto social em suas estratégias e operações centrais e poderá criar novas formas de alavancagem capazes de aumentar diretamente sua lucratividade em longo prazo. Infelizmente, muitos líderes globais ainda não internalizaram tais possibilidades. Por mais que eles aceitem modelos centrados em diversos stakeholders, ainda não adotaram completamente esses modelos para reinventar por completo os mindsets, as estratégias e as normas operacionais. Esses líderes seguem limitando o envolvimento de suas empresas aos esforços de responsabilidade social corporativa (RSC) tradicionais, convencidos de que fazer o bem para todos os stakeholders seria o mesmo que sacrificar os retornos aos acionistas — algo que sempre relutaram em fazer.

Os líderes globais estão cada vez mais se afastando dessa lógica limitante, entregando retornos totais aos acionistas (RTA) impressionantes, mesmo enquanto constroem negócios com impacto positivo para todos os stakeholders. Com essa atualização de mindsets, estratégias e operações, esses líderes estão atendendo ao impacto social total (TSI, na sigla em inglês), definido por nossos colegas do BCG como "o benefício total obtido por uma sociedade por meio de produtos, serviços, capacidades centrais e atividades de uma empresa".[1]

Antônio Luiz Seabra, fundador visionário da gigante brasileira no setor de cosméticos, Natura, é um desses líderes inovadores. Quando fundou a Natura, em 1969, estava buscando um propósito que transcendia a preocupação com os lucros, como disse Andrea Álvares, vice-presidente de marketing, inovação e sustentabilidade da Natura.[2] Seabra buscava usar os cosméticos como meio de promover conexões saudáveis entre os indivíduos, a sociedade e o mundo natural — o que a empresa chama de *bem estar bem*.[3] Tal propósito social, derivado da crença filosófica de Seabra na interconexão de todas as coisas, permeia todas as estratégias e operações de negócios da Natura até os dias atuais.[4]

Consideremos, por exemplo, a estratégia de distribuição da Natura. Operando inicialmente em uma pequena vitrine de uma loja em São Paulo, a empresa desenvolveu, em meados dos anos 1970, um modelo de vendas diretas semelhante ao criado pela Avon, nos Estados Unidos. Mas, para a Natura, as vendas diretas não eram apenas outra opção de distribuição. Em vez disso, conforme observa Álvares, as vendas diretas "nasceram da compreensão de que os relacionamentos são uma das coisas mais fortes e valiosas que existem". O exército de consultoras de vendas da Natura criou fortes laços com os clientes, e a empresa, por sua vez, formou laços profundos e significativos com as consultoras, estimulando-as como sua força de vendas. Em 2019, cerca de 1,8 milhão de consultoras vendiam produtos da Natura no país (assim como centenas de lojas da empresa e lojas franqueadas, além dos canais online).[5]

A Natura não jogou essas consultoras no mercado simplesmente e lhes pediu que vendessem. Reconhecendo que as consultoras, em sua maioria, vinham de famílias de baixa e média renda,[6] a empresa lhes ofereceu um extensivo treinamento em negócios e desenvolvimento pessoal. Aliado a uma valiosa experiência profissional, esse treinamento empoderou as consultoras para que se tornassem empreendedoras em suas comunidades e defensoras mais eficazes da empresa.[7] Para muitas delas, a associação com a Natura provou ser transformadora, permitindo que pagassem por suas casas, pela educação dos filhos etc.[8] Dessa forma, as consultoras se tornaram poderosas embaixadoras e defensoras da marca, ajudando a Natura a construir relacionamentos fortes e duradouros com os clientes. Elas também ajudaram a empresa a se tornar mais resiliente. Durante os anos 1980, quando a alta da inflação cercou a economia brasileira e as lojas de departamento fecharam, bem como outras distribuidoras tradicionais de cosméticos, o negócio da Natura explodiu, com um crescimento anual maior do que 40% durante toda a década, graças ao modelo de distribuição por vendas diretas.[9]

Como sugere o nome da empresa de Seabra, a proteção do meio ambiente foi outra expressão importante do propósito fundador da Natura. A empresa começou a focar o desenvolvimento sustentável durante o início dos anos 1980, muito antes de a prática estar na moda. Hoje em dia, esse é um foco que perpassa todo o modelo de operação da Natura. A empresa tem liderança e estrutura organizacional completamente voltadas para a sustentabilidade e publica todos os anos uma demonstração de resultados ambientais, junto a outros documentos financeiros.[10] Em 2011, a Natura lançou o programa Amazônia, visando "promover novos negócios sustentáveis com base em ciência, inovação, redes de produção e empreendedorismo local".[11] A iniciativa

## 24 ALÉM DA EXCELÊNCIA

incluía um centro de inovação na Amazônia, a expansão da produção sustentável e a criação de projetos colaborativos de desenvolvimento sustentável.

A ênfase da Natura na sustentabilidade há muito se estende aos produtos e à estratégia de marca. Em 1983, a empresa se tornou pioneira na adoção de pacotes de refil, reduzindo a pegada de carbono da empresa ao mesmo tempo que permite uma redução nos custos e promove maior lealdade dos clientes. Em 1995, a Natura lançou uma linha de produtos cujo lucro era todo destinado a ajudar os brasileiros a acessar uma educação pública de qualidade. No ano 2000, a empresa lançou a linha de produtos Ekos, que fazia uso de embalagens recicláveis e ingredientes biodiversos. Em 2013, lançou a linha de produtos Sou, cuja cadeia de valor era otimizada para o uso eficaz de recursos e cuja identidade de marca era voltada para a ideia de que o consumo pode ser socialmente consciente, desde que os produtos sejam projetados levando o meio ambiente em consideração. Os produtos da empresa também são completamente cruelty-free e, conforme mencionamos, neutros em carbono.[12] Além disso, o branding da Natura convida abertamente os clientes a participarem do consumo consciente. Em 2019, por exemplo, a empresa adotou o slogan "O mundo é mais bonito com você", evocando a importância da diversidade, do bem-estar animal e da gestão ambiental.[13]

O modelo de produção da Natura tem sustentado seus amplos esforços para construir comunidades mais fortes e proteger o planeta. Com o abastecimento de ingredientes extraídos naturalmente das comunidades locais, a Natura reinveste o dinheiro nessas comunidades, com o objetivo de deixá-las intactas e torná-las prósperas. Em 2019, a empresa estava trabalhando com mais de 5 mil pequenos produtores na Amazônia, colaborando com modelos de negócios sustentáveis e protegendo cerca de 1,8 milhão de hectares de floresta tropical. Como parte de sua estratégia de produção, a Natura investiu cerca de US$1,8 bilhão desde 2011 nos empreendimentos amazônicos.[14] A empresa também ajudou a fundar a União para o Biocomércio Ético, organização que busca manter a biodiversidade e conceder uma fatia justa dos benefícios às comunidades locais. Além disso, desde 2010, a empresa gastou mais de US$370 milhões no estudo de cosméticos derivados de plantas e no estabelecimento da capacidade de produção, criando, nas palavras do cofundador da Natura, Guilherme Leal, "cadeias de valor completamente novas que simplesmente não existiam antes".[15]

Nas palavras de Keyvan Macedo, gerente de sustentabilidade da empresa, a Natura acredita que "pode usar os desafios sociais e ambientais para criar novas oportunidades de negócios — não apenas negócios, mas negócios sustentáveis".[16] De maneira incrível, a Natura tem sido neutra em carbono desde 2007 e é apenas a segunda empresa no mundo a desenvolver uma metodologia para monetizar suas emissões de carbono.[17] "Nós medimos o impacto ambiental por toda a cadeia de valor", explicou Álvares. "Inovamos nosso produto para reduzir emissões e reutilizar materiais. Para tudo aquilo que não conseguimos compensar por completo, usamos créditos de carbono, que também têm um impacto social."[18] Em um programa de compensação de carbono, por exemplo, foram removidos 3,2 milhões de toneladas de emissões de carbono do meio ambiente ao mesmo tempo que 15 mil famílias eram impactadas, e milhares de empregos, criados. Por seus esforços, a empresa recebeu, das Nações Unidas, os prêmios Champions of the Earth e Global Climate Action Award, dentre muitos outros.

O sucesso comercial da Natura permitiu que ela estendesse suas iniciativas muito além da sustentabilidade e do empoderamento feminino. A empresa tem programas para lidar com outras importantes questões sociais, como acesso à assistência médica e à educação e libertação de vítimas da violência de gênero. Os milhões de consultores de vendas têm um papel fundamental, formando parcerias com as comunidades em causas locais relevantes.[19] "Existe uma série de coisas que fazemos para retribuir", disse Álvares, "e encontramos formas de monetizar esse impacto social para a sociedade". De fato, cálculos da empresa mostram que ela gerou para a sociedade R$31 de valor a cada real investido no Programa Natura Carbono Neutro.[20] Em 2014, a Natura se tornou a primeira empresa de capital aberto a obter a certificação de Empresa B,[21] designação concedida a empresas que "cumprem, de forma verificável, os mais altos padrões de desempenho social e ambiental, transparência pública e responsabilidade legal, visando equilibrar o lucro e o propósito".[22] Essa foi uma grande conquista para uma empresa do tamanho da Natura.

Atualmente, como nos contou Roberto Marques, presidente e diretor-executivo da Natura &Co, o impacto social total "permeia a forma como a empresa pensa e opera". Ele conta, ainda, que o impacto social tem sido "uma vantagem competitiva por muitos anos" e que é uma vantagem ainda maior hoje, considerando a preocupação das gerações mais jovens com a sustentabi-

## 26 ALÉM DA EXCELÊNCIA

lidade. O propósito e as preocupações sociais da empresa passaram a definir sua marca e sua reputação entre as comunidades, os governos, os consumidores e os investidores. Além disso, ajudou a Natura em seu programa agressivo de expansão global alimentado por aquisições, incluindo Aesop (2016), Body Shop (2017) e Avon (2020). Uma vez que todas essas empresas têm missões ou propósitos consistentes com os da Natura, integrá-las tem sido muito mais fácil para a empresa. A Natura também se tornou um ímã para jovens funcionários e construiu um corpo de liderança forte, que inclui executivos que escolhem a Natura para trabalhar por ser um local com crenças coerentes a um modelo de negócios sustentável.[23]

O modelo operacional da Natura, voltado para um propósito social, beneficiou não só os acionistas, mas também a sociedade e o meio ambiente. Entre maio de 2004 e setembro de 2019, o valor da empresa cresceu aproximadamente quinze vezes, algo entre duas e três vezes a média do índice Brasil 50. A empresa também teve um desempenho melhor do que outras grandes empresas globais do setor de beleza, como L'Oréal, Estée Lauder e Shiseido, enquanto o preço de suas ações aumentou duas vezes mais do que as da Estée Lauder, a segunda empresa com o melhor desempenho nesse setor.[24] Diante de tudo isso, a Natura é um exemplo impressionante de empresa que conseguiu ir além da excelência ao tentar fazer o bem.

Sua empresa provavelmente deu passos importantes para lidar com problemas sociais e ambientais urgentes, mas quão longe você conseguiu transformar suas estratégias centrais, visando não só os lucros, mas impacto social? Conforme relembra Mark Malloch-Brown, presidente da Comissão de Negócios e Desenvolvimento Sustentável, "existe... uma enorme diferença entre aqueles que tentam fazer da sustentabilidade parte da estratégia central de seu negócio e aqueles que a veem como algo 'adicional'".[25] Empresas de ponta compreendem a diferença e estão remodelando suas estratégias e operações para buscar objetivos sociais e ambientais sem sacrificar os lucros. Elas não estão apenas se tornando mais sustentáveis do ponto de vista ambiental, mais responsivas a governos e comunidades locais e mais solidárias com relação a seus funcionários e fornecedores. Assim como a Natura, estão fomentando esses esforços para possibilitar novos instrumentos de vantagem e um crescimento lucrativo em longo prazo.

As estratégias precisas variam. Nossa análise de empresas de alto desempenho e socialmente responsáveis descobriu três caminhos estratégicos distintos que elas têm usado para beneficiar a sociedade como um todo e entregar benefícios sustentáveis aos acionistas. Cada caminho socialmente responsável permite às empresas ganhar uma vantagem comercial, como uma chance de alcançar um novo mercado e novos segmentos de clientes, o estímulo da inovação dos funcionários e a criação de relacionamentos mais produtivos e colaborativos com governos e comunidades locais. Vamos examinar esses diferentes caminhos que combinam o TSI e o RTA, focando três empresas ao redor do mundo. Mas, primeiro, vamos entender um pouco melhor por que o impacto social se tornou uma estratégia tão fundamental para empresas globais.

## A Investida por um Impacto Social Total (TSI)

Durante o final do século XX, a maioria das empresas globais sentia a obrigação de servir um mestre — os investidores — em detrimento de todos os outros. O jogo, conforme elas pensavam, era maximizar o retorno aos acionistas, e as soluções para o aquecimento global, a pobreza, a escassez hídrica e os outros problemas sociais de longo prazo ficavam a cargo dos governos e das organizações não governamentais (ONGs).

O economista Milton Friedman justificou essa visão escrevendo: "Os negócios têm uma, e apenas uma, responsabilidade social — usar seus recursos e participar de atividades visando aumentar seus lucros."[26] Nessa mesma linha de raciocínio, muitas empresas repassavam uma porção dos lucros para financiar iniciativas de RSC — ação beneficente que fazia os líderes se sentirem bem e que certamente era boa para a reputação da marca. No entanto, conforme observou um CEO, a RSC sempre foi vista como "o 'primo pobre' do mundo corporativo", mesmo com a crescente necessidade de lidar com questões ambientais, sociais e de governança corporativa (ASG).[27]

Atualmente, empresas e líderes sabem que não podem mais adotar uma postura passiva ao tratar de questões sociais e ambientais. Problemas como mudança climática, desigualdade e pandemias estão piorando, exigindo uma ação além do que os governos podem administrar e alimentando as demandas públicas para que negócios assumam sua responsabilidade e demonstrem liderança. Como Roberto Marques nos disse: "Se o mundo morrer, não teremos um negócio."[28]

## 28 ALÉM DA EXCELÊNCIA

Os stakeholders também têm mais poder do que nunca para responsabilizar empresas e fazê-las agir. Com a democratização da mídia, o público goza de um acesso sem precedentes a informações imediatas e confiáveis sobre empresas, suas operações e seus impactos. Padrões, métricas e dados relacionados às questões de ASG estão se tornando mais abundantes e confiáveis. Em 2018, 86% das empresas no índice S&P 500 incluíam dados sobre desempenho sustentável em seus relatórios anuais.[29] Relatórios sobre o desempenho de políticas ASG mostram que a pauta tem se tornado um setor por si só, estimado em um valor de mais de US$400 milhões em 2020.[30] Ainda mais informações sobre as empresas estarão disponíveis no futuro. Em 2018, investidores representando US$5 trilhões em ativos solicitaram ao governo dos Estados Unidos que passasse a exigir de empresas públicas a divulgação de medidas-padrão de políticas ASG relevantes para os negócios.[31] Naquele mesmo ano, órgãos reguladores chineses anunciaram que, em 2020, empresas listadas no país também precisariam divulgar dados sobre o desempenho de políticas ASG.[32]

Em nossa era de transparência e de crescentes crises globais, os consumidores não buscam simplesmente um produto, um serviço ou uma experiência satisfatória das empresas que eles consomem. As pessoas esperam que as empresas minimizem seus impactos negativos na sociedade e no meio ambiente e que contribuam com soluções para problemas importantes. Uma pesquisa mostrou que uma grande maioria de consumidores ao redor do mundo toma decisões de compra com base em considerações sociais ou ambientais.[33] A política tem seu papel, uma vez que os consumidores estão cada vez mais polarizados e ansiosos para se expressarem por meio de suas escolhas de compra. Uma pesquisa de opinião descobriu que quase um terço dos consumidores da geração Z em todo o mundo se recusou a negociar com uma marca vista como insustentável, enquanto nos Estados Unidos mais de 90% dos millennials abandonariam marcas que não defendessem causas e buscariam uma que o fizesse.[34] Mais de três quartos dos norte-americanos indicaram que expressariam descontentamento com uma marca cuja postura estivesse em desacordo com suas crenças por meio do boicote à marca.[35]

Essas mudanças se traduzem em resultados comerciais reais. Quando Indra Nooyi assumiu o cargo de CEO da PepsiCo em 2006, a empresa e seus colegas estavam enfrentando as preocupações dos consumidores sobre os efeitos das bebidas carbonatadas para a saúde, demandas crescentes por um "imposto sobre refrigerantes" por parte dos ativistas e questões sobre a sustentabilidade de seus processos de produção (incluindo o uso de água). Determinada a reinventar a empresa e a entregar benefícios positivos a todos os stakeholders, em 2006, Nooyi apresentou uma nova visão para a empresa, chamada de Performance com Propósito (PwP), que integrava sustentabilidade e propósito social nas operações centrais da empresa. Como Nooyi comentou, a estratégia refletia um reconhecimento de que "nosso sucesso — e o sucesso das comunidades do mundo — estão todos conectados".[36]

Para trazer a PwP à vida, a empresa buscou uma estratégia de entregar um alto desempenho para todos os stakeholders por meio do foco em três pilares: "Aprimorar os produtos que vendemos, operar com responsabilidade para proteger o planeta e empoderar as pessoas ao redor do mundo."[37] A PepsiCo tornou seus produtos existentes mais saudáveis (eliminando açúcares em excesso, gorduras saturadas e sódio, ao mesmo tempo que retirava por completo a gordura trans) e construiu um portfólio de produtos saudáveis. Ela contratou seu primeiro diretor científico para ajudá-la a focar o aprimoramento dos produtos atuais e direcionar os investimentos em novos produtos. Para operar de forma mais responsável, a empresa lançou um programa de agricultura sustentável (SFP, na sigla em inglês), desenvolvido para tornar o cultivo mais produtivo e lucrativo para os produtores, reduzir o impacto da agricultura no planeta e apoiar os direitos dos trabalhadores agrícolas. Para empoderar os funcionários, a empresa fundou a PepsiCo University, com cursos online que os ajudam a desenvolver habilidades, e colocou um foco maior na garantia da diversidade de sua força de trabalho.[38]

Esses esforços trouxeram enormes benefícios para todos os stakeholders, incluindo os acionistas. Em 2016, produtos com os rótulos "bom para você" e "melhor para você" contabilizavam 50% da receita da empresa, enquanto representavam apenas 38% uma década antes.[39] Em 2018, a PepsiCo obteve metade de seu cultivo diretamente dos produtores agrícolas no SFP e, em 2016, seu uso de água em operações tradicionais se tornou 25% mais eficiente.[40] A empresa também aumentou muito a diversidade de sua força de trabalho, com mulheres em 40% das posições de gerência global em 2018.[41] Todos esses benefícios sociais vieram acompanhados de um desempenho financeiro igualmente impressionante. Entre 2006 e 2017 (último ano completo de Nooyi como CEO), o RTA da PepsiCo era quase o dobro daquele no S&P 500.[42] Desde que assumiu

# 30 ALÉM DA EXCELÊNCIA

o lugar de Nooyi em 2018, o novo CEO da PepsiCo, Ramon Laguarta, tem trabalhado em cima dessa estratégia, elevando ainda mais uma pauta de sustentabilidade ao articular sua visão de "Vencer com Propósito".[43]

Governos e comunidades locais também esperam mais de empresas em troca do direito de operação. Reconhecendo que órgãos governamentais não são capazes de construir um futuro sustentável sozinhos, líderes eleitos, funcionários públicos e ativistas estão se voltando aos negócios para preencher a lacuna. "Os governos devem liderar com passos decisivos", disse o ex-secretário-geral das Nações Unidas, Ban Ki-moon. "Ao mesmo tempo, os negócios podem fornecer soluções essenciais capazes de colocar o mundo em um caminho mais sustentável."[44] Governos em mercados emergentes, como a Índia e a China, têm, há muito, administrado economias mais reguladas com base, em parte, na crença de que os negócios devem operar em favor da sociedade. (A Índia, por exemplo, foi o primeiro país a exigir que as empresas investissem em RSC.)[45] Empreendimentos que buscam crescer nesses e em outros mercados precisarão responder às preocupações e às exigências dos governos locais, demonstrando comprometimento com o impacto positivo na sociedade. Fazer isso torna esses empreendimentos mais resilientes, especialmente se operam em setores como mineração, petróleo e gás e farmacêuticos, que são regulados de maneira rígida ou são, de outro modo, suscetíveis à forte pressão governamental ou comunitária.

Funcionários e investidores também esperam mais das empresas. Os grandes talentos estão pendendo para empresas que compartilham sua ânsia em fazer a diferença. Em uma pesquisa de opinião, 92% dos funcionários iniciantes no mercado de trabalho e estudantes apontaram desejo por trabalhar para uma empresa com consciência ambiental.[46] Do mesmo modo, investidores pedem mais estratégias sustentáveis às empresas. Uma pesquisa de opinião descobriu que 80% dos investidores tomam decisões com base em princípios antes de decidir para onde canalizar o capital.[47]

Existem evidências cada vez maiores de que as empresas que buscam estratégias de negócios sustentáveis apresentam melhores retornos. Os fundos de empresas sustentáveis são menos voláteis do que aqueles das empresas tradicionais, com 20% menos de desvio negativo do valor de mercado.[48] Um estudo abrangendo o período 2009–2018 descobriu que o comprometimento de uma empresa com o impacto social parecia estar correlacionado a uma maior valorização, redução da volatilidade e melhores retornos.[49] Além disso, outra análise descobriu que, em 80% dos casos, uma abordagem centrada em atender a mais de um stakeholder impulsionou o preço das ações das empresas.[50] Graças às exigências dos investidores, a busca por um propósito social mais amplo está ajudando cada vez mais as empresas a conseguirem acesso a capital. Nos últimos anos, os CEOs de muitas empresas de investimento líderes do segmento expressaram intenção de buscar estratégias de investimento sustentáveis. A pressão por parte dos investidores está prestes a ficar ainda mais intensa. "Com o tempo", escreveu o CEO da BlackRock, Larry Fink, em sua carta aos CEOs em 2020, que acabou sendo muito lida, "empresas e países que não responderem aos stakeholders e não tratarem dos riscos de sustentabilidade encontrarão um ceticismo crescente dos mercados e, por sua vez, um maior custo de capital. Empresas e países que priorizarem a transparência e demonstrarem capacidade de responder a esses stakeholders, por outro lado, atrairão investimentos de forma mais eficaz, incluindo um capital de maior qualidade e mais paciente".[51]

Nossos colegas do BCG estimam que, em 2023, US\$45 trilhões estarão circulando em ativos socialmente responsáveis.[52] As maiores empresas de private equity criaram fundos direcionados relacionados à sustentabilidade e ao impacto social, incluindo o Global Impact Fund, da KKR; o Rise Fund, da TPG; e o Double Impact Fund, da Bain Capital. Outras empresas estão revelando novos fundos de investimentos com políticas ASG, adicionando uma dimensão de ASG a fundos já existentes (ao se recusarem em investir em empresas que não seguem os padrões exigidos e ao se tornarem investidores mais ativos) e aconselhando clientes sobre como integrar políticas ASG em seus portfólios mais amplos.

## Três Caminhos para Oferecer TSI e RTA

Empresas de ponta que implementam o TSI como estratégia agora não só perguntam como cada decisão, ativo ou processo empresarial ajudará a gerar lucros, mas também como cada uma dessas coisas beneficiará comunidades e a sociedade de modo geral. E, ainda assim, a entrega de um impacto social pode permanecer desconectada das operações centrais, a menos que os líderes compreendam essa entrega de forma holística, relacionando e rastreando seus efeitos sobre as operações e o desempenho do empreendimento, assim como os líderes fazem para maximizar o RTA. Reconhecendo isso, nossos colegas do BCG conceberam o TSI como um conjunto cuidadosamente construído e em constante evolução de estratégias e métricas relacionadas em seis principais áreas: (1) valor econômico; (2) bem-estar do consumidor; (3) valores e princípios éticos; (4) sustentabilidade ambiental; (5) capacitação social; e (6) governança. Conforme mostra a Figura 1, essas seis áreas mapeiam os principais objetivos de desenvolvimento sustentável das Nações Unidas. As estratégias e métricas para essas seis áreas variarão com base no setor da empresa e na área de impacto em questão. Como nossos colegas do BCG apontaram, será mais fácil, para algumas empresas, mensurar o TSI em algumas áreas do que em outras.[53]

Usado em conjunto ao RTA na formulação de estratégias corporativas, o TSI captura a soma total de efeitos que as operações e ofertas causam no mundo externo. Para conectar as estratégias de RTA ao TSI, os líderes devem pensar sobre cada uma das seis áreas, para determinar como mensurar de forma mais precisa os benefícios e danos operacionais que suas empresas causam na sociedade e no meio ambiente. Em seguida, devem localizar os principais desafios que ameaçam a existência e o crescimento de suas empresas, conectá-los às principais competências e ofertas delas e identificar os impactos tangíveis e intangíveis da estratégia dessas empresas. Os líderes também devem aplicar uma lente de TSI ao tomar decisões sobre estratégia, operações e alocação de recursos, buscando maximizar o impacto social positivo líquido da empresa em todas as seis dimensões. Conforme os líderes chegam até essas estratégias de TSI, eles podem tirar delas um propósito ou uma razão importante sobre a qual toda a organização pode se reunir — não só uma declaração de missão, mas uma razão animadora para existir. "A forma mais poderosa — e mais desafiadora — de melhorar o TSI é alavancar o negócio central, uma abordagem que rende iniciativas escalonáveis e sustentáveis", observaram nossos colegas do BCG. "Se for bem executada, essa abordagem melhora o RTA em longo prazo, reduzindo o risco de eventos negativos e abrindo novas oportunidades."[54]

Os modelos específicos adotados pelas empresas por meio de uma avaliação do TSI variarão muito de setor para setor e, também, dentro de cada um deles. No entanto, nossa pesquisa revelou três caminhos distintos que as prin-

FAÇA O BEM, CRESÇA ALÉM 33

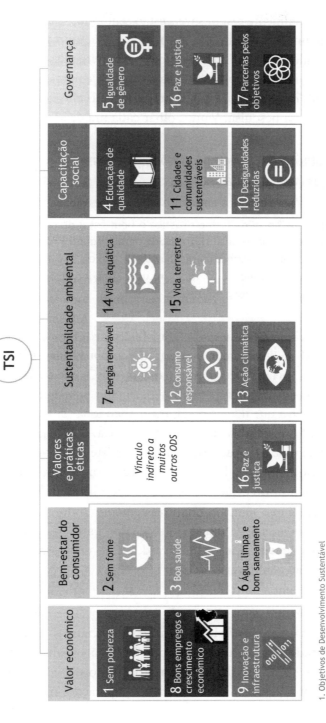

Figura 1. Mapeando as seis dimensões do TSI para os Objetivos de Desenvolvimento Sustentável da ONU.

cipais empresas socialmente responsáveis estão seguindo, seja de maneira isolada, seja em conjunto, para entregar impacto social líquido ao mesmo tempo que conquistam valor ao acionista e crescimento incríveis. Esses caminhos não são os únicos que darão às empresas uma vantagem empresarial importante na busca pelo TSI, mas estão entre as abordagens mais eficazes e promissoras encontradas em nossa pesquisa. Vamos olhar cada um deles.

## Caminho #1: Construir Novos Modelos de Negócios que Tornam Produtos e Serviços Inovadores Mais Acessíveis

Empresas podem melhorar de forma drástica o bem-estar de comunidades locais ou encorajar esforços de sustentabilidade ambiental ao empreender meios de tornar seus produtos e serviços mais acessíveis a clientes que, de outra forma, não teriam acesso a eles, e também ao usar suas inovações para apoiar indivíduos e comunidades marginalizados.

Um grande exemplo nessa questão é a Mastercard. Desde sua oferta pública inicial, em 2006, a empresa assumiu um compromisso significativo de entregar benefícios sociais. Desde que se tornou CEO, em 2010, Ajay Singh Banga intensificou e escalonou esses esforços. Como uma questão de princípios, Banga acreditava que líderes precisavam abandonar sua fixação estreita nos acionistas em favor de uma consciência sistêmica. "Os negócios são parte de um ecossistema global", observou ele. "E ecossistemas, por definição, demandam equilíbrio e diversidade. Eles também demandam um ponto de vista maior do que o seu próprio e que vá além do futuro imediato. Eles demandam uma compreensão de que somos mais fortes como um todo conectado do que como agentes individuais."[55] É vital que esses esforços sejam comercialmente sustentáveis e escalonáveis e, na Mastercard, existe uma preocupação para que os negócios "vão bem fazendo o bem".

Banga e outros líderes desejavam ver a Mastercard usar seus negócios centrais para promover e se beneficiar do impacto social, e não simplesmente entregá-lo de maneira periférica por meio de iniciativas filantrópicas. O caminho encontrado para fazer isso foi por meio da expansão da presença da Mastercard nos países em desenvolvimento. Conforme visto pelos líderes, a empresa tinha uma oportunidade de ajudar populações malservidas a ganharem acesso a serviços financeiros e a soluções digitais para a geração de riqueza, a construção de economias locais e a conexão digital a ecossistemas e mercados. Com o tempo, esses segmentos sociais marginalizados poderão criar novos clientes para a Mastercard, alimentando o crescimento da empresa. "Nosso negócio central é a construção de infraestrutura digital para dar às pessoas acesso a negócios e comércios", disse Tara Nathan, vice-presidente-executiva dos setores humanitários e de desenvolvimento. "Agora perguntamos como podemos levar essas mesmas competências centrais até os segmentos e as populações marginalizados."[56]

A nova estratégia de TSI da empresa continha uma lógica empresarial ainda mais forte. As fintechs explodiram durante os anos 2010, e suas soluções para pagamentos móveis ameaçavam a disrupção de empresas de cartão de crédito tradicionais.[57] Além disso, a Mastercard estava se tornando cada vez mais consciente dos benefícios econômicos e sociais de criar economias cashless e inclusivas. Como resposta a essas realidades, a empresa buscava não só desenvolver soluções de pagamento digital de última tecnologia, mas apresentar e vender essas soluções de forma ativa em novos mercados, sobretudo nos países em desenvolvimento. Bancos geralmente são escassos nesses mercados, deixando os consumidores sem acesso a serviços financeiros e de fora da economia digital. Assim como seus concorrentes, a Mastercard acreditava que esses consumidores pulariam por completo os produtos e serviços financeiros tradicionais e adotariam diretamente as soluções digitais. A empresa inovou ao oferecer essas soluções digitais, realizando parcerias com governos e ONGs para ganhar acesso a novos pools de consumidores à medida que surgiam. Isso permitiria que a empresa construísse um reconhecimento de marca e um relacionamento de confiança com essas comunidades malservidas, obtendo uma vantagem sobre os concorrentes e um benefício significativo para essas pessoas.

Anteriormente, a Mastercard lançou a Fundação Mastercard, uma organização independente criada com uma transferência de ações em 2006, na esperança de servir como "uma força para o bem" e com foco especial em projetos na África.[58] Para realizar a nova estratégia de TSI traçada sob a liderança de Banga, a Mastercard foi além e criou a divisão Mastercard Crescimento Estratégico, como um veículo para impulsionar esforços com impactos sociais comercialmente sustentáveis, construído ao redor de iniciativas inclusi-

## 36 ALÉM DA EXCELÊNCIA

vas de crescimento, novos modelos de negócios e parcerias inovadoras. Essa divisão abrange uma gama de unidades de negócios em diversas áreas, como engajamento governamental, programas humanitários e de desenvolvimento, plataformas de doações e parcerias empresariais. Como parte desses esforços, em 2018, a Mastercard estabeleceu o Center for Inclusive Growth, ou Centro para o Crescimento Inclusivo, com o objetivo de supervisionar a sustentabilidade corporativa, dados para o bem e atividades filantrópicas corporativas da empresa. Em seguida, a empresa repassou US$500 milhões para o centro (com os primeiros US$100 milhões concedidos em 2018). Como nos disse Tara Nathan, a ênfase não era mais assinar um cheque, como no passado. "Começamos a ouvir mais ideias sobre a criação de apps para smartphones ou tecnologias de pagamento — e isso chamou nossa atenção... Ficou evidente que poderíamos ajudar a construir a solução certa para o contexto e o resultado desejados."[59]

Além disso, a Mastercard tem buscado embutir a inovação sustentável em seus principais negócios, em vez de relegar essas tarefas a um empreendimento filantrópico desconectado do negócio principal. Por exemplo, a empresa se comprometeu a "conectar 500 milhões de indivíduos com serviços financeiros" e a cortar suas emissões de gases de efeito estufa em um quinto até 2025.[60] Os líderes apoiaram esses objetivos de impacto social, permitindo às equipes de toda a empresa experimentarem com novos mercados, tecnologias emergentes e indicadores-chave de desempenho (KPI, na sigla em inglês) alternativos, sabendo muito bem que a empresa pode não ver um retorno sobre o investimento de forma imediata.

Em Uganda, a empresa realizou uma parceria com o Ministério da Educação e o Unicef para lançar uma plataforma para dispositivos móveis chamada Kupaa. A plataforma permitiu que mais de 100 mil pais e responsáveis fizessem pagamentos seguros de mensalidade escolar de forma remota e em pequenas quantias, em vez do pagamento único tradicionalmente exigido. Além de tornar mais economicamente possível para as crianças frequentarem a escola, a plataforma permite que as escolas administrem pagamentos de forma eficiente e rastreiem a assiduidade dos professores e outros indicadores de desempenho, dando aos governos mais dados para serem utilizados durante a tomada de decisões.[61]

No Leste da África, a Mastercard realizou uma parceria com a Fundação Bill e Melinda Gates para estabelecer o Mastercard Lab for Financial Inclusion, ou Laboratório Mastercard para a Inclusão Financeira, com foco na criação, no teste e no escalonamento de novos produtos que apoiem comunidades marginalizadas. Uma de suas inovações foi uma plataforma chamada Mastercard Farmers Network, ou Rede de Agricultores Mastercard, que conecta pequenos agricultores a compradores. Acessado por meio de smartphones, o app permite que agricultores tenham maior acesso a informações do mercado, empoderando-os ao lhes permitir negociar e vender seu produto. Ao usar a plataforma, os agricultores também podem construir um histórico financeiro digital, o que os ajudará a garantir um financiamento no futuro e a participar da economia formal. Os agricultores podem acessar a plataforma gratuitamente, e a Mastercard torna esse negócio comercialmente viável ao cobrar outros agentes do ecossistema agrícola que se beneficiam do maior conhecimento e da conexão entre pequenos agricultores.[62]

Alguns dos outros projetos inovadores dos últimos anos são uma plataforma de tecnologia que ajudou a Agência de Seguridade Social da África do Sul a realizar o pagamento para famílias de baixa renda e uma plataforma que permitiu a uma rede de ONGs distribuir auxílios para populações necessitadas em áreas remotas que não continham infraestrutura convencional.[63] Desde o começo de 2020, a empresa alcançou o objetivo de levar mais de 500 milhões de indivíduos financeiramente excluídos à economia digital. Agora, a Mastercard está indo *além* — com o objetivo de ampliar a inclusão financeira para 1 bilhão de pessoas até 2025 e permitir que micro e pequenos negócios se conectem à economia digital.[64]

Os esforços da Mastercard para ajudar milhões de consumidores a alcançarem serviços financeiros aprimoraram o desempenho do negócio central da empresa, permitindo que ela entre em novos mercados grandes e de alto crescimento e que receba insights preciosos sobre como melhor servir grupos emergentes de consumidores. Além disso, também ajudaram a companhia a construir novas parcerias com governos e ONGs em diversos setores privados, ao mesmo tempo que aprimorava sua reputação e o reconhecimento de sua marca. Eis um benefício adicional: os novos mercados adentrados pela Mastercard geralmente são anticíclicos, concedendo à empresa maior resiliência diante de alguma desaceleração econômica em outra parte do mundo. Com a melho-

# 38 ALÉM DA EXCELÊNCIA

ra na reputação da Mastercard, os grandes talentos começaram a fazer fila nas portas da empresa, energizados pelo propósito social dela (Nathan estima que cerca de 60% a 70% de suas novas contratações escolheram a empresa por seu impacto social).[65] Em um estudo do Great Place to Work realizado em 2019, 93% dos funcionários da Mastercard concordaram com a declaração "sinto-me bem em relação a como contribuímos para a comunidade", e a mesma porcentagem concordou com a declaração "orgulho-me de dizer aos outros que trabalho aqui".[66] Os acionistas têm se beneficiado bastante. Entre 2010 e 2019, o retorno médio total aos acionistas da Mastercard aumentou em 37% ao ano, muito acima da concorrência, que só entregou um crescimento médio anual de 14%, e do S&P 500 (com um crescimento de 9%).[67] Em 2019, a *Fortune* colocou Banga na lista dos dez maiores empresários do ano, observando que "a Mastercard emergiu como modelo de como empresas tradicionais em serviços financeiros podem adotar e se adaptar a um ambiente de rápida evolução".[68]

A estratégia de TSI da Mastercard, voltada para o público externo e entregue por meio de operações e equipes centrais, montou o palco para o crescimento mediante o avanço em mercados e segmentos futuros, mesmo ao causar fortes impactos em segmentos da sociedade que não tinham acesso a serviços bancários. Mas a estratégia requer paciência e apoio da liderança sênior, em especial o reconhecimento de que iniciativas sustentáveis podem exigir mais tempo para amadurecer e demonstrar benefícios do que os negócios tradicionais exigiriam. Como Tara Nathan nos disse: "É preciso ter coragem e resiliência para apoiar essas iniciativas em longo prazo. Isso é muito difícil para empresas com ganhos trimestrais. É preciso entender o ROI sendo feito. O ROI existe; é preciso estar disposto a enxergá-lo."[69]

## Caminho #2: Embutir Necessidades Sociais em Processos e Funções Internas para Entregar Impacto

Algumas empresas estão embutindo de maneira ativa o impacto social em funções internas importantes. Por exemplo, certas empresas buscam ativamente desafios sociais como parte do processo de inovação e desenvolvem novos produtos que ajudem a resolvê-los.

Pense na Omron, a empresa japonesa de produção industrial. Assim como a Natura, a Omron foi concebida com um propósito social em mente além do lucro. Seu fundador, Kazuma Tateishi, comentou: "Uma empresa não deve apenas buscar o lucro... Ela tem a obrigação de servir a sociedade."[70] Atualmente, a liderança da empresa considera a sociedade como consumidora primária da marca, e as questões sociais são os motivadores primários de receita e inovação. Essa filosofia se consagrou em um dos principais valores da empresa — "inovação movida por necessidades sociais" — e na missão da empresa, "melhorar vidas e contribuir para uma sociedade melhor".[71]

Essas declarações inspiradoras não são meramente decorativas para a Omron. Como nos disseram seus líderes, o impacto social influenciou drasticamente seus processos internos de inovação em toda a hierarquia da empresa. Os líderes discutem o impacto social em todas as reuniões estratégicas no contexto de crescimento e desenvolvimento de novos negócios. E a Omron definiu, em especial, quatro áreas de impacto social em que a empresa pode gerar inovações: automação industrial, assistência médica, sistemas sociais e componentes mecânicos. Em cada um desses domínios, as equipes de produto e inovação buscam no mercado por necessidades dos clientes e desafios sociais subjacentes. Ao usar um método com base em uma consciência das conexões entre ciência, tecnologia e sociedade, a empresa peneira os desafios sociais encontrados, identificando os mais relevantes com os quais a Omron pode lidar por meio de suas competências técnicas. Além disso, nos processos de contratação, a empresa busca talentos diversos, que estejam de acordo com sua missão social e tenham as habilidades necessárias para ajudá-la a identificar e resolver esses desafios sociais.

Para auxiliar a sociedade japonesa a se adaptar a uma população idosa, por exemplo, a Omron foi pioneira no primeiro sistema de portão de bilheteria automatizado para estações ferroviárias.[72] Um sistema como esse facilitou a viagem para pessoas mais velhas e minimizou o trabalho dentro das estações, funções cada vez menos procuradas por profissionais. O sistema também aliviou as multidões nos horários de pico, o que era uma preocupação no Japão. Mais recentemente, o sistema foi adaptado para ajudar os pais a localizar os filhos que fazem uso de transportes públicos.[73] A Omron tem um vasto histórico na entrega de inovações como essa, inspiradas pela sociedade. O desenvolvimento de várias dimensões da estação de trem automatizada ocorreu

# 40 ALÉM DA EXCELÊNCIA

ao longo de décadas. Outras inovações da empresa são um sinal de trânsito automatizado (construído nos anos 1960 para manter as ruas mais seguras e menos congestionadas) e um sistema de monitoramento de pressão sanguínea domiciliar (criado nos anos 1970 para ajudar os pacientes a passarem mais tempo fora dos hospitais).[74]

A abordagem interna da Omron para a realização de seu propósito conferiu ganhos importantes de reputação à empresa. Em 2019, ela estava na trigésima posição na lista das melhores marcas japonesas; no ano anterior, ocupava a trigésima nona posição. Além disso, a empresa foi escolhida para o Health & Productivity Stock Selection de 2019, uma honra que marcou sua entrada bem-sucedida nesse mercado. Entre 2009 e 2019, a empresa também trouxe retornos que eram o dobro do índice Nikkei 225. Ainda assim, com seu desempenho financeiro atrás dos grandes concorrentes internacionais, os líderes da empresa estão, no momento em que este livro é escrito, focando a boa conversão de seu forte desempenho de TSI em maiores retornos aos acionistas.

## Caminho #3: Realizar Parcerias com Governos, Visando Criar Maiores Oportunidades Econômicas para as Comunidades Locais

Grandes empresas, especialmente aquelas que operam em setores com regulamentações rígidas e em mercados emergentes, há muito tempo buscam fortes programas RSC. Elas construíram escolas e hospitais, administraram programas de nutrição e ajudaram nos tempos de crise. Atualmente, os stakeholders e as comunidades locais estão, com todo o direito, exigindo cada vez mais, e as empresas de ponta estão se movimentando para responder a isso. Trazendo competências financeiras e administrativas extensivas, essas empresas estão se aliando a comunidades, governos, ONGs, instituições acadêmicas e outros stakeholders para gerar um desenvolvimento econômico nas comunidades locais.

A gigante mundial da mineração, Anglo American plc, adotou essa estratégia nos últimos anos. Nas décadas recentes, a empresa trabalhou lado a lado com governos na África do Sul (onde esteve presente por mais de um século), para definir seu contrato social e suas contribuições às comunidades locais. No entanto, assim como todas as empresas mundiais de mineração, a Anglo American foi solicitada a fazer mais — pedidos que vieram de comunidades locais, ativistas ambientalistas, governos e investidores. Os stakeholders desejavam que a empresa fosse além da produtividade e da resiliência financeira, entregando valor em áreas como sustentabilidade e mudança climática. A Anglo American percebeu que precisava agir de forma proativa para sustentar sua licença de operação e seu crescimento em longo prazo.

Em vez de assumir a defensiva ou apenas aplicar algumas melhorias em sua estratégia de RSC, a Anglo American escolheu se reimaginar de forma radical. Assumindo uma visão voltada para o TSI, a empresa adotou um modelo de negócios focado em servir comunidades locais por meio de parcerias, da mesma forma como faria com governos, órgãos reguladores e outros stakeholders externos fundamentais. A estratégia era voltada não apenas para entregar benefícios sociais, mas também para conquistar uma vantagem de negócios. Em 2018, a empresa adotou um novo propósito corporativo: "Reimaginar a mineração para melhorar a vida das pessoas." Para alcançar tal propósito, ela adotou um programa de mineração sustentável, que incluía elementos sociais, tecnológicos e sustentáveis inovadores, ou, como costuma chamar, Future Smart Mining.

Essa estratégia é composta de duas partes. Primeiro, com a implantação de novas tecnologias, a empresa busca reduzir o impacto ambiental causado pela extração de recursos naturais. Segundo, ela deseja construir comunidades prósperas ao interagir com elas de diferentes formas, mais notavelmente pela criação de maiores oportunidades econômicas independentes de suas atividades mineradoras centrais. Para este fim, a empresa tem colaborado com governos, representantes de comunidades, instituições acadêmicas, grupos religiosos, negócios, ONGs e acadêmicos, a fim identificar oportunidades de desenvolvimento econômico e planejar um crescimento regional futuro que não dependa das operações mineradoras tradicionais da empresa. Quando a Anglo American realiza investimentos locais como parte de suas obrigações, ela o faz com uma compreensão holística das necessidades de desenvolvimento da comunidade. Ao construir uma estrada para uma de suas instalações, por exemplo, a empresa pode ampliar o projeto para oferecer oportunidades de ecoturismo. Ou pode olhar para as oportunidades no uso de terras com base na análise de dados espaciais, para compreender melhor quais atividades agrícolas farão uma área local florescer. Em vez de criar gado, por exemplo, a terra pode ser utilizada para um cultivo a ser usado na produção do biodiesel,

## 42 ALÉM DA EXCELÊNCIA

combustível que, mais tarde, pode ser comprado e utilizado pela mina, dentre outros usos.

A Anglo American também está investindo em aprimoramento das habilidades da força de trabalho local para que os trabalhadores acompanhem o ritmo das novas tecnologias, além de investir na educação dos jovens para que tenham as habilidades necessárias no futuro. Embora a Anglo American também se beneficie de uma força de trabalho de maior competência, o treinamento profissional vai além das necessidades da cadeia de suprimentos. Por meio de suas ações, a empresa busca construir uma comunidade local forte e próspera por si só.[75] Relacionado a isso, ela está fomentando um diálogo contínuo sobre comprometimentos e responsabilidades nos âmbitos locais e nacionais, resolvendo divergências e construindo novos relacionamentos com base na confiança. Como disse Froydis Cameron-Johansson, chefe de relações internacionais e governamentais do grupo: "Uma das coisas que um empreendimento do século XXI precisa fazer é ser parceiro. Isso é muito mais importante do que ditar o próprio ecossistema. O TSI, para a Anglo American, é uma forma de pensar que é parte de nosso DNA e algo que só pode ser feito por meio de parcerias, humildade e conversas."[76]

Embora seja cedo demais para compreender o impacto total causado pelo FutureSmart Mining, as indicações iniciais são positivas. A empresa percebeu melhorias na segurança, na sustentabilidade e na habilidade de fomentar relacionamentos e parcerias sociais mais diversos. Falando no FutureSmart Mining, o diretor técnico, Tony O'Neill, comentou que os investidores "despertaram para o programa agora. Acho que ele ainda está no início de sua história, mas os investidores já podem ver o que estamos fazendo e a ambição por trás disso. Em última análise, isso resultará em um perfil diferente de investimento ou em mais investidores".[77] Como sugerido por Froydis Cameron-Johansson, a compreensão do impacto total na tomada de decisões beneficiaria de maneira óbvia a empresa e seus acionistas. "Se você está trabalhando em um ambiente e sua comunidade não está feliz", diz ela, "muito rapidamente isso se converterá em perdas de produção". Por outro lado, colaborar para beneficiar toda a comunidade, seja de forma ambiental, seja econômica, traria ganhos para todos. Ao falar da iniciativa de desenvolvimento regional colaborativo da empresa, ela descreveu o potencial da seguinte forma: "Você ganha, eu ganho. Juntos, ganhamos muito, e a vitória se torna 'nossa vitória'."[78] Dadas as incertezas inerentes à opinião pública, a habilidade de criar "nossa vitória" torna a empresa mais resiliente, protegendo-a contra os riscos que podem ser produzidos pela insatisfação pública (e experimentado, também, por empresas de mineração) e fortalecendo a licença de operação da empresa.

## Conselho para Líderes

O imperativo para fazer o bem e entregar TSI não como um esforço de RSC, mas como um imperativo central do negócio, está ganhando força sem precedentes entre líderes e companhias globais. "Estamos observando um impulso em termos do setor privado atuar sobre o clima", disse o antigo CEO da Unilever, Paul Polman. "Essa corrida para tornar seus modelos de negócios mais robustos e mais adequados para o futuro está definitivamente acontecendo."[79] Uma pesquisa de opinião da YPO Global Leadership realizada em 2019, com mais de 2.200 CEOs de 110 países, descobriu que quase todos — 93% — apoiaram como o propósito do negócio uma visão voltada para o atendimento a múltiplos stakeholders.[80] Uma pesquisa de opinião da ING Research realizada em 2019 com 300 executivos norte-americanos descobriu que 85% consideravam o impacto social e a sustentabilidade ao elaborar estratégias, diferentemente dos 48% no ano anterior.[81]

Mesmo assim, esses sinais produtivos ainda não se traduziram em ação ampla por parte da maioria das empresas globais. Uma pesquisa de opinião da Global Compact Survey da ONU, realizada em 2017, descobriu que empresas "comunicam de forma pública [seus] compromissos com a responsabilidade corporativa", mas muitas delas ainda não estabelecem metas claras, não rastreiam o desempenho rumo a essas metas e nem avaliam o verdadeiro impacto de suas operações.[82]

Sua empresa gravou o TSI em suas estratégias e operações de forma completa como deveria? Se a resposta for não, essa é a primeira coisa que deve ser feita — e rápido. A pressão dos stakeholders sobre os negócios, para olhar além do valor aos acionistas, se intensificará nos próximos anos, enquanto observamos o agravamento da crise climática e o aumento de demandas de países e comunidades, ao passo que as gerações mais novas passam a expressar mais seus desejos por um negócio sustentável. Setores inteiros estão enfrentan-

## 44   ALÉM DA EXCELÊNCIA

do dificuldades com ameaças cada vez maiores às suas licenças de operação. As empresas big tech são um exemplo: Google, Facebook, Amazon e outras grandes companhias de tecnologia encararam pedidos barulhentos por maior regulamentação governamental nos últimos anos. Como um observador comentou no *Atlantic*, "a repercussão contra as big tech se acelerou a uma velocidade assustadora".[83] E, ainda assim, certas empresas do setor estão atuando em linha com um mindset evoluído voltado para o TSI, colhendo grandes benefícios. Sob a liderança do CEO Satya Nadella, a Microsoft abraçou a missão de "empoderar cada indivíduo e organização no planeta para que possam fazer mais".[84] Na mesma linha, a empresa se comprometeu a se tornar negativa em carbono até 2030 e a remover todo o carbono emitido por ela desde sua fundação até 2050.[85] A Microsoft também está realizando parcerias com governos, a fim de resolver uma série de desafios sociais, alavancando os recursos financeiros, as tecnologias e as capacidades de IA da empresa. Graças a essas e outras jogadas movidas pelo propósito da Microsoft, a empresa teve uma considerável sequência de geração de valor nos últimos anos, conforme discutiremos mais adiante.

A lenta implantação de estratégias que entregam TSI e impacto financeiro por parte da maioria das empresas é uma oportunidade para seu negócio, assim como tem sido para as empresas descritas neste capítulo. A execução não será fácil, especialmente caso você opere em um contexto cultural em que uma ética de maximização do valor ao acionista está arraigada de maneira mais acentuada (nos Estados Unidos, por exemplo, essa ética tem raízes mais profundas do que no Japão e em outros contextos asiáticos). Enquanto você pensa em como embeber seu impacto social com novo foco e energia, pense nas questões a seguir:

- A liderança sênior, incluindo o CEO e a equipe executiva, assumiu a responsabilidade pela descoberta, articulação, ativação e incorporação do propósito social na organização de forma profunda?

- Você construiu uma narrativa sobre o TSI capaz de alinhar-se à estratégia geral de negócios da empresa e que os stakeholders, externos e internos (incluindo consumidores, funcionários, fornecedores e a sociedade em geral), acham plausível?

- Como você pode estabelecer parcerias para aumentar o impacto de seus empenhos de TSI?

- Ao operacionalizar estratégias de TSI, o que será feito para manter o equilíbrio e elevar o TSI até o mesmo patamar dos motores de valor tradicionais do negócio? Quais práticas terão que mudar para fomentar um impacto por TSI e a que custo?
- Quais métricas sua empresa pode escolher para carregar o impacto de seu negócio ao mesmo tempo que protege sua reputação?
- Como você alinhará seus incentivos para garantir que todos na empresa sejam recompensados pela entrega de TSI?
- Como sua empresa equilibrará seus compromissos de longo e curto prazos e realizará as inevitáveis compensações?

É importante proceder com cautela, analisando todos os elementos de sua estratégia de negócios com base no TSI, incluindo produtos, cadeias de suprimentos, marketing e engajamento dos funcionários, além de usar o TSI para informar sua relação com governos, órgãos regulatórios e outros stakeholders externos. Com base nisso, foque como alavancar suas competências — financeiras, técnicas e humanas — para alcançar o melhor impacto social positivo possível, uma vez que isso o ajudará a trazer uma vantagem a seu negócio. Interaja de forma apaixonada com seus investidores, clientes e público em geral, por meio do desenvolvimento de um case empresarial atraente, além de uma história autêntica sobre seus esforços de TSI. Explique aos stakeholders, externos e internos, quais escolhas foram feitas e por que, apoiando suas decisões com investimentos e métricas significativas. Finalmente, alinhe a compensação interna com conquistas de objetivos de TSI, garantindo que o novo mindset penetrará em toda a hierarquia e operação da empresa.[86]

O escritor norte-americano do século XIX Henry David Thoreau certa vez observou que "a bondade é o único investimento que nunca fracassa".[87] Tal máxima é verdade tanto para empresas quanto para indivíduos. O TSI representa uma tremenda oportunidade de negócios — exatamente porque muitas pessoas ainda não dominaram como alcançá-lo. De forma mais ampla, o TSI representa uma chance única de reimaginar o capitalismo para o benefício do mundo, de seu povo, das gerações futuras e, também, dos acionistas. Ao mesmo tempo, essa é apenas uma das fontes por meio das quais grandes empresas globais podem se transformar para o século XXI e ir além da excelência. O modelo tradicional de empreendimento globalizado requer uma revisão top-down — estratégica, operacional e organizacional. Vamos continuar com nossa análise das estratégias de crescimento que as empresas devem adotar para ganhar nos próximos anos. Quando elas conseguirem uma licença para operar e se posicionarem bem, com uma variedade de stakeholders, a tarefa mais urgente será pensar muito sobre os consumidores, garantindo que as ofertas sejam, de fato, interessantes às necessidades e aos desejos dos clientes. Conforme veremos no próximo capítulo, empresas tradicionais de produtos e ofertas desenvolvidas ao longo do século XX para gerar um crescimento lucrativo em escala estão cada vez mais obsoletas. As empresas de ontem cresceram enviando pacotes imensos de produtos físicos a distâncias variadas e clientes felizes. Os incumbentes prósperos de hoje estão enviando serviços digitais inovadores via streaming para um crescimento lucrativo.

### Insights Importantes

- Para ir além da excelência, as empresas atuais devem fazer o bem e maximizar o TSI, objetivo que, em longo prazo, permitirá um aumento no retorno aos acionistas.

- Sua empresa provavelmente tomou medidas importantes para lidar com problemas sociais e ambientais, mas quão longe você realmente foi para transformar sua estratégia central a fim de maximizar o impacto social?

- Nossa pesquisa revelou três caminhos pelos quais as empresas de ponta socialmente responsáveis estão se mobilizando, seja de forma única, seja em conjunto, para maximizar seu impacto social líquido enquanto alcança crescimento e valor ao acionista incríveis. Esses caminhos são: (1) expandir o acesso a seus produtos e serviços; (2) deixar as necessidades sociais direcionarem a inovação; e (3) realizar parcerias com governos locais para criar oportunidades econômicas.

CAPÍTULO 2

# USE STREAM, NÃO TRANSPORTE

*Tradicionalmente, as empresas excelentes alcançaram essa posição ao vender produtos físicos e serviços de qualidade superior para consumidores em todo o mundo. Atualmente, as empresas de ponta estão indo além, assumindo por completo a posse dos resultados e das experiências para os consumidores. Ao alavancar tecnologias digitais, essas organizações estão se aprofundando no ciclo de vida do uso para preencher necessidades não atendidas, seja oferecendo novas soluções a produtos e serviços físicos, seja substituindo-os por completo.*

As empresas de ponta globais estão expandindo suas propostas de valor rapidamente, indo *além* de ofertas discretas, voltadas a produtos, para criar novas soluções empolgantes, capazes de entregar resultados de maneira contínua ao longo de seu ciclo de vida. Em vez de interagir com os clientes de modo transacional, as empresas estão se tornando suas parceiras, com a posse da experiência do consumidor e, amiúde, cobrando por suas novas ofertas com base no desempenho delas. Essas empresas entregam novas soluções de maneira digital a consumidores em qualquer lugar do mundo, a partir de qualquer lugar no mundo. A conectividade digital, a disponibilidade ubíqua de banda larga e as tecnologias de IoT movem essas novas ofertas, tornando mais viável, técnica e economicamente, entregar serviços além da fronteira, seja como uma nova camada em produtos físicos existentes, seja como ofertas puramente digitais. Conforme mencionou um observador: "A tecnologia está transformando o serviço em um novo produto."[1]

As empresas também estão desenvolvendo ofertas de serviços para conquistar o novo consumidor global que a conectividade digital criou — um consumidor que não é definido pela geografia, mas pela participação em grupos

## 48 ALÉM DA EXCELÊNCIA

transfronteiriços com interesses em comum. Além disso, estão personalizando cada vez mais essas ofertas, permitindo que consumidores globais façam o download de atualizações de software e desbloqueiem certas características de maneira remota, utilizando dados e conceitos avançados em analytics para moldar a experiência de cada usuário, individualmente. Um último condutor das novas propostas de valores digitais ou voltadas para o meio digital é o nacionalismo econômico. Com tarifas e crescentes guerras comerciais aumentando o risco de construir negócios baseados no transporte de bens físicos entre fronteiras, as empresas estão achando cada vez mais atraente a ideia de movimentar maiores lucros por meio de serviços digitais transfronteiriços. Um país pode criar tarifas sobre carros novos, encarecendo as importações e favorecendo os fabricantes domésticos, mas um fabricante de carros não sofrerá ao oferecer um conjunto de serviços transfronteiriços ao consumidor que será entregue digitalmente, com base nos dados enviados pelo carro. As vendas de carros novos podem não crescer, mas os serviços digitais dos carros antigos, sim — e de forma drástica. Em geral, essa "servitização" torna as empresas mais resilientes. Durante a crise de Covid-19, os negócios construídos ao redor de produtos físicos sofreram quando os governos passaram a impor o distanciamento social. Netflix, Twitch, Peloton e outros negócios de serviços digitais mantiveram ou até aumentaram sua receita.

Ao longo da maior parte do século XX até o século XXI, empresas em muitas categorias reivindicaram seus lucros globais em produtos físicos, bem como nas características específicas destes. Vencer o concorrente significava vender produtos melhores, mais baratos e de melhor qualidade do que outras ofertas comparáveis. Ao entrar no negócio de venda de carros, a forma de ganhar da concorrência seria oferecer maior luxo e segurança, menor preço ou uma combinação desses fatores. Ao produzir motores a jato, você ofereceria maior segurança, desempenho, menor custo operacional ou uma combinação dessas coisas. Empresas globais vendiam serviços anexados a esses produtos, como contratos de manutenção, mas eles costumavam ser limitados e, claramente, uma preocupação secundária.

Atualmente, empresas de ponta estão vendendo conjuntos surpreendentes de serviços embutidos em seus produtos físicos e, em muitos casos, vendendo produtos físicos como serviços.

Pense na categoria de bens duráveis. Para empresas como Whirlpool, uma máquina de lavar deixa de ser, a cada dia mais, apenas uma máquina de lavar — ela é responsiva, pensativa, inclusive "smart", servindo como ponto central para serviços adicionais relacionados que as empresas podem vender. Sensores em sua lavadora Whirlpool conectada em nuvem podem permitir à máquina saber quando você está ficando sem sabão. Ao sincronizar com o app que já pode ser utilizado para controlar uma ampla gama de eletrodomésticos, sua lavadora pode comunicar ao app para realizar o pedido automático de sabão para você. Antes de ficar sem sabão, será possível abrir a porta de sua casa e encontrar o novo pacote aguardando você, vendido e entregue por meio de uma assinatura — *sabão como serviço*.

Como nos disse o ex-chefe estratégico da Whirlpool, Russell Stokes, a empresa está criando novos e empolgantes serviços digitais entregues por seus eletrodomésticos. "Já começamos a servitização de nossos produtos, adicionando uma camada de software", disse ele. "E se pudéssemos consertar sua lavadora de louças ou baixar atualizações de forma remota via Wi-Fi? E se pudéssemos baixar receitas para você e exibi-las em seu fogão?"[2] Esse é apenas o começo: não é difícil imaginar um futuro em que os eletrodomésticos ou os eletrônicos do escritório possam realizar a compra de suprimentos ou iniciar uma comunicação entre si para concluir tarefas mais complexas. Em uma entrevista, o presidente e CEO da Whirlpool, Marc Bitzer, relatou que melhorar os produtos da empresa por meio da inclusão de serviços digitais era um imperativo estratégico muito importante.[3] A empresa continuava montando a infraestrutura e os relacionamentos para isso, construindo um ponto central global de dados, adquirindo algumas das tecnologias básicas necessárias e explorando parcerias com empresas como Google, Amazon, Proctor & Gamble, entre outras.

Se você administra um negócio global, não poderá arcar com o custo de ignorar o conjunto de novas propostas de valor que está surgindo no mercado. Caso venda rosquinhas, a oferta capaz de levar sua empresa além pode ser uma nova experiência de cafeteria melhorada digitalmente para entusiastas de rosquinhas de todo o mundo, ou talvez uma entrega matinal diária de rosquinhas e café para cada um dos carros e escritórios dos membros de seu clube de rosquinhas. Se você administra uma marca de moda feminina, talvez possa fornecer uma experiência de compra pessoal com base em estilos e preferências únicos por meio de apps e máquinas no interior da loja. Na maioria das categorias, essas ofertas não acabarão com os produtos tradicionais — as empresas ainda precisarão fazer e vender deliciosas rosquinhas e, no caso da Whirlpool, eletrodomésticos de alta qualidade. No entanto, cada vez mais, a capacidade de entregar ofertas inovadoras e digitais em conjunto com esses produtos físicos separará as grandes empresas do restante. As empresas do passado chegavam aos bolsos e aos corações de seus clientes por meio de remessas. As empresas do futuro também usarão os transportes tradicionais, mas farão esse mesmo caminho por meio do streaming.

## Serviços Consumíveis

Uma série de empresas já está alcançando os bolsos e os corações de seus clientes por meio do streaming. O comércio global total de serviços digitais cresceu o dobro dos serviços não digitais ao longo da década iniciada em 2008.[4] Em algumas categorias, a servitização permitiu que alguns arrivistas digitais expandissem rapidamente e assumissem posições de controle em escala global. Enquanto antes os consumidores assistiam a filmes em vídeo, alugando DVDs na Blockbuster ou em lojas semelhantes, graças ao serviço digital da Netflix, eles podem aproveitar para assistir a vídeos a qualquer momento, em qualquer lugar. A Netflix lançou seu serviço de streaming em 2007 e, após refiná-lo, internacionalizou a oferta,[5] lançando-o no Canadá em 2010 e, ao longo dos dois anos seguintes, na América do Sul e na Europa. Em 2019, consumidores em quase duzentos países podiam curtir os filmes com apenas alguns cliques ou toques em seus dispositivos, enquanto a receita da empresa superava os US$15 bilhões.[6] Essa expansão global extremamente rápida é notável por si só — provavelmente a mais rápida dos últimos anos. No entanto, igualmente digna de nota é a estratégia da empresa de não mais visar consumidores locais com produtos físicos, mas, sim, consumidores transfronteiriços com um serviço digital acessível em qualquer lugar — um feito igualado por concorrentes como Hulu, Amazon Prime e, conforme veremos a seguir, serviços de streaming de música, como Spotify, Pandora e Apple Music.

Em diferentes categorias de consumidores, vemos o valor se afastando dos produtos físicos e indo em direção a serviços e soluções digitais como parte da chamada economia compartilhada. Muitos consumidores, atualmente, não querem mais comprar produtos físicos — em vez disso, preferem pagar por serviços de forma contínua. Esses consumidores estão evitando os supermercados e escolhendo o meio online para utilizar serviços de entrega de produtos alimentícios de empresas como a Blue Apron. Em vez de comprarem uma bicicleta, eles estão alugando uma por meio de serviços de compartilhamento de bicicletas, como o JUMP (em 2018, apenas nos Estados Unidos, os consumidores realizaram cerca de 84 milhões de viagens nesses serviços).[7] Embora as estimativas do tamanho da economia global compartilhada variem, as previsões antecipam um enorme crescimento da economia compartilhada ao longo dos próximos anos — essa pode se tornar uma oportunidade de US$335 bilhões em 2025.[8] Outra forma de servitização — a oferta de produtos por meio de assinaturas direct-to-consumer — também está em expansão. Hoje, os consumidores podem entrar na internet e buscar remessas de muitos produtos de consumo, seja por meio da Amazon, seja de centenas de pequenas startups, desde produtos como lâminas (com marcas como Dollar Shave e Harry's) até cosméticos (por meio da Birch Box), lentes de contato (Hubble), comida para cachorros (Chewy), moda (Stitch Fix), suprimentos dentários (Quip) e, até mesmo, brinquedos sexuais (Maude). Os serviços direct-to-consumer competem tanto no preço quanto na conveniência, permitindo a consumidores ocupados "configurar um plano e se esquecer dele", como disse um analista.[9]

Em muitas categorias de consumidores, essa servitização está criando uma disrupção entre as grandes incumbentes e forçando-as a agir rápido. O setor automotivo, por exemplo, está se reequipando rapidamente, afastando-se do foco tradicional de fabricar veículos para também oferecer *mobilidade como serviço* via meio digital, incluindo ofertas de carros conectados (assistência de beira de estrada, possibilidade de pagar por itens e localizar estacionamentos próximos por meio do painel de controle do carro, dentre outros), direção autônoma e mobilidade compartilhada (serviços de compartilhamento de viagens, como Uber e Lyft). Como uma reportagem colocou de maneira muito astuta, "os fabricantes de carro querem que você pare de comprar carros algum dia" e imagine um futuro em que "pagamentos de carros e taxas de estacionamentos serão substituídas pela compra de transporte por quilômetro rodado, em um serviço de assinatura semelhante ao da Netflix".[10] Uma série de condições estruturais contribuem para essa tendência: as montadoras tradicionais estão sofrendo de um excesso de capacidade mundial crônico; essas empresas estão sendo desafiadas em mercados importantes por concorrentes

**52** ALÉM DA EXCELÊNCIA

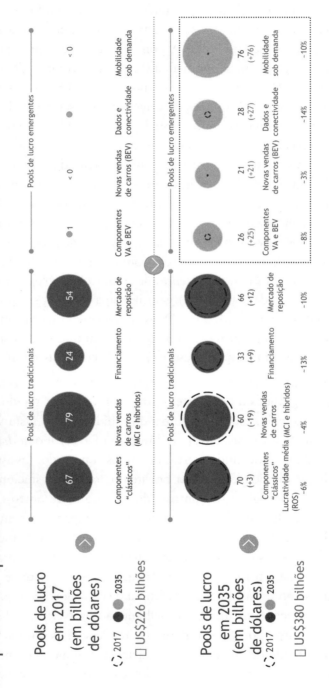

Figura 2. Mudanças nos pools de lucro do setor automotivo nos próximos quinze a vinte anos.

locais, como Great Wall Motors e a Jiangling Motors, na China, o maior mercado automotivo do mundo, e por empresas como Mahindra, na Índia. Além disso, também enfrentam pressão das empresas voltadas para carros elétricos e tecnologias digitais, como Tesla, Google e Uber. Esses líderes tecnológicos, conforme mencionado recentemente em uma reportagem, "parecem [cada vez mais] a maior ameaça à sobrevivência [das montadoras]".[11]

Em 2017, as vendas de carros novos representavam US$79 bilhões dos lucros aproximados de US$226 bilhões da indústria global, enquanto os lucros dos serviços de mobilidade contribuíram com menos de US$1 bilhão. Em 2035, a projeção é que os lucros aumentem para US$380 bilhões, com os carros conectados e a mobilidade sob demanda representando US$28 e US$76 bilhões, respectivamente. As margens para a conectividade de dados podem alcançar os 14%, enquanto espera-se que as montadoras percam dinheiro em cada carro físico vendido.[12] As principais montadoras crescerão e permanecerão lucrativas, mas apenas se oferecerem de forma agressiva os serviços digitais buscados pelos consumidores, seja desenvolvendo a tecnologia por conta própria, seja, conforme veremos no Capítulo 3, desenvolvendo ecossistemas bem-sucedidos de parceiros que entregam esses serviços. As montadoras precisarão, ainda, fabricar carros e caminhões de alta qualidade, mas também precisarão cercar esses produtos físicos com uma camada de serviços que aumentará de forma drástica o valor fornecido por eles.

A General Motors está se preparando de maneira agressiva para a ascensão da mobilidade como serviço. Sob o comando da presidente e CEO Mary Barra, a empresa tem reduzido o número de marcas e plataformas mantidas, bem como o número de países em que ela opera, reconhecendo que, conforme disse o executivo da GM, Dan Ammann, "não podemos ser tudo para todo mundo em todos os lugares".[13] Em 2018, a GM anunciou a intenção de se encarregar de uma ampla transformação que incluiria o fechamento de oito instalações em todo o mundo, uma redução de 25% na chefia de gestão e uma reconfiguração do portfólio de plataformas de marcas e produtos.[14] Enquanto isso, a empresa tem investido pesado no desenvolvimento de uma rede de veículos autônomos que funcionaria como parte de um serviço integrado de compartilhamento de viagens. Em 2016, a empresa investiu US$500 milhões no serviço de compartilhamento de viagens Lyft, além de adquirir uma empresa de veículos autônomos, a Cruise Automation.[15] Em 2017, a GM

# ALÉM DA EXCELÊNCIA

adquiriu a Strobe, empresa cuja tecnologia pode se mostrar crucial para a direção autônoma no futuro.[16] Em 2018–2019, a Honda e a Softbank anunciaram investimentos na Cruise, totalizando um valor de US$5 bilhões.[17] Em geral, a empresa busca liderar o setor de serviços de mobilidade, por meio dos quais ela imagina obter margens de 20% a 30%[18] ao mesmo tempo que simplifica as operações para obter mais lucros por meio da montagem de seus carros e caminhões. "Já se pensou que o Vale do Silício acabaria com o setor automotivo", comentou um observador, "mas agora parece haver uma tendência rumo à cooperação mútua",[19] tudo em uma tentativa de transformar aquilo que antes era apenas um produto físico — um carro — em um ponto central para serviços e experiências de ponta.

## A Servitização Também é Importante para Indústrias

Em 2017, o St. Antonius Hospital, nos Países Baixos, tornou-se uma das primeiras instalações médicas a implementar o Azurion, uma plataforma intervencionista de última tecnologia produzida pela Philips para realizar procedimentos minimamente invasivos.[20] O sistema Azurion se parece com algo saído diretamente de *Star Trek* — um braço branco futurista se movimenta ao redor de um paciente deitado em uma longa maca enquanto resultados de diagnósticos de imagem aparecem em uma grande tela de alta definição e o médico realiza os procedimentos. No St. Antonius Hospital, assim como em outras instalações médicas ao redor do mundo, os pacientes estavam esperando muito tempo para realizar procedimentos cirúrgicos, os quais, por sua vez, estavam se tornando cada vez mais complexos. O hospital comprou o Azurion na expectativa de melhorar o funcionamento de seus laboratórios intervencionistas, ao mesmo tempo que manteria os custos em um nível aceitável. Falando de maneira mais precisa, o hospital adquiriu uma *parceria* contínua com a Philips, incluindo serviços que permitiriam ao St. Antonius otimizar o uso de tecnologia e alcançar melhorias de desempenho impressionantes.[21]

Com a entrega do novo equipamento, a Philips desenvolveu um currículo especial para treinar os membros da equipe para operar o Azurion. Quando o sistema finalmente entrou em funcionamento, a empresa coletou dados operacionais de forma contínua, para observar como as equipes médicas poderiam otimizar a tecnologia, bem como o uso desta para essa instalação em particular. Por exemplo, a Philips combinou dados sobre as operações da máquina com uma análise do espaço físico da instalação para "identificar oportunidades de otimização do fluxo de trabalho ao redor do laboratório intervencionista".[22] Certo espaço clínico não estava sendo utilizado o suficiente, então a Philips e o hospital deram outro propósito a ele, tanto para os pacientes (como sala de espera) quanto para os médicos (como um espaço de trabalho em que poderiam analisar documentos e relatórios sobre o progresso do paciente).[23]

Graças a isso, em parte, e a outros trabalhos colaborativos, o hospital reduziu em 12% o tempo necessário para a preparação dos pacientes para procedimentos, em 17% o tempo necessário para a realização dos procedimentos em si e em 25% o número de procedimentos que passavam do horário alocado para eles.[24] Conforme observou o radiologista intervencionista Marco van Stijen: "Nós fomos capazes de mudar o fluxo de trabalho para atender mais pacientes em um único dia, resultando em mais pacientes ao longo da semana e ao longo do ano, sem comprometer a segurança do paciente ou a qualidade do atendimento."[25] O CFO do St. Antonius Hospital, na época, Wout J. Adema, creditou a colaboração contínua com a Philips pela introdução bem--sucedida do novo equipamento na instituição. "O sucesso alcançado só foi possível graças à parceria profunda e de confiança que temos com a Philips. A instalação do Azurion forneceu à nossa equipe intervencionista a oportunidade de avaliar nossos processos existentes e padronizar os fluxos de trabalho. Isso nos ajudou a construir melhorias tangíveis e significativas em curto prazo, além de fomentar uma contínua cultura de melhoria entre a equipe."[26]

O sistema Azurion representa a transição contínua dos últimos anos da Philips, passando de um negócio transacional para um negócio fundamentado em relacionamentos e serviços. Em vez de simplesmente vender equipamentos, a empresa busca cada vez mais fornecer resultados e soluções a seus clientes — visando adicionar valor, e não meramente a venda de mais volume. A Philips busca permanecer conectada em tempo real com seus clientes, assumindo um papel permanente em ajudá-los a extrair o máximo de valor de seus investimentos em tecnologia. Em sua iniciativa Aiming for Zero, por exemplo, a empresa colabora com os clientes a fim de prevenir falhas em equipamentos *antes* de elas acontecerem, monitorando dados para realizar reparos e fazendo as manutenções necessárias de forma proativa. Com a mobilização de uma infraestrutura de dados e advanced analytics, uma equipe de engenheiros mo-

## 56 ALÉM DA EXCELÊNCIA

nitora mais de 12 mil sistemas de imagens diariamente, buscando padrões em dados que sugiram que determinado sistema necessita de manutenção preventiva. Anualmente, essa equipe inicia mais de 10 mil ações de manutenção para minimizar o tempo de inatividade das máquinas Philips.[27]

Ao fornecer esses serviços, a Philips está respondendo não só às amplas forças disruptivas descritas anteriormente, mas a mudanças específicas no setor da assistência médica. O envelhecimento das populações, o aumento de doenças crônicas e a explosão nos custos estão causando um esforço excessivo sobre as finanças e as capacidades dos sistemas de assistência médica. Eles precisam, cada vez mais, que os provedores não apenas reduzam os custos em peças individuais de equipamentos, mas que elaborem um modelo de precificação que ajude os sistemas e os provedores a reduzir custos, ao mesmo tempo que melhore a qualidade e a experiência dos pacientes. "Quinze anos atrás, íamos a um departamento de radiologia para exibir o desempenho e as características de nosso mais recente scanner", contou o CTO da Philips, Henk van Houten. "Hoje, um chefe do departamento de radiologia pode perguntar: 'Como você pode ajudar meu departamento a ser mais eficiente para atender à crescente demanda de pacientes?'"[28] De acordo com relatos da mídia, a Philips está seguindo em direção a um modelo com base em valor, gerando receita de acordo com métricas de desempenho relacionadas a produtividade, resultados dos pacientes, experiência do cuidador, entre outros.[29] Por meio desse modelo, a provisão de serviços contínuos torna-se essencial, uma vez que permite à Philips otimizar suas máquinas e o uso delas pelas equipes médicas, garantindo maior eficiência e qualidade para os sistemas de saúde e maior receita para a empresa.

A transição do sistema de saúde para um modelo baseado em valor ainda está em estágio inicial. De acordo com uma pesquisa de opinião, apenas um terço dos hospitais nos Estados Unidos estão recebendo reembolsos de seguradoras com base no valor fornecido por eles.[30] Ainda assim, 35% da receita da Philips deriva de soluções, e essa porção da receita está crescendo em números de dois dígitos.[31] Esses serviços e soluções assumem diversas formas, incluindo a simplificação de como os cuidadores usam os dados dos pacientes, consultas, estratégias e o fornecimento de uma plataforma chamada HealthSuite, que coleta, compila e analisa dados clínicos. Até 2019, a empresa buscava continuar e ampliar seus "pivots para parcerias consultivas com clientes e modelos de negócios de serviços".[32] Para esse fim, a Philips busca se afastar de fornecer meros produtos, trabalhando, em vez disso, para colaborar com seus clientes e elaborar "soluções de plataformas integradas e conectadas".[33] Segundo o chefe de inovação e estratégia, Jeroen Tas: "Nós não investimos em nada a menos que exista uma clara cocriação com o cliente e um claro modelo de valores."[34]

Embora a servitização nos mercados de consumo receba maior cobertura na imprensa popular, empresas industriais como a Philips, que realizam vendas para outros negócios, também estão cada vez mais abraçando o modelo.

Em diferentes setores e indústrias, a venda de serviços tem uma série de vantagens. De forma mais notável, o modelo permite evitar ser visto simplesmente como commodity, enquanto poupa os clientes do custo e do transtorno incluídos na posse de um produto físico. Como o CEO de uma empresa chinesa de turbinas eólicas nos disse, os clientes atuais se importam menos com a capacidade, o desempenho e as especificações de uma turbina. Eles querem uma solução que maximize a lucratividade das usinas eólicas com base no perfil de vento específico da região. Em muitos setores, os clientes industriais da atualidade buscam uma solução de lucro, e não um equipamento. Mesmo quando compram um equipamento, eles querem que os fornecedores mobilizem dados e tecnologia IoT para ajudá-los a evitar a falha de algum equipamento antes que ela aconteça, maximizando o tempo de operação. A servitização também é uma estratégia atrativa porque oferece às indústrias fontes de receitas recorrentes — e lucros. De acordo com um relatório, quase metade das empresas que oferecem serviços "viu um aumento em suas margens de lucro de mais de 20%".[35] A servitização também constrói fluxos de receita mais resilientes. Como o chefe de uma empresa de elevadores nos contou, as vendas de novos elevadores podem cair dependendo do ciclo econômico, mas o fornecimento de serviços para os elevadores antigos não é reduzido. Na verdade, uma queda na economia pode gerar aumento na receita relacionada a serviços, uma vez que os clientes podem demorar mais para substituir elevadores antigos por novos.

Um dos primeiros exemplos de uma indústria que adotou um modelo de servitização é a Rolls-Royce. Além de vender motores, a Rolls-Royce também vende serviços precificados por hora a seus clientes, recebendo receita por

## 58 ALÉM DA EXCELÊNCIA

cada hora que o motor está disponível para ser utilizado — o que a empresa chama de "potência por hora" [power by the hour, no original em inglês].[36] Embora tecnicamente o cliente ainda seja dono do motor, a Rolls-Royce assume toda a responsabilidade sobre sua disponibilidade e administração. Oferecido como parte de seu programa de servitização chamado TotalCare, a potência por hora alinha os incentivos da empresa com os dos clientes. Os clientes do setor de aviação buscam confiança em seus motores e, também, desejam saber antecipadamente, com a maior precisão possível, quais serão os custos operacionais do produto. Por meio do programa TotalCare, eles não pagam pela manutenção do motor, mas por seu tempo em atividade. Já que só se paga pelo tempo de uso, é possível saber exatamente quais serão os custos operacionais — os clientes só pagam quando o motor está em operação e não precisam se preocupar com os custos de reparos imprevistos.[37] A Rolls-Royce recebe mais ao reduzir o tempo de inatividade dos motores e ganha a confiança dos clientes, além de se beneficiar dos contratos de longo prazo com eles. Até 2020, o TotalCare reduziu em 25% o tempo de inatividade devido a reparos, poupando o dinheiro dos clientes e, ao mesmo tempo, aumentando a receita da Rolls-Royce.[38]

A potência por hora pode soar simples, mas não é algo fácil de entregar aos clientes. Antes do TotalCare, os clientes esperavam até que aparecessem problemas em seus motores, contatavam a Rolls-Royce em seguida e aguardavam os técnicos resolverem o problema. Hoje, a Rolls-Royce embute sensores digitais em seus motores, capazes de monitorar o desempenho do equipamento em tempo real e enviar os dados de volta a um centro de análise em Derby, na Inglaterra. Os engenheiros nessa instalação estão monitorando, em qualquer dado momento, o desempenho de milhares de motores conectados ao serviço em todo o mundo, com a quantidade de dados por voo alcançando os terabytes.[39] Uma equipe global do setor de analytics usa algoritmos sofisticados para planejar manutenções ou atividades de reparo de forma proativa, minimizando possíveis disrupções e determinando os níveis necessários de peças de reposição no inventário a serem mantidos em seus cinco centros regionais de serviços ao cliente em todo o mundo. Ao usar plataformas de comunicação digital, os engenheiros do centro de dados colaboram, em tempo real, com seus colegas nos centros globais de serviço em diferentes aeroportos globais e instalações de manutenção, a fim de realizar a manutenção proativa de motores, consertando-os antes do aparecimento de falhas. Uma série de tecnologias digitais transfronteiriças alimentam esse processo, fornecidas por parceiros que incluem a Microsoft e a SAP.[40]

O TotalCare é apenas o começo da servitização para a Rolls-Royce. Em 2017, a empresa lançou os seus $R^2$ Data Labs, novos centros de dados em diversos locais do mundo.[41] Nessas instalações, equipes interdisciplinares de especialistas de dados colaboram com equipes em diversas operações da Rolls-Royce para desenvolver novos serviços capazes de ajudar os clientes a manter seus motores, aprimorar sua segurança operacional, obedecer a regulamentações governamentais, dentre outras necessidades. Equipes formam parcerias com mais de quinhentos provedores de tecnologia externos, startups inovadoras, acadêmicos e fabricantes de equipamentos originais, a fim de identificar novas ideias para serviços e rapidamente transformá-las em soluções.[42] Os $R^2$ Data Labs são parte da visão da empresa de um IntelligentEngine, ou motor inteligente, capaz de falar com o cliente, com outros motores e com os parceiros de negócios da Rolls-Royce, de responder ao ambiente externo sem intervenção humana e de aprender com base nas próprias experiências e nas experiências de seus pares, ajustando e otimizando seu desempenho. Conforme observou Richard Goodhead, vice-presidente sênior de marketing para a Rolls-Royce Civil Aerospace, a empresa está, agora, "recebendo muito mais dados e fazendo muito mais com eles", tudo isso visando conseguir mais valor para seus serviços.[43]

Muitas outras grandes indústrias estão conseguindo obter mais receitas e lucros por meio de modelos de negócios inovadores, com base em serviços que utilizam IoT, analytics e tecnologias relacionadas. A Schneider Electric fornece uma gama de serviços para entidades de utilidade pública que, graças à pressão financeira, estão achando cada vez menos atraente ter os próprios recursos e a própria infraestrutura. Até 2020, 50% da receita da empresa derivava de sistemas e serviços digitais, categoria que incluía novas e completas soluções que incorporavam produtos físicos e serviços, atualizações e aplicações capazes de adicionar valor a produtos que são vendidos separadamente, da forma tradicional. Essa porção da receita estava aumentando de forma mais rápida do que aquelas derivadas da venda de recursos físicos.[44] A oferta da manutenção preditiva da Caterpillar coleta dados operacionais em tempo real do equipamento de construção vendido pela empresa e usa algoritmos para com-

## 60 ALÉM DA EXCELÊNCIA

parar o desempenho do equipamento com o de outros equipamentos da área. O serviço fornece conselhos proativos sobre quando realizar a manutenção de algum equipamento, reduzindo o custo para seus clientes.

> Essas empresas representam a vanguarda da servitização industrial — e ainda há um longo caminho pela frente. Quando se trata de tecnologia subjacente, muitos fabricantes ainda estão atrasados em sua adoção.

Um estudo com quinhentas pessoas de nível médio no setor de manufatura em muitas indústrias descobriu que 50% do pessoal disse que "pelo menos metade do processo de manufatura é equipado com tecnologia IoT industrial", e somente 11% disseram que "ao menos três quartos do processo faz uso de IoT". Apenas 40% estão "coletando dados por sensores remotos".[45] Nos anos vindouros, mais empresas precisarão adotar essa tecnologia e desenvolver novos serviços. Caso contrário, correrão o risco de ser deixadas para trás.

## Produtos, Serviços e Experiências Feitos para Você

São 7h45 da manhã e você está saindo de seu quarto de hotel rumo a uma reunião com um cliente. No saguão, no andar inferior, tem um Starbucks, então você termina de se arrumar, aperta o app do Starbucks e pede sua bebida matinal preferida, um grande café misto, também conhecido como café au lait. Você está sentindo fome e fica intrigado ao perceber que, ao fazer o pedido, o app lhe recomenda alguns sanduíches de café da manhã, incluindo um pão artesanal com bacon, gouda e ovos e um muffin inglês de trigo orgânico com peru, bacon e ovos com gordura reduzida. O queijo gouda é seu queijo favorito e, na semana anterior, você experimentou e aprovou esse mesmo sanduíche. Agora, o app oferece uma recompensa atrativa: compre qualquer sanduíche de café da manhã três vezes e você recebe oitenta estrelas bônus que podem ser utilizadas para bebidas e comidas gratuitas. Uma recompensa por comprar um sanduíche de que você gosta! Você está favoravelmente surpreso e escolhe comprar o sanduíche junto com seu café misto. E que bom que o fez. Quinze minutos depois, enquanto termina seu sanduíche e pede um táxi para ir à sua reunião, está satisfeito, cheio de energia e pronto para seu dia. O app do

Starbucks parecia saber o que você queria e precisava mesmo antes de você, tornando seu dia um pouco melhor.

Isso não acontece por acaso. Embora o Starbucks tenha, há muito tempo, personalizado suas ofertas na loja, desde 2016 a empresa tem se movido de forma rápida para digitalizar a personalização da interação dos consumidores com sua marca, aprimorando a experiência do cliente e movimentando as vendas. A personalização tem figurado de forma proeminente na estratégia de "flywheel digital" da empresa, uma abordagem holística do engajamento do consumidor que também inclui seu programa de recompensas, pedidos e pagamentos via app.[46] Coletando dados sobre os históricos de compra dos consumidores (com o devido consentimento) e considerando outros fatores como horário do dia, os produtos que o comprador já colocou no carrinho, o clima e as atividades nas redes sociais, o Starbucks consegue personalizar diversos aspectos da experiência do consumidor. Ao implantar múltiplos algoritmos de aprendizado de máquina, o Starbucks faz, por exemplo, recomendações personalizadas em tempo real por meio de seu app para smartphones. Ele também determina quão engajado um consumidor já é e, com base nisso, envia ofertas de recompensas. A empresa pode oferecer a visitantes ocasionais que já testaram amostras aleatórias de produtos uma oportunidade de comprar alguns desses produtos com maior frequência, para que consiga atender melhor às necessidades desses consumidores. No caso dos consumidores leais que sempre compram o mesmo produto, o Starbucks pode fazer ofertas de recompensas por e-mail e recomendar produtos que seus clientes passem a amar. Conforme o tempo passa e o engajamento deles aumenta, os "desafios" necessários para mais recompensas evoluem, criando uma experiência divertida e gamificada.

Os esforços de personalização digital do Starbucks foram notavelmente bem-sucedidos para a empresa e para o engajamento dos consumidores. Dentro de seu primeiro ano, o programa de flywheel digital do Starbucks gerou um crescimento de 8% no gasto entre os membros ativos do Starbucks Rewards, o maior crescimento anual já registrado.[47] Para uma empresa que gerou quase 40% de sua receita com os membros do programa de recompensas, isso representou um aumento direto e substancial das vendas.[48] Como o antigo presidente do Starbucks, Howard Schultz, proclamou, "nossa capacidade de marketing personalizado e individualizado provará ser um divisor de águas no setor varejista".[49] E isso parece ser verdade. Em 2019, o app do Starbucks foi um dos mais populares dos Estados Unidos para processar pagamentos, com mais de 25 milhões de membros.[50] O Starbucks também sincronizou seu flywheel digital com o software encontrado nos pontos de vendas, permitindo uma experiência ainda mais personalizada no interior das lojas. A empresa está utilizando, ainda, dados e analytics para personalizar suas interações com os consumidores nas redes sociais, no centro de atendimento ao consumidor e em outros serviços digitais.

> Além de ofertas servitizadas, muitas empresas estão adicionando a personalização em suas propostas de valor para o cliente.

"O futuro do marketing é tudo sob medida", escreveu Amanda Mull na revista *Atlantic*.[51] A startup Prose envia produtos personalizados de cuidados para o cabelo feitos sob encomenda a consumidores que preenchem uma pesquisa de antemão, enquanto a Care/of vende suplementos nutricionais personalizados e a Curology oferece misturas personalizadas para skincare.[52] Uma das startups mais bem-sucedidas com uma proposta de valor personalizada (e servitizada) no varejo de moda online é a Stitch Fix, que facilita a compra de roupas da moda. Ao coletar dados por um questionário inicial via e-mail e um feedback contínuo do consumidor, a empresa combina consumidores individuais com estilistas humanos, que escolhem produtos específicos para cada consumidor.[53] A empresa, então, envia uma seleção de roupas aos consumidores, seja como serviço recorrente, seja como compra única. A Stitch Fix combina "dados e aprendizado de máquina com o julgamento de especialistas humanos" para realizar a curadoria de recomendações de roupas e otimizar outros aspectos da operação, empregando dezenas de cientistas de dados. Em 2019, apenas oito anos após sua fundação, a empresa conseguiu quase US$1,6 bilhão em vendas.[54]

Uma empresa que tem buscado, de maneira agressiva e impressionante, a personalização como estratégia é a global do setor de cosméticos L'Oréal. Há algum tempo, a empresa tem personalizado seu marketing e seus canais de comunicação por meio da alavancagem de sua plataforma de dados do cliente (mais detalhes no Capítulo 6). No entanto, ela adotou a personalização além do marketing. Em 2020, lançou o sistema de skincare Perso, que usa inteligência artificial para permitir aos consumidores criarem fórmulas de cosméticos altamente personalizadas em casa.[55] Com o consentimento do consumidor, o sistema coleta dados sobre as preferências, o estado da pele (usando uma análise auxiliada por IA de imagens tiradas pelo smartphone do consumidor) e as condições ambientais que podem afetar a pele do consumidor. Com base nesses dados, o dispositivo cria e administra a fórmula correta de produto skincare para os consumidores, usando componentes brutos em cartuchos localizados no interior do dispositivo. Um dispositivo similar para batons permite aos consumidores escolher a cor certa que querem usar por meio de um painel em seus smartphones — uma alternativa revolucionária e muito bem-vinda à prática comum de guardar dezenas de tons diferentes. No futuro, os consumidores poderão refinar ainda mais seus produtos, projetando "um tom de batom para combinar com sua roupa ou escolher uma cor que faça parte das tendências do momento nas redes sociais".[56]

A personalização como estratégia não é algo novo — desde os anos 1970, a rede de restaurantes Burger King prometeu aos consumidores que poderiam ter hambúrgueres "do seu jeito" (por exemplo, permitindo que escolham os acompanhamentos de suas carnes).[57] O que mudou é a tecnologia, tornando a personalização muito mais econômica em uma escala global. Por meio das abordagens tradicionais da globalização — o que chamamos de *velha globalização* —, as empresas podem personalizar as ofertas para consumidores individuais, mas apenas ao criar milhares, ou até milhões, de variedades de um produto físico. As empresas atuais estão criando relativamente menos variedades de produtos físicos, porém usando softwares para entregar potencialmente centenas de milhões de variações funcionais. A Gatorade, por exemplo, está criando um patch capaz de analisar o suor do consumidor e, com base nisso, permitir a ele escolher formulações de bebidas para atender da melhor maneira a suas necessidades físicas (consumidas em uma garrafa também personalizável por meio do site da Gatorade).[58] Sem ficar para trás, o Burger King agora usa a tecnologia digital para aprimorar como os consumidores escolhem as refeições do seu jeito, fornecendo-lhes ofertas personalizadas e sanduíches personalizáveis.[59]

Mesmo um produto físico com um design único pode significar muitas coisas para muitas pessoas em diferentes lugares. A Tesla oferece apenas quatro modelos de carros (modelos 3, S, X e Y), mas, ainda assim, permite uma

## 64 ALÉM DA EXCELÊNCIA

experiência altamente personalizável. Após a compra, os motoristas podem "personalizar o posicionamento de assentos, volante, retrovisores, a suspensão, o freio e muitas outras características", criando um perfil de usuário individual.[60] Essa competência, nas palavras de um crítico, "cria um sentimento único de que o veículo se torna uma extensão do motorista".[61] Atualizações de software para o modelo S permitem que o carro aprenda a rotina diária do motorista, fornecendo atualizações de tráfego.[62] Além disso, também permitem que o carro faça o download de informações de calendários no smartphone do usuário, para gerar de forma automática direções de como ir até um evento futuro.[63] Os donos de um Tesla podem, ainda, nomear seus carros, fazendo com que os nomes apareçam no app da empresa.[64] A Tesla parece preparada para, nos próximos anos, usar uma câmera instalada na cabine para reconhecer os usuários quando eles entram no carro, reconfigurando de maneira imediata diversos elementos — algo que o CEO, Elon Musk, chamou de "personalização dinâmica".[65]

O exemplo da Tesla sugere como empresas globais podem, de maneira lucrativa, unir a servitização e a personalização para trazer novas e impressionantes ofertas ao mercado. Os carros da Tesla não são apenas objetos físicos, mas veículos "conectados" que servem como plataformas para a entrega digital de serviços e a construção de um relacionamento duradouro com os consumidores. A Tesla pode tornar seus carros ainda mais personalizáveis por meio de atualizações de software pela internet. Além disso, a empresa também usa os downloads para fornecer outras melhorias e otimizações de forma contínua. Enquanto as montadoras de carros geralmente gastam bilhões com recalls que podem levar até dois anos para serem concluídos, o download de uma atualização traz um custo mínimo para a Tesla e leva até um mês para ser enviado a toda sua rede de usuários. Em 2019, a Tesla usou a conectividade para realizar downloads de atualizações que lhe permitiriam realizar serviços de manutenção para os clientes. Os carros da Tesla, agora, são capazes de diagnosticar problemas, agendar sessões de manutenção e o transporte das peças necessárias até o centro de serviço mais próximo (os donos podem cancelar esses agendamentos caso os considerem desnecessários).[66] Ao trabalhar com uma equipe de reparos móveis, a Tesla pode diagnosticar e reparar problemas de serviço em 90% dos casos, mantendo os consumidores na estrada e longe de oficinas ou concessionárias.[67] Seja qual forem os outros

## Visando o Consumidor Global

Conforme sugerido por uma série dos exemplos apresentados neste capítulo, a tecnologia digital está permitindo que tanto o consumidor quanto as empresas digitais não forneçam simplesmente produtos, serviços e experiências mais personalizadas, mas que também façam isso para além das fronteiras nacionais, visando o novo consumidor global.

Embora, inicialmente, o serviço de streaming de músicas Spotify tenha oferecido playlists com curadorias humanas para ouvintes de todo o mundo, hoje a plataforma está usando algoritmos para personalizá-las, fazendo com que se adequem a gostos individuais.[68] A empresa espera conquistar cada vez mais o engajamento dos usuários, assim como conseguiu em 2018.[69] Da mesma forma, todos os elementos da plataforma da Netflix são personalizados de acordo com a preferência do usuário, que é identificada pela empresa por meio de experimentos durante a visita deste (por exemplo, a sugestão de determinado conteúdo, para verificar se o usuário clicará nele). Em 2019, a empresa havia criado mais de 300 milhões de perfis de usuários, que os algoritmos da Netflix utilizaram para gerar recomendações de conteúdo personalizadas.[70] A empresa trabalha com uma equipe de pessoas para categorizar os programas de acordo com os temas, permitindo que, em seguida, o algoritmo faça recomendações de forma precisa (cerca de 80% do conteúdo que os usuários da Netflix consomem derivam de recomendações do algoritmo).[71] Em vez de segmentar as ofertas por nacionalidade ou outros demográficos tradicionais, os algoritmos da empresa analisam o consumo de conteúdo dos usuários e, com base nisso, permitem à Netflix focar 2 mil "gostos de comunidades" em todo o mundo.[72] Além disso, a empresa personaliza as recomendações de forma regional, levando em conta as preferências locais e as regulamentações governamentais.

> Estejam as empresas personalizando suas ofertas ou não, a ascensão do consumidor global tem sido tão profunda que algumas empresas estão criando novas ofertas e promoções direcionadas a grupos transfronteiriços de consumidores definidos por afinidade, e não mais por geografia.

Em 2019, quando o produtor musical e DJ Marshmello realizou um show virtual ao vivo para milhões de pessoas no jogo *Fortnite*, ele estava fazendo um show para um grupo de consumidores de videogame definidos por afinidade em todo o mundo.[73] Da mesma forma, quando a Niantic lançou o jogo *Pokémon Go* em 2016, ela mirou, de uma só vez, o grupo de afinidade composto de gamers em todo o mundo, arrecadando quase US$1 bilhão em receita dentro de um ano, de acordo com relatórios da mídia.[74] A NBA serve uma comunidade global de fãs de basquete e, no futuro próximo, a liga lançará uma tecnologia que permitirá aos consumidores personalizar sua experiência de visualização em qualquer lugar do mundo.[75]

Outras grandes empresas globais em busca de modelos digitais estão contornando a geografia e se apresentando a consumidores com interesses em comum, como aqueles que se encontram dentro de um ecossistema de marca comum (como Apple, Android ou Tencent) ao buscar por produtos e serviços dessas marcas. A ascensão da conectividade digital global com um custo cada vez menor (conforme descrito na Introdução) significa que as empresas definirão os consumidores não apenas com base em seus países, mas também em suas identidades digitais. Todos os usuários da rede de transportes que se encontra em rápida expansão, a Gojek (uma espécie de Uber para motos), acessam o serviço por meio de apps no smartphone, e o serviço é idêntico, ou pelo menos semelhante, em diferentes países e regiões, embora esteja sujeito a limitações legais ou regulatórias. Para a Gojek, esses consumidores não são definidos por sua identidade como indonésios, tailandeses ou vietnamitas (a empresa atualmente opera no Sudeste da Ásia). Eles são consumidores globais, e a proposta de valor da empresa foi criada para atendê-los da mesma forma em qualquer lugar do mundo.

## Consequências para os Líderes

Nos próximos anos, as propostas de valor capazes de unir o físico e o digital e de alavancar dados para entregar ofertas personalizadas a consumidores globais florescerão em diferentes setores. Muitas empresas não mais venderão serviços ou produtos em si, mas entregarão resultados e moldarão experiências. Uma grande empresa de tecnologia nos contou que as soluções servitizadas oferecidas para suas linhas de servidores de computador representarão, em breve, 50% de sua receita, enquanto representava apenas 10% em 2019. Entre as indústrias, os serviços digitais atrelados a produtos físicos são a parte dos negócios que obtevе maior crescimento. Para empresas de carros, conforme vimos, o futuro está nas ofertas de mobilidade e carros conectados. Empresas que constroem e evoluem bem essas competências conseguirão prosperar. Aquelas que não se adaptarem se tornarão fornecedoras das empresas adaptadas ou sairão do mercado.

Como elaborar e entregar essas novas propostas de valor? Com base em nossos trabalhos com clientes, recomendamos que você comece ponderando sobre quatro pontos principais:

**Quais são as principais dores que você já está solucionando para seus consumidores?** Você realmente entende essas dores de forma profunda? Pode ser que você presuma que seus consumidores dependam de você para a aquisição do combustível, mas o que eles realmente estão tentando solucionar é a viagem do ponto A até o ponto B. De que outra forma sua empresa os ajudaria a resolver esse problema mais importante por meio de uma oferta servitizada digital?

**A oportunidade é atrativa o suficiente?** Ao lidar com os problemas dos consumidores, uma proposta de valor de servitização criada por você entregará uma oportunidade de mercado grande o suficiente? Quais custos (relacionados ao investimento de capital, retreinamento, realinhamento de incentivos etc.) você acumularia no processo para trazer essa solução ao mercado? Quais empresas seriam suas concorrentes? Como essa nova proposta de valor afetará os negócios que já tem?

**Você tem os recursos certos disponíveis para desenvolver uma boa solução?** Você montou uma equipe capaz de oferecer experiências, e não apenas serviços? Os membros de sua equipe têm agilidade, mindset colaborativo e noção de zeitgeist necessários para lidar por completo com as dores dos

> consumidores que você busca resolver? Quais outras infraestruturas (competências de produção, arquitetura de dados etc.) precisará construir?
>
> **Você está preparado em nível organizacional? Caso seja uma grande empresa digital, seu processo burocrático o impedirá de ser pioneiro em novas propostas de valor e de tirá-las do papel?** Como será o melhor posicionamento de sua equipe para que funcione como startup? Seus líderes seniores têm foco suficiente nesses projetos para garantir o sucesso deles? Caso sua empresa seja tradicionalmente focada em produtos, quais ajustes internos serão feitos para entregar um serviço ou uma solução de maneira bem-sucedida?

Em última análise, a criação de novas propostas de valor digitais exige uma mudança de mindset por parte dos líderes, uma nova forma de colocar o consumidor no centro do negócio. Não importa o tipo de produto ou serviço oferecido por você atualmente, é preciso estar disposto a reimaginá-lo de maneira fundamental para maximizar o valor que os consumidores recebem ao longo da vida útil desse produto ou serviço. Se você vende máquinas de lavar para os consumidores locais há muito tempo, deve continuar a vendê-las? Ou talvez você possa vender uma *solução* de lavagem de roupas para consumidores globais que, digamos, permita a eles operar funções de maneira remota, alterar os ciclos e comparar anotações com os donos de outras máquinas de lavar sobre quais as melhores configurações e os sabões certos para determinado tipo de roupa? Se atualmente você vende produtos de cabelo para consumidores locais, deve continuar a fazê-lo? Ou talvez devesse vender uma solução que permitisse aos consumidores, em qualquer lugar, receber um produto personalizado, talvez entregue como um serviço por meio de assinatura?

Para responder a essas perguntas, será preciso desenvolver uma visão muito mais profunda, rigorosa e empática sobre os consumidores e suas necessidades do que aquela que você tem agora. Tradicionalmente, empresas que desenvolvem novas ofertas buscam a voz do consumidor, mas costumam limitar sua pesquisa a grupos focais e pesquisas de campo envolvendo apenas as equipes de marketing e P&D. Ser bem-sucedido em modelos de negócios que unem o físico ao digital significa reunir consumidores, equipes de negócios e de tecnologias, especialistas em comportamento do consumidor e parceiros externos para embarcar naquilo que chamamos de *jornada do cliente*, mapeando como os clientes usam e retiram valor de seu produto ou serviço ao longo de toda a vida útil deste e explorando, em seguida, uma forma de melhorar o valor, digitalmente ou por outros meios. Ao passar por essa jornada com nossos clientes, nós, do BCG, determinamos o que eles *realmente* querem, aquilo com que não se importam, como entregar mais daquilo com que eles se importam e qual é a melhor forma de cobrar por isso. Ao comprar turbinas eólicas, o que a empresa de eletricidade realmente quer é uma solução para a maximização do lucro. A tecnologia dos gêmeos digitais permite a um provedor otimizar as operações das turbinas eólicas em tempo real, maximizando os lucros. Em vez de simplesmente vender uma turbina eólica, a empresa pode vender uma solução capaz de gerar receita com base na habilidade de maximizar os lucros da empresa de eletricidade.

Uma jornada do cliente bem-sucedida analisa toda a experiência do cliente de um ponto de vista profundamente etnográfico, identificando as dores e desenvolvendo soluções que forneçam uma camada de serviços digitais sobre produtos físicos. O processo se desdobra em quatro fases:

1. Montamos o projeto e conduzimos uma pesquisa intensiva sobre os clientes e a indústria ou o setor.

2. Em seguida, criamos ideias ao redor do modelo de negócios digitais, criando protótipos e iterações com os clientes de nosso cliente, a fim de refiná-las.

3. Nós conduzimos uma série de sprints para definir, construir e realizar o piloto do produto mínimo viável. Quais soluções tecnológicas ele exigirá? Que tipo de infraestrutura de dados? Como exatamente estruturaremos o serviço e as interações com o cliente (o que chamamos de *modelo de engajamento*)? Quais obstáculos regulatórios teremos que superar?

4. Nós criamos um modelo de negócios de longo prazo e um roteiro para lançá-lo.

Só porque você isolou uma das dores do cliente e desenvolveu uma solução digital inovadora não significa que deve seguir adiante e escalonar uma nova oferta. É importante considerar se os clientes pagarão o suficiente para que você tenha lucro com a nova oferta ou, caso isso dê errado, se outros parceiros

# 70 ALÉM DA EXCELÊNCIA

podem compartilhar valor suficiente com você para garantir uma viabilidade econômica. Caso produza refrigeradores, como a Whirlpool, pode ser interessante pensar em embutir Wi-Fi e sensores no produto capazes de rastrear o uso de perecíveis como leite, ovos, suco e queijo. Você poderia oferecer um serviço capaz de alertar automaticamente a falta desses produtos, encomendar leite da Amazon e realizar cobranças diretamente no cartão de crédito dos clientes. Mas será que eles estariam dispostos a pagar por esse serviço, para torná-lo viável para a Whirlpool? A Amazon, ou outra provedora, estaria disposta a pagar o suficiente para ajudar a subsidiar o serviço, dando à Whirlpool uma comissão sobre o produto comprado? Como o serviço digital proposto impactará seu negócio já existente? Se você não consegue fazer essa ideia funcionar, ainda pode ser interessante desenvolvê-la, porque um concorrente o fará. Mas, caso não dê certo, talvez seja melhor buscar outra ideia para desenvolver.

Empresas que vencem com novos modelos de negócios pensam de forma global, em vez de limitar sua visão a alguns mercados, já que a infraestrutura de dados subjacente permite uma rápida entrada em diferentes países e regiões. Essas empresas também se dedicam a refinar suas inovadoras ofertas digitais e físicas de forma contínua, além da criação de novas ofertas. Quando a Netflix montou sua oferta global, ela conseguiu usar quantidades enormes de dados gerados para otimizar novos elementos de seu serviço, incluindo o conteúdo original produzido por ela. Além disso, somente após a análise desses dados é que a Netflix desenvolveu uma nova maneira de segmentar consumidores, descobrindo que o comportamento do consumidor é dividido em diferentes gostos de comunidades globais, e não em territórios geográficos. Da mesma forma, a Orica, fabricante de explosivos, conseguiu grandes quantidades de dados globais sobre empresas de mineração que eram suas clientes, incluindo a geografia das minas e o desempenho dos explosivos nessas minas. Ao usar esses dados, a empresa conseguiu criar uma nova oferta de marca que otimizava a forma como os clientes estavam usando os explosivos, para maximizar a produtividade e os lucros. Quais novas ofertas o surgimento dos dados pode oferecer? Quais insights profundos sobre os clientes você conseguirá obter com base nessas informações?

Uma coisa é construir uma empolgante e nova proposta de valor — outra é executá-la bem. Para isso, é necessário mobilizar muitas das demais estratégias descritas neste livro. Dependendo do setor e da natureza de sua oferta, pode ser necessário desenvolver um ecossistema de parceiros para ajudá-lo a entregar valor (Capítulo 3), novas fábricas flexíveis de manufatura para a produção de bens personalizados (Capítulo 4) e uma arquitetura global de dados para coletá-los e processá-los (Capítulo 5). Você, com quase toda certeza, desejará se reorganizar tendo como base os clientes e fazer outros movimentos internos para se tornar mais ágil e capaz de competir em um mundo digital, conforme descrito adiante neste livro. Assim, ir *além* de produtos e serviços físicos pode levá-lo ao caminho da reimaginação completa do seu empreendimento global, adicionando uma nova camada em suas estratégias e operações atuais.

Seu próximo passo lógico na reimaginação de seu empreendimento global pode ser o questionamento de suas suposições tradicionais sobre em quais mercados entrar e em qual velocidade. A habilidade de fornecer e vender soluções e experiências digitais está mudando profundamente a forma como as empresas de ponta pensam sobre a expansão geográfica. Se a GM quiser vender carros em grandes mercados como Índia e China, ela precisa montar fábricas nesses mercados — um processo relativamente lento e com alta demanda de capital. Empresas como Uber, Google e Netflix podem expandir sem custo e na velocidade da luz; para entregar suas soluções e experiências digitais, elas não precisam de novos dados e centros de análise em cada um dos mercados. Essas empresas só precisam disponibilizar um app para download e uma solução de pagamento, abrindo seu negócio em muitas fronteiras diferentes ao mesmo tempo. Conforme veremos no capítulo seguinte, modelos de negócios digitais podem contribuir para novas estratégias de expansão asset light, oferecendo às empresas um novo caminho para o sucesso em uma arena competitiva que, nos últimos anos, tem se tornado cada vez mais desafiadora.

**Insights Importantes**

- Empresas globais estão evoluindo suas propostas de valor rapidamente, indo além das ofertas tradicionais e orientadas a produtos, para criar soluções e experiências novas e empolgantes.
- Ao mobilizar a conectividade digital e as tecnologias IoT, as empresas estão adicionando camadas de serviços digitais em produtos físicos existentes (servitização). As empresas de ontem enviavam remessas até os bolsos e os corações de seus clientes. As empresas do amanhã ainda usarão transportes tradicionais, mas também farão uso do streaming.

# 72 ALÉM DA EXCELÊNCIA

- Empresas de consumo como Whirlpool estão abraçando a servitização, mas empresas industriais como a Philips, a Rolls-Royce e a Caterpillar também. Outras, como Netflix, Apple e Pandora, oferecem formas de servitização puramente digitais.

- Empresas estão personalizando suas ofertas de forma escalonável e desenvolvendo soluções capazes de combinar a servitização e a personalização.

- Empresas como Niantic, Netflix e Alibaba estão cada vez mais focando consumidores globais, independentemente de localizações geográficas.

## CAPÍTULO 3

# REFINE SEU JOGO GLOBAL

*Embora o crescimento global continue a criar um enorme valor, as empresas da atualidade estão adotando uma abordagem mais sofisticada de expansão do que a utilizada no final do século XX. Elas estão usando modelos de negócios centrados em ser asset light, digital ou de e-commerce para entrar em novos mercados e expandir rapidamente. Elas também estão se tornando mais seletivas sobre em quais mercados entrar, aprofundando de forma paradoxal seu engajamento nos mercados escolhidos.*

Nos últimos anos, os líderes de grandes organizações começaram a observar as pegadas globais de suas empresas de forma mais crítica — ironicamente, na mesma época em que as startups bem-sucedidas estão se globalizando mais rápido do que nunca. A expansão global permanece como um caminho viável e atrativo para o crescimento lucrativo. A manutenção de um portfólio de mercados em diferentes níveis de desenvolvimento e níveis de riscos relacionados aos países também faz sentido, porque torna as empresas muito mais resilientes contra choques imprevisíveis. Ao mesmo tempo, certas crenças subjacentes que moveram a globalização no século passado não fazem mais sentido. Para obter vantagem total sobre as oportunidades de hoje, os líderes precisam refinar e otimizar sua presença global, adotando um conjunto de regras aparentemente contraditório para a expansão global lucrativa, que vai *além* das estratégias tradicionais de escalonamento e crescimento asset heavy.

Por um lado, os líderes precisam adotar estratégias *asset light*, buscando expansões rápidas e de larga escala sem construir novas e custosas infraestruturas ou mobilizando grandes equipes (um feito que é alcançado com ajuda do meio digital e de parceiros locais). Uma estratégia como essa permite que as empresas minimizem o risco em tempos turbulentos. Por outro lado,

# 74 ALÉM DA EXCELÊNCIA

os líderes de negócios com pegadas globais existentes se tornaram mais seletivos sobre em quais mercados manter uma presença física asset heavy, ao passo que também mergulham de cabeça em se tornarem membros altamente locais em um menor número de mercados lucrativos de alta prioridade. Em última análise, as empresas precisam pensar de maneira mais inteligente sobre como expandir, movimentando-se para gerar uma quantidade de valor maior, com base nas iniciativas de globalização, ao mesmo tempo que reduzem, em meio à crescente volatilidade, os riscos relacionados a países que elas estão dispostas a correr.

Para compreender a primeira dessas estratégias (expansão global rápida, asset light e mais resiliente), pense na experiência da gigante chinesa de eletrônicos Xiaomi. Fundada em 2010, a empresa rapidamente passou a vender, na China, mais de seus smartphones com custo-benefício do que a Samsung, conseguindo uma fatia de 14% do mercado em 2014.[1] Ao longo dos anos seguintes, a empresa levou seu negócio ao restante do mundo. O pensamento convencional a teria levado a tentar conduzir o crescimento, a vantagem de escala e a lucratividade por meio da construção lenta de uma ampla pegada global. Esse pensamento faria a Xiaomi investir pesado em cada mercado, buscando o estabelecimento de uma forte presença local e a personalização de produtos para os gostos locais.

Muitas empresas bem-sucedidas adotaram essa abordagem durante o final do século XX. Se você fosse o McDonald's, seu desempenho de longo prazo dependeria de conseguir com que o maior número de pessoas no maior número possível de países comesse Big Macs (ou seja lá como se chamasse o sanduíche em determinado local), especialmente consumidores em mercados em rápido desenvolvimento, como a China ou a Índia. O mesmo seria verdade caso você fosse uma fabricante de carros como a Toyota ou a GM, ou uma indústria como a Caterpillar, a General Electric ou a Siemens. Quanto maior sua presença em mercados estrangeiros individuais, mais você venderia. Sua margem de lucro também veria um aumento: com maior volume, economias de escalas barateavam a produção de cada unidade. É claro, considerando os investimentos significativos necessários em infraestrutura, a expansão global normalmente levava décadas. O McDonald's teve que comprar ou arrendar imóveis e construir restaurantes físicos para conseguir um crescimento internacional. Como resultado, a empresa levou 33 anos para entrar em 47 mercados e 42 anos para entrar em 100 mercados (em 2018, ela contabilizava 37.855 restaurantes em 120 países).[2]

A Xiaomi não estava disposta a esperar e, por meio do uso de tecnologias digitais e parcerias (tanto locais quanto tecnológicas), ela não precisou. Diferentemente de outros grandes fabricantes de smartphones, para sua expansão, a empresa optou, desde os primeiros dias, por buscar uma estratégia de crescimento dividida em três partes, com base em software, internet *e* em seu hardware. A Xiaomi não precisaria investir pesado em cada mercado para alcançar os consumidores nem atualizar continuamente seus produtos. Em vez disso, ela poderia vender novos e empolgantes serviços, sem custo extra, por meio de sua loja online.

Como piloto dessa estratégia única, a Xiaomi abriu seu primeiro escritório no exterior, localizado em Singapura.[3] Ela importou smartphones e começou a anunciá-los online, permitindo que os consumidores atualizassem o software dos smartphones também online. A empresa encontrou ouro, vendendo todo seu inventário inicial no primeiro dia de trabalho.[4] Percebendo que haviam encontrando uma estratégia bem-sucedida para alcançar novos mercados, os líderes começaram a focar um prêmio muito maior: a Índia. Empresas como Nokia e Samsung já estão arraigadas nesse país; ao jogar de acordo com as regras, essas empresas investiram pesado para personalizar seus produtos a fim de se adequarem aos gostos locais, construíram grandes instalações de produção e redes de distribuição físicas e fizeram grande publicidade de suas marcas. Nada disso importou: a Xiaomi enviou uma pequena equipe à Índia e formou uma parceria com a Flipkart, um importante marketplace online de e-commerce.[5] Mais uma vez, a Xiaomi vendeu seus smartphones importados totalmente online, posicionando alguns modelos selecionados como smartphones de alta qualidade, com muitos recursos e um bom custo-benefício. Abandonando a custosa publicidade tradicional, a empresa usou a Flipkart, os fãs-clubes das redes sociais e promoções-relâmpago para publicidade. A resposta foi, mais uma vez, impressionante, com os primeiros modelos da Xiaomi esgotando em segundos e o site da Flipkart saindo do ar, graças ao grande interesse dos consumidores.[6] Ao final do terceiro trimestre de 2018, a Xiaomi havia se tornado a maior empresa de smartphones da Índia, conseguindo 27% do mercado.[7] E, após o gostinho do sucesso na Índia, a Xiaomi rapidamente expandiu para outros mercados, usando sua nova estratégia asset

## 76 ALÉM DA EXCELÊNCIA

light. Dentro de uma década desde sua fundação, a empresa estava vendendo smartphones em cerca de oitenta países.[8]

Desde os primeiros dias da Xiaomi, o fundador Lei Jun não questionou se a empresa deveria ser global. Ele simplesmente considerou que a Xiaomi tinha nascido como uma empresa global — um mindset adotado por muitos empreendedores chineses. Mas ele também compreendia que os mercados globais estavam mudando de maneira fundamental e que, para ser bem-sucedido, precisaria criar a própria estratégia de expansão, uma estratégia que mudasse a crença de que as empresas só conseguem alcançar o crescimento global lucrativo por meio de grandes investimentos no estabelecimento de escalas globais e locais significativas.

> Líderes em outras grandes empresas de ponta — tanto as incumbentes como as startups — estão chegando às mesmas conclusões. Quando se trata de administrar as grandes pegadas físicas existentes, em vez de desenvolver um novo modelo de negócios, as incumbentes estão repensando se ainda faz sentido atuar em todos os mercados.

Isso é especialmente verdade para empresas que usam sua marca global e economias de escala para entrar e crescer em mercados emergentes que antes eram quentes. Com muitos desses mercados agora esfriando e o crescimento se tornando mais volátil[9] — além de políticas comerciais, tanto em países desenvolvidos quanto em países em desenvolvimento, influenciando as condições econômicas mais do que tendências globais de longo prazo —, as empresas estão avaliando em quais países entrar e de quais sair com maior nuance e mais adaptados aos riscos. Historicamente, nações de alto crescimento podem adotar políticas inóspitas e regimes regulatórios protecionistas e ter empresas locais altamente competitivas, fortalecidas por tecnologias digitais e inteligentes, enquanto economias de baixo crescimento podem ter mercados mal atendidos que as empresas podem capturar ao utilizar as estratégias corretas. Conforme o CEO de uma empresa global de produtos de consumo nos contou em uma entrevista de 2018, "estávamos acostumados a buscar o crescimento em um mundo que parecia estável e experienciando uma expansão secular. Desde a crise financeira, sentimos a necessidade de nos ajustar a uma nova era, em que temos que 'moldar' o crescimento em meio às desiguais e incertas taxas de crescimento dos países".

As empresas também precisam participar de maneira mais profunda nos países em que escolhem competir. Em um mundo com regras comuns do jogo estabelecidas em acordos comerciais multilaterais, empresas globais podem alimentar um modelo de negócios global e uma rede de suprimentos otimizada para o custo por meio de uma sede corporativa centralizada — fazer isso era tanto econômico quanto eficiente. No século XXI, com a fragmentação econômica e geopolítica em ascensão e os nacionalistas resistindo à extração do valor econômico de suas economias locais, as empresas de ponta perceberam que não faz mais sentido aplicar um modelo operacional padrão em diferentes países na tentativa de impulsionar a eficiência. Em vez disso, elas devem desenvolver um mindset voltado para o país, conforme nos disse o vice-presidente de um grande conglomerado industrial, pensando em si mesmas como uma grande coleção de negócios locais dentro de um empreendimento global. Além disso, as empresas devem se voltar para a tecnologia para conectar esses negócios locais (Capítulo 5) e fornecer competências e processos em escala global (Capítulo 6). "Fomos muito bem-sucedidos [em crescer em novos mercados] por meio da implantação de tecnologia e produtos de forma eficiente", disse o líder de uma empresa chinesa da indústria de tecnologia em 2019. "Os países querem que empresas globais como nós pensem em como atender a diferentes necessidades locais."

O crescimento continua sendo um dos principais itens da lista dos CEOs de empresas globais, apesar da instabilidade e da complexidade globais que marcam nossa era. Mas o caminho até o crescimento está muito diferente. A pergunta favorita de um analista de Wall Street nos anos 1990 e 2000 era: "Qual é sua estratégia de crescimento em mercados emergentes?" Essa pergunta está inevitavelmente defasada. Para vencer, os líderes devem abandonar a antiga preocupação com a expansão no maior número de mercados o mais rápido possível, implementando uma nova estratégia, mais inteligente, determinada e resiliente, embora pareça contraditória. Ao final do capítulo, apresentaremos algumas perguntas que fazemos aos nossos clientes para ajudar a abalar a forma como pensam sobre o crescimento global, visando reduzir riscos e aproveitar as oportunidades disponíveis para eles.

## Os Muitos Sabores do Asset Light

Os novos modelos asset light não têm apenas um sabor, e sim vários. Primeiro, e talvez mais óbvio, as plataformas digitais e os negócios movidos por dados permitem que as empresas entrem e estabeleçam suas fatias de mercado sem produtos físicos e a custosa infraestrutura necessária para distribui-los. Em 2006, quando a Nintendo lançou o revolucionário console Wii, entusiastas de videogames nos Estados Unidos tiveram acesso ao produto primeiro, seguidos pelos entusiastas do Reino Unido no mês seguinte.[10] Levou dois meses até que o videogame estivesse disponível nas lojas da Índia, da Coreia do Sul e de Taiwan, e três meses para ser lançado em Hong Kong.[11] Hoje em dia, isso parece anacrônico e incrivelmente lento. Em 2016, uma startup de São Francisco chamada Niantic, originalmente criada dentro do Google e liderada por John Hanke, ex-chefe do Google Maps, lançou outro revolucionário produto de videogame, o jogo em realidade aumentada *Pokémon Go*. Embora a Niantic nunca tivesse afirmado ser uma empresa global, o *Pokémon Go* se tornou o principal jogo vendido em 55 países de modo quase instantâneo. Em 2017, consumidores em 129 países haviam baixado o app do *Pokémon Go*, colocando quase US$1 bilhão nos cofres da Niantic.[12]

A Netflix, como vimos, precisou de apenas sete anos para levar seu negócio até quase duzentos países, uma conquista que, no contexto da antiga globalização, as empresas de conteúdo de mídia levariam décadas para alcançar.[13] Da mesma forma, desde sua fundação, em 2008, o Airbnb conseguiu mais de 5 milhões de listagens, cobrindo quase todos os países, fazendo o grupo Marriott e seus 1,3 milhão de quartos de hotel (um portfólio de ativos que levou décadas para ser construído) parecerem pequenos em comparação a ele.[14] O modelo do Airbnb é asset light por excelência. A empresa não tem nenhuma das acomodações, mas obtém receita por meio das taxas dos hóspedes e dos donos de imóveis locais que os hospedam e listam suas propriedades na plataforma do Airbnb. Modelos digitais, em geral, constituem estratégias asset light para crescimento global, com empresas digitais exigindo muito menos em ativos internacionais para gerar uma quantidade comparável de vendas internacionais.

Assim como a Xiaomi, empresas que vendem produtos físicos também podem entrar nos mercados de forma mais rápida, inteligente e econômica, abandonando grandes investimentos em infraestrutura e, em vez disso, alavancando parcerias com empresas locais bem estabelecidas ou se conectando diretamente com os consumidores por meio de plataformas de e-commerce e logística. Desde o lançamento de seu primeiro produto, o Fitbit Tracker, em 2009 (seguido pelo Ionic Smartwatch em outubro de 2017),[15] a fabricante norte-americana de wearables Fitbit implementou um modelo asset light global e vendeu mais de 76 milhões de unidades em 86 países.[16] Inicialmente, a Fitbit entrou em mercados usando um modelo de distribuição direct-to-consumer, que exigia relativamente pouco investimento. Ao perceber que precisava de uma presença de varejo mais forte, a empresa formou parcerias em países ao redor do mundo em vez de construir e operar as próprias lojas e redes de distribuição.[17] Apenas nos Estados Unidos, a empresa listou dezenas de parceiros para seus produtos, desde Bed Bath & Beyond até Costco e Saks Fifth Avenue.[18] Em dezembro de 2018, a Fitbit continuou a fortalecer seu modelo de negócios global e asset light com o lançamento de seu novo sistema operacional Fitbit OS 3.0, que permite à empresa oferecer apps relacionados ao estilo de vida fitness por meio do Fitbit App Gallery.[19] No final de 2019, o Google anunciou que compraria a Fitbit por US$2,1 bilhões.[20]

A fabricante indiana de motos Bajaj Auto também está se tornando asset light, ainda que de forma diferente. A empresa não é apenas um dos maiores fornecedores de motos do mundo e líder no setor de veículos de três rodas; ela tem sido uma das empresas de mais rápido crescimento da indústria, graças ao alto crescimento do seu negócio internacional. Em 2005, quando começou a focar esse negócio,[21] ela buscou evitar os desafios burocráticos de administrar um grande número de subsidiárias e também desejava concentrar suas forças na administração do produto e da marca. Então, de forma muito parecida com a Xiaomi, a Bajaj implantou um modelo de negócios asset light baseado em franquias, visando alavancar seu conhecimento técnico e excelência em produção para apoiar seus parceiros. Sob essa estratégia, distribuidores em mercados internacionais lidam com a logística e ajudam a localizar os produtos, enquanto os escritórios internacionais da Bajaj apoiam de perto os distribuidores e sua equipe corporativa mantém o controle sobre a marca, o produto, a precificação, dentre outros.

Uma década depois, a empresa executou uma expansão global muito bem-sucedida ao usar esse modelo.[22] Como nos disse Rakesh Sharma, diretor-executivo da Bajaj Auto, foi nesse momento que sua liderança se perguntou se a empresa estava pronta para investir pesado na construção de ativos

## 80 ALÉM DA EXCELÊNCIA

em diferentes mercados, como as empresas automotivas tradicionalmente têm feito para aumentar os lucros. Os líderes concluíram que não havia motivos para mudar a abordagem da Bajaj, uma vez que permitiria à empresa ganhar uma fatia em quase todos os mercados e alcançar maior resiliência enquanto competia com as maiores concorrentes globais. Em vez de mudar, a Bajaj mergulhou de cabeça na estratégia asset light, alavancando tecnologias e plataformas digitais para apoiar da melhor forma possível seus parceiros locais e construir relacionamentos mais sólidos com o consumidor.

Atualmente, a empresa utiliza plataformas digitais para fornecer treinamento, diagnósticos e as melhores práticas às equipes locais, além de responder aos clientes da melhor forma possível, mesmo sem ter um exército de representantes de atendimento ao consumidor. Se um cliente, em uma pequena cidade da Nigéria, tiver algum problema com o motor de um riquixá, e o técnico local não for capaz de diagnosticá-lo, ele pode fotografar a fumaça do motor e enviar um relatório de falha online. A equipe global de especialistas em atendimento ao consumidor da empresa, localizada em Pune, na Índia, pode diagnosticar o problema e fornecer uma solução virtual geralmente em menos de seis horas. Até 2019, a Bajaj operava em 79 países, sendo a empresa número 1 ou 2 em 21 desses países e continuando a adentrar novos mercados.[23] Os negócios internacionais, que representam 40% da receita da empresa, cresceram em 20% ao longo de 2018–2019, alcançando US$1,64 bilhão.[24]

O enorme crescimento da terceirização de e-commerce, logística e redes de distribuição para o consumidor facilitou muito para que as empresas alcancem os consumidores em mercados emergentes com investimentos reduzidos, por meio de parcerias temporárias e adequadas para o contexto, muito diferente dos joint ventures e das parcerias de longo prazo. Uma empresa de plataforma bem-sucedida que criou muitas dessas redes globais é o Alibaba Group. Em 2019, o marketplace B2B online da empresa, Alibaba.com, permitiu que negócios de pequeno e médio portes dos Estados Unidos fizessem parte de sua rede de e-commerce B2B global, integrando esses vendedores na rede de forma instantânea, com acesso a sistema CRM, sistema de comunicação e ferramentas de marketing online, além de um alcance de 10 milhões de compradores em mais de 190 países e regiões.[25] Como disse um executivo do Alibaba Group: "Você passa a competir e a agir como uma empresa multinacional de um jeito que nunca faria se não tivesse as ferramentas ou as tecnologias adequadas para tal."[26] Diferentemente das grandes incumbentes, cujos acordos existentes com parceiros bilaterais podem impossibilitar novos relacionamentos, as startups da atualidade são livres para montar redes de parceiros rapidamente e expandir além das fronteiras (um tema que desenvolveremos mais detalhadamente no Capítulo 4). Elas podem usar serviços como o Tmall Global, a plataforma transfronteiriça de e-commerce da Alibaba, que permite que marcas internacionais e de pequeno e médio portes testem o mercado chinês e interajam com mais de 700 milhões de consumidores chineses sem precisar montar uma base de operações na China. Até o momento em que este livro foi escrito, mais de 25 mil marcas e varejistas de 92 países e regiões entraram na plataforma, com mais de 80% desse número ingressando no mercado chinês pela primeira vez.[27]

A própria Alibaba exemplifica a expansão global asset light com uma estratégia construída com base em parcerias e investimentos locais. Até 2036, a Alibaba planeja servir 2 bilhões de consumidores em todo o mundo, ajudando 10 milhões de empresas de pequeno e médio portes a operar de forma lucrativa e criando 100 milhões de oportunidades de emprego. Diferentemente de sua concorrente, a Amazon, que em geral compra grandes ativos e implementa grandes equipes administrativas em mercados internacionais, a Alibaba expandiu ao construir uma vibrante economia digital de parceiros locais. A Cainiao, rede de logística da Alibaba, já trabalha com mil parceiros em todo o mundo, com serviços transfronteiriços de logística, cobrindo 224 países e regiões. Enquanto isso, a Alibaba investiu em plataformas locais, como a Paytm e a Lazada, para expandir sua presença na Índia e no Sudeste da Ásia, respectivamente, em vez de construir a própria infraestrutura do zero. No curso do investimento, a Alibaba compartilha tecnologias com os parceiros, permitindo que eles aprimorem a própria infraestrutura, operem de forma mais transparente e eficiente e melhorem seu desempenho financeiro. A estratégia permite que a Alibaba mantenha uma pequena pegada física, com apenas quatorze escritórios principais ao redor do mundo. Nossos colegas do BCG, François Candelon, Fangqi Yan e Daniel Wu, descreveram esses investimentos como uma estratégia "facilitadora", observando que outras grandes empresas chinesas de tecnologia, como a Tencent, estão seguindo a mesma estratégia.[28]

Além de ajudar empresas a adentrarem novos mercados, estratégias asset light implementadas em território internacional permitem que indústrias

# 82  ALÉM DA EXCELÊNCIA

consigam um maior valor por meio de sua infraestrutura global asset heavy existente e sua base de consumidores global. A oferta de servitização da Orica, a fabricante de explosivos, chamada BlastIQ, recebe dados das operações de mineração dos consumidores ao redor do mundo e colhe insights para aprimorar a segurança, a produtividade e a eficiência das minas. A Orica entrega essa oferta com investimentos adicionais muito limitados dentro desses mercados individuais. A empresa pode oferecer a BlastIQ como um serviço separado ou inseri-la como uma camada em suas vendas de explosivos, para se diferenciar dos concorrentes de baixo custo em mercados locais e aumentar suas margens de lucro. Fabricantes como Siemens Gamesa e Caterpillar desenvolveram soluções digitais transfronteiriças e asset light para turbinas eólicas e tratores, respectivamente, a fim de conseguir um novo valor global por meio de suas pegadas físicas existentes e com apenas pequenos investimentos locais adicionais. Em muitos casos, tais estratégias acabam reduzindo os investimentos em ativos locais (armazéns e inventários, por exemplo) e em equipes locais de manutenção, reduzindo custos e aumentando margens de lucro. Em geral, ofertas baseadas em valor representam estratégias asset light de expansão global, uma vez que fornecem um maior valor para cada dólar investido. Quanto maior a porcentagem de receita que uma empresa consegue por meio de seus serviços, maiores costumam ser suas margens brutas gerais.

Como sugerido pela grande quantidade de modelos asset light, a globalização permanece como uma opção atraente para muitas empresas, permitindo a rápida expansão e a extração de maior valor de uma gama maior de países. Mas, conforme entra em novos mercados, você deve estar disposto a expandir seu modo de pensar e considerar a melhor forma de mobilizar as novas ferramentas e as competências facilitadas pela tecnologia digital. Da mesma forma, caso já tenha uma considerável pegada global, deve ter a mente aberta e sofisticação ao determinar se deve ajustar o tamanho da empresa — e como fazê-lo. Agora nos voltaremos para esse assunto.

## Do Crescimento em Toda Parte para o Crescimento *Inteligente*

O formato e o escopo das pegadas globais estão mudando conforme as empresas se adaptam às condições de nossa nova e mais volátil era. Vimos isso acontecer em indústrias inteiras, como a automotiva e a bancária. Vamos considerar a indústria bancária. Para os grandes bancos globais, o caminho até o crescimento global lucrativo costumava envolver a construção de filiais físicas — milhares delas — em dezenas de países ao redor do mundo. Atualmente, a indústria bancária tem se tornado móvel e digital, especialmente entre os consumidores mais jovens. Nos Estados Unidos, credoras das fintechs agora originam cerca de 40% dos novos empréstimos pessoais, enquanto na China o app de pagamento móvel, WeChat Pay, consegue quase 1 bilhão de usuários ativos mensais.[29] Em meio a essa disrupção por modelos digitais asset light, a indústria bancária tradicional está se tornando um empreendimento local ou, na melhor das hipóteses, regional, com os bancos focando servir as bases de consumidores já estabelecidas em seus mercados mais acolhedores e reduzindo suas pegadas físicas nos mercados emergentes. Enquanto, no passado, o Citibank operava filiais em cinquenta países, em 2018 o banco estava presente em apenas dezenove (embora continue a manter uma presença geográfica em quase cem mercados).[30] Ao longo do período de sete anos que encerrou em 2016, o HSBC reduziu sua pegada global de 88 países e territórios para 70, abrindo mão de cerca de 20% de sua força de trabalho.[31] Como o antigo CEO do Citigroup, Vikram Pandit, observou: "Os bancos estão percebendo que fornecer todos os produtos e todos os serviços para todos os clientes em todos os países foi simplesmente um erro."[32]

Ao aliviar suas pegadas, os bancos globais responderam a uma série de fatores. Muitas instituições cortaram suas operações em virtude da crise financeira global de 2008–2009 para manter a lucratividade e o crescimento. Mais recentemente, as exigências regulatórias de mercados individuais (a respeito de lavagem de dinheiro ou sigilo bancário, por exemplo) determinaram quais produtos e serviços os bancos podem vender de forma viável, bem como as variações na estrutura da taxa de juros e na extensão da globalização. Os mercados locais também se tornaram mais turbulentos, com bancos regionais como o Qatar National Bank e o Grupo Aval ameaçando as grandes empresas globais em países específicos. Para continuarem competitivos, conforme observou um artigo do *Financial Times*, os bancos estão "mais focados na capacidade de gerar receitas em cada país do que simplesmente aceitar posições mais fracas capazes de 'plantar a bandeira' na região e apoiar a marca".[33] O Citibank saiu do Japão por conta das regulamentações, muito embora o negócio fosse altamente lucrativo.[34]

## 84 ALÉM DA EXCELÊNCIA

Enquanto os bancos tradicionais reduzem sua presença física, outros estão expandindo além das fronteiras, ao implementar estratégias asset light com base em tecnologias digitais em mercados ou em grupos demográficos que permanecem mal atendidos. Alguns bancos estão digitalizando ofertas existentes, enquanto outros estão lançando serviços e marcas completamente novos para competir com as fintechs e as grandes empresas digitais. Em 2019, o banco United Overseas Bank (UOB), com sede em Singapura, lançou o TMRW, um banco digital direcionado aos millennials do Sudeste asiático.[35] Para montar uma oferta capaz de atrair consumidores jovens, o UOB mobilizou uma equipe interna focada no uso da tecnologia e insights para melhorar o engajamento do consumidor, além de realizar parcerias com funcionários externos, incluindo uma empresa de banco cognitivo.[36] O resultado foi um site que oferece um chatbot no app, competências de IA e uma divertida experiência gamificada para ajudar os consumidores a levantar suas economias.[37] Lançado em 2019 na Tailândia, o TMRW expandirá para outros mercados importantes da região, incluindo Indonésia, Singapura, Malásia e Vietnã. Em virtude da relativa juventude da população na região, o UOB espera conseguir manter uma base de operações e construir uma base de usuários de até 5 milhões de pessoas dentro de 5 anos.[38]

> Em diferentes indústrias, as empresas estão mais dispostas do que nunca a sair de uma abordagem convencional, centrada em estar em *todos os lugares*, na hora de decidir onde atuar.

Nas últimas décadas, o declínio das tarifas e das barreiras comerciais em conjunto com o rápido crescimento dos mercados emergentes levou as empresas a acumularem grandes pegadas globais. Agora, elas são confrontadas não apenas por novos pools de valores, que são o foco de empresas asset light altamente competitivas, mas também por novos desafios. As empresas costumavam pensar sobre uma expansão em termos regionais — buscavam uma *estratégia para a Ásia* ou analisavam formas de *entrar na América do Sul*. Mas os líderes não podem mais presumir que o investimento em mercados emergentes renderá crescimento, uma vez que a taxa de crescimento geral nesses mercados está desacelerando e grandes disparidades entre eles estão emergindo. Ao analisar se "investir em mercados emergentes ainda faz sentido", um artigo de

2019 do *Financial Times* observou que "os altos preços das commodities são uma memória distante. O comércio está cambaleante, e as redes de suprimento globais estão passando por uma disrupção. Longe de acompanhar o mundo desenvolvido, muitos mercados supostamente emergentes estão crescendo de forma mais lenta".[39]

A maior variação econômica e a volatilidade dentro das regiões também estão levando as empresas a assumirem uma visão mais refinada e realista de seus prospects em países individuais. Na América do Sul, a economia do Brasil tem se mantido entre as mais voláteis e com a desaceleração mais recente, enquanto as economias de países como Peru, Chile e Colômbia têm demonstrado taxas de crescimento acima da média.[40] Dentro dos países, o crescimento também tem ocorrido de forma desigual. No México, três setores — de sabão e produtos de limpeza, de eletrônicos e eletrodomésticos e de equipamentos domésticos de áudio e vídeo — têm ultrapassado de forma consistente as taxas de crescimento do PIB ao longo da última década.[41] A Tailândia teve dois setores com esse resultado: equipamentos domésticos de áudio e vídeo e serviços de saúde.[42] Na hora de planejar suas pegadas globais, as empresas precisam analisar as condições econômicas locais de cada setor para determinar se faz sentido vender naquele país, considerando a natureza do produto ou do serviço.

O aumento nas tarifas e outras políticas protecionistas também estão tornando países individuais menos desejados — pergunte às empresas chinesas e norte-americanas que estão passando por dificuldades graças à guerra comercial entre os dois países, ou às empresas europeias e britânicas que estão enfrentando o impacto do Brexit. Ameaças mais fortes de concorrentes locais estão igualmente alterando o cálculo de muitas companhias ao montar planos de crescimento. Durante o final do século XX, quando a concorrência girava em torno, principalmente, de ofertas de produtos, as grandes empresas globais tinham uma vantagem de custo sobre as empresas locais menores, graças à maior escala. Conforme mais indústrias migraram para os serviços digitais e parceiros como a Alibaba passaram a conceder às pequenas startups um acesso a competências de alto nível, essa vantagem começou a sumir. Enquanto isso, concorrentes locais podem navegar melhor pelas políticas locais e virá-las ao seu favor. Megvii, da China, conhecida por seu trabalho com reconhecimento facial, IA e sistemas de visão, tem um maior acesso a dados pessoais para

# 86 ALÉM DA EXCELÊNCIA

utilização em seus sistemas e atividades de P&D do que os concorrentes ocidentais.[43] Em especial, a Megvii pode acessar fotos de identidade do governo no momento do desenvolvimento de suas soluções, enquanto os concorrentes do Ocidente não conseguem.[44] Concorrentes locais, como a Megvii, também se beneficiam da habilidade de responder mais rapidamente às alterações nas necessidades dos consumidores, uma vez que não são atrasados por processos mundiais de inovação e de tomada de decisão arrastados, diferentemente das empresas multinacionais ocidentais.

A escala física ainda auxilia negócios globais a absorverem custos gerais e administrativos e a financiar a inovação. Mesmo assim, muitas empresas globais estão fazendo o que os grandes bancos fizeram — saindo de alguns mercados e entrando, ou se concentrando, de forma mais seletiva em outros. Em 2007, a gigante do concreto no México, Cemex, mantinha operações em cinquenta países, com receita de US$21,7 bilhões.[45] Recentemente, a empresa tem aberto mão de ativos e de alcance geográfico, mesmo com a receita em crescimento. Em 2016, ela anunciou a venda de fábricas nos Estados Unidos, enquanto em 2018 foi anunciado que retiraria US$2 bilhões em ativos de seu portfólio, para focar mercados que oferecessem os melhores prospects de crescimento em longo prazo.[46]

Durante os anos 1990 e 2000, quando a globalização estava no ápice, a siderúrgica indiana Tata Steel expandiu internacionalmente por meio de uma série de aquisições, começando com a NatSteel, de Singapura, em 2004 e continuando com a Millennium Steel, da Tailândia, em 2005, e a Corus, em 2007.[47] A estratégia de expansão da Tata Steel era construir uma siderúrgica com escala global e integrada ao longo de diferentes regiões geográficas. Com a aquisição da Corus, a Tata Steel passou da 56ª maior empresa de siderurgia do mundo para a 6ª maior.[48] Em 2008, no entanto, quando a crise econômica mundial desacelerou o crescimento e golpeou com força o setor siderúrgico, a fundação para uma vantagem competitiva baseada em escala global mudou drasticamente. Não era mais a extensão da pegada global que conferia vantagem à empresa, mas quão competitiva sua rede de suprimentos poderia ser em um mercado específico, uma vez que o preço e a demanda passaram a cair.

Tais considerações levaram a Tata Steel a alterar sua estratégia de expansão, focando apenas os mercados em que ela tinha escala e poderia competir. A empresa começou a sair de países cuja competição não poderia liderar e apostou com tudo em sua forte presença no mercado da Índia.[49] Ela reduziu sua pegada no Reino Unido, entrou em um acordo com a siderúrgica chinesa HBIS Group — para vender suas operações em Singapura e na Tailândia — e entrou em um joint venture com a empresa de siderurgia da ThyssenKrupp para o restante de suas operações europeias.[50] Infelizmente, os acordos com a HBIS e a ThyssenKrupp não foram adiante porque não tiveram a aprovação dos órgãos reguladores.[51] Até o momento em que este livro foi escrito, a Tata Steel continua a pensar de forma global, mas é altamente local em sua estratégia. Ela foca a lucratividade central do mercado, busca encerramentos seletivos e só faz investimentos direcionados em suas operações internacionais.[52]

Conforme tanto a Cemex quanto a Tata Steel aprenderam, construir uma escala global e uma grande pegada entre países não é o suficiente para garantir a lucratividade em cada mercado e não protegerá as empresas de crises econômicas. Descobrimos algo semelhante quando realizamos uma análise de países para um de nossos grandes clientes no negócio de bens de consumo duráveis, visando determinar se a abordagem de escala do cliente ainda funcionava. Para a surpresa dele, a empresa melhoraria a lucratividade entre 3% e 5% ao moldar e refinar sua pegada, ao mesmo tempo que não perderia competitividade nem aumentaria o risco. A jogada também deixaria a empresa em uma posição melhor para investir em pools de lucro emergentes. Como descobrimos nesse caso, a escala e a fatia de mercado de uma empresa nos mercados *individuais* eram os maiores impulsionadores de lucratividade, e não a escala global. Montar cuidadosamente um portfólio de países individuais em que você pode alcançar o crescimento lucrativo em escala tem o maior crescimento geral ajustado ao risco.

Outra estratégia que as empresas estão implementando para lidar com maior complexidade, variabilidade e risco nos mercados globais é a implantação de modelos de negócios flexíveis, que permitem às empresas mudar recursos rapidamente para dentro e fora dos países conforme o crescimento econômico aumenta ou diminui. Em vez de lançar um produto de forma extensiva — e custosa — em uma região inteira ou no grande mercado de um país, a fabricante de doces Mars testa o produto em mercados emergentes menores, que exigem um investimento inicial relativamente modesto, como o Chile, na América do Sul, e os Países Bálticos, na Europa. Quando a Mars estabelece a demanda para um produto, ela investe mais dinheiro. A empresa normalmen-

## 88 ALÉM DA EXCELÊNCIA

te lança seus produtos novos em todo o mundo por meio de fornecedores existentes, permitindo que ela se movimente de forma mais rápida nos mercados e consiga a fatia de rivais como a Hershey no espaço competitivo da confeitaria.

Recentemente, a Mars usou essa estratégia mais flexível e de baixo custo ao lançar o chocolate Maltesers nos Estados Unidos.[53] A empresa usou sua base de produção existente na Europa (lá os consumidores aproveitavam do produto há muito tempo) para abastecer o mercado, permitindo que testassem a demanda sem precisar investir dezenas de milhões de dólares em uma nova fábrica nos Estados Unidos. Ao lançar o Maltesers online e nos cinemas, a empresa pôde alcançar uma boa margem de lucro imediatamente, ao mesmo tempo que fornecia uma oferta limitada do chocolate. Foi só quando a Mars se certificou de que os norte-americanos, de fato, tinham interesse no Maltesers que a empresa produziu o chocolate na América do Norte (até 2019, ela o produzia em sua instalação em Newmarket, Ontário, no Canadá).[54]

### Aprofunde-se Localmente para Vencer Globalmente

Conforme as empresas se tornam mais seletivas na hora de montar sua pegada global, elas passam a tomar mais medidas para se aprofundar nos mercados que escolhem adentrar e operar, localizando suas operações e seu panorama muito mais do que anteriormente e construindo maior compreensão cultural e melhores relacionamentos com talentos locais. Aprofundar-se também ajuda a construir maior resiliência em sua rede para lidar com a turbulência econômica.

A estratégia de aprofundamento para vencer em mercados locais se inicia no topo da organização global. Historicamente, empresas globais administram seus impérios por meio de sedes, em geral com uma equipe executiva de liderança que reflete a origem da empresa e a cultura do país. Essa abordagem não funciona mais em um mundo moldado pelo nacionalismo econômico e por um consumidor global multicultural e conectado por meio digital. Conforme nos disse Masaaki Tsuya, CEO e presidente da maior empresa de pneus do mundo, a Bridgestone, há uma década a grande maioria dos líderes seniores em sua empresa eram de origem japonesa. Em virtude das mudanças nas necessidades dos clientes e nas expectativas governamentais dentro dos mercados locais, a Bridgestone descobriu que precisava mudar seu pensamento e suas estratégias para se tornar mais diversa e culturalmente sensível. Então, a empresa começou a indicar executivos que não fossem japoneses para suas unidades comerciais, uma jogada que levou a drásticas mudanças de liderança. Foram criados subcomitês liderados por indivíduos não japoneses para funções de negócios como setor digital, P&D, manufatura, logística e rede de suprimentos. Os principais executivos de cada unidade e função precisavam comparecer às reuniões trimestrais de liderança todos os anos, além de chamadas quinzenais do CEO para garantir um alinhamento coerente e o ajuste de estratégias e operações. Hoje em dia, a comunicação entre as unidades comerciais aumentou drasticamente, e o conselho executivo global da empresa inclui pessoas de seis nacionalidades diferentes. "Tem sido uma jornada de tentativa e erro", refletiu Tsuya, "mas conseguimos construir um mindset verdadeiramente global e multicultural, e isso ajuda nosso negócio local".[55]

No sentido operacional, as empresas estão indo além da abordagem global padronizada que costumavam adotar na hora de entrar em novos mercados, pensando e agindo como empresas locais — o que podemos chamar de estratégia *local para global*. A Siemens construiu uma presença integrada e altamente bem-sucedida ao redor do mundo durante mais de 150 anos, operando em indústrias como geração de energia, automação industrial e tecnologia médica. Durante todo esse tempo, a empresa honrou sua herança alemã de excelência em engenharia e inovação de produtos, mantendo um rígido controle sobre a tecnologia e a qualidade nas fábricas ao redor do mundo e exportando uma grande porcentagem das vendas globais de suas fábricas alemãs por meio de redes de suprimento globais e rigidamente integradas. Ninguém na empresa duvidava que os executivos da sede da empresa em Munique eram os responsáveis pela tomada de decisão.

Ultimamente, essa estratégia sofreu um desgaste contra a fragmentação dos mercados globais. Como o estrategista-chefe, Dr. Horst Kayser, nos explicou em uma entrevista de 2019, possíveis restrições comerciais globais exigem que as empresas passem a adotar diferentes padrões técnicos na hora de desenvolver produtos — uma tendência que promete se intensificar nos próximos anos.[56] Comunidades locais também estão exigindo que as empresas sirvam como bons cidadãos corporativos, ajudando a construir as economias e criando empregos em nível local. "Qualquer coisa de alto valor sempre gera interesse geopolítico em garantir que as comunidades locais sejam atendidas e

**90** ALÉM DA EXCELÊNCIA

que a economia local seja construída", disse Kayser. Em virtude disso, era importante para a Siemens pensar e agir como uma empresa local, envolvendo-se profundamente no desenvolvimento econômico de cada país.[57]

As operações da Siemens na China exemplificam a forte estratégia local para global adotada pela empresa. Até 2019, ela tinha mais de 33 mil funcionários nesse importante mercado e construiu produtos sob medida para atender às demandas locais. A empresa utilizou a gigante do e-commerce, Alibaba, para os serviços de nuvem no lugar do Microsoft Azure ou do Amazon Web Services, utilizados pela empresa em outras regiões.[58] Ela entrou em muitas joint ventures com empresas chinesas, assinando um acordo com o governo chinês para permitir a cooperação comercial em ampla escala com a indústria do país. A Siemens montou 21 centros de P&D na China, empregou quase 5 mil funcionários e realizou parcerias com mais de 90 universidades, tendo quase 13 mil patentes ativas e pedidos de patente.[59] A empresa também participou de mais de 700 projetos com tecnologia avançada em colaboração com organizações chinesas e patrocinou a pesquisa de PhD de alunos internacionais. "Nós temos um papel social nas regiões em que operamos", explicou-nos Kayser, "principalmente nos mercados emergentes. Em especial, existe uma necessidade de proximidade local, considerando a natureza de nosso negócio e as expectativas do governo".[60]

Operar como uma empresa local comprometida dentro de uma empresa global posicionada em um grande mercado trouxe um novo valor para a Siemens. A receita das operações chinesas da empresa cresceu até aproximadamente US$9 bilhões, uma taxa de crescimento anual de quase 10% desde 2005.[61] Mesmo se os negócios na Europa, ou em outras partes do mundo, sofressem desaceleração, as operações profundamente locais da empresa na China permaneceriam intocáveis, fazendo dela uma empresa muito mais resiliente. Embora políticas governamentais em favor dos negócios locais possam ter influenciado parcialmente a Siemens a se aprofundar na China, a estratégia representa um modelo de como as empresas podem vencer no mundo fragmentado atual na hora de competir em grandes mercados e contra fortes concorrentes.

A Alibaba abordou essa estratégia de "aprofundamento local para vencer globalmente" de modo diferente, conforme sugere seu negócio na Malásia.[62] Até o momento em que este livro foi escrito, a empresa mantém uma parceria com o governo malaio para estabelecer um centro de "plataforma eletrônica de comércio mundial", o eWTP, em Kuala Lumpur. O centro ajudará as empresas malaias de pequeno e médio portes a vender seus produtos em plataformas de e-commerce internacionais e a montar uma infraestrutura de marketing, logística, computação em nuvem e pagamentos móveis. Enquanto isso, a afiliada da Alibaba, a Ant Financial, ajudará os bancos locais malaios a oferecerem pequenos empréstimos a essas empresas. Para facilitar o comércio na região, a divisão logística da Alibaba, a rede inteligente de logística Cainiao, está trabalhando com parceiros locais para estabelecer um "centro eletrônico" capaz de oferecer serviços de logística inteligente. A Alibaba Cloud estabeleceu dois data centers em Kuala Lumpur e, também, colaborou com a Sena Traffic Systems para criar a infraestrutura necessária para um sistema de administração inteligente de tráfego no país. Além disso, aproveitando os vinte anos de experiência da Alibaba, o grupo estabeleceu a Alibaba Business School, para treinar os empreendedores digitais malaios para que possam criar oportunidades semelhantes de crescimento nos mercados domésticos.

A estratégia de se aprofundar no âmbito local para vencer no global representa uma importante mudança de mindset para os líderes. Tradicionalmente, os incumbentes consideraram seus negócios globais como uma pirâmide, com a sede no topo e os países locais na base. Os líderes corporativos emitem diretivas do topo, enquanto os negócios locais as executam em conformidade com o modelo global. Para ser bem-sucedido em nossa economia global cada vez mais volátil e fragmentada, com novas empresas focando novos pools de lucros e importantes empresas locais respondendo de forma muito mais ágil e flexível às mudanças regulatórias e de consumo, os líderes devem reverter esse modelo mental, assim como a Bridgestone tem feito. Eles devem ver os países com seus modelos de negócios locais no topo da pirâmide e a sede na base, como facilitadores das equipes domésticas. Essa não é uma transição simples de ser feita, mas, conforme veremos no Capítulo 6, uma série de empresas de ponta estão executando um modelo organizacional muito diferente, para que suas novas estratégias globais funcionem.

## Conselhos para Líderes

O imperativo para refinar as estratégias de crescimento não é uma moda passageira. Considerando as profundas desigualdades econômicas e sociais que surgiram em países desenvolvidos, parece improvável que políticas protecio-

# 92 ALÉM DA EXCELÊNCIA

nistas desapareçam em um futuro próximo e que a economia global volte ao comércio mais livre das décadas passadas. Na verdade, crises como a pandemia de Covid-19 podem exacerbar as diferenças econômicas e sociais. De forma ainda mais fundamental, a proeminência de estratégias asset light crescerá conforme as indústrias inevitavelmente se movem rumo a pools de valor que derivam de serviços digitais. As tecnologias que se encontram no horizonte devem reduzir ainda mais as pegadas globais. Em breve, a realidade aumentada permitirá que funcionários da baixa hierarquia recebam orientações sobre questões de manutenção e reparo em tempo real de especialistas globais localizados em outro lugar do planeta. Em vez de reter grandes equipes de funcionários de manutenção capacitados nas fábricas locais, as empresas manterão equipes menores em cada um dos locais, dando apoio a elas por meio de especialistas globais espalhados pelo mundo e conectados de forma digital. Assim, as empresas manterão a mesma capacidade (ou uma superior) de manutenção e reparos por um custo reduzido. Essa é apenas uma das muitas tecnologias emergentes que as empresas implementarão para reduzir os custos do crescimento internacional.[63]

Considerando a forma tão rápida e profunda como as condições globais estão mudando, a hora de repensar sua abordagem tradicional de escolher e entrar em mercados é *agora*. Comece fazendo algumas perguntas gerais que podem informar seu novo modelo de operação global:

1. Por que empresas dentro do seu setor se tornaram globais nas últimas décadas e quais eram os principais condutores econômicos por trás dessa evolução de crescimento? Presunções históricas sobre a globalização ainda são relevantes quando consideramos as mudanças no cenário competitivo? Em quais mercados você deve entrar, quais deve defender, de quais deve sair e por quê?

2. Atualmente, o que confere escala, vantagem competitiva e lucratividade em sua cadeia de valor? O caminho para a escala varia a depender do produto ou do serviço oferecido?

3. Como você pode computar os efeitos de escala local e global ao longo da cadeia de valor, de acordo com cada tipo de produto e dentro de cada passo dessa cadeia?

4. Quais investimentos são necessários para executar os modelos operacionais emergentes da atualidade e quais riscos eles oferecem? Modele o im-

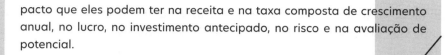
pacto que eles podem ter na receita e na taxa composta de crescimento anual, no lucro, no investimento antecipado, no risco e na avaliação de potencial.

Enquanto reflete sobre essas perguntas, olhe para as empresas de ponta mencionadas neste capítulo para buscar inspiração e orientação prática. Ao decidir para quais mercados direcionar seu negócio, escolha com cuidado e procure países, regiões, segmentos e subsegmentos de consumidores em que você possa competir contra empresas locais para capturar uma fatia lucrativa do mercado. Não se permita ficar encantado com os números do crescimento do PIB e a penetração de seus produtos e serviços em determinado país. Preste uma atenção especial às estratégias asset light capazes de alavancar empresas terceirizadas, equipes resource light ou ambas, como feito pela Xiaomi e pela Bajaj Auto. Pense, também, em como reorganizar sua cadeia de suprimentos em nível regional, para mover recursos rapidamente para dentro e fora dos mercados conforme necessário, assim como fez a Mars. Além disso, mude seu mindset sobre quais perspectivas imperam de maneira operacional em sua empresa, colocando os países e suas necessidades únicas no topo da pirâmide, em vez de colocá-los na base. Juntas, essas estratégias o ajudarão a elaborar um caminho de crescimento mais resiliente para sua empresa.

Repensar o caminho de crescimento global de sua empresa não é fácil. Considerando as dinâmicas atuais do comércio mundial, pode ser necessário fazer a desagradável jogada de reduzir a escala ou sair completamente de mercados existentes que, no passado, provaram ser lucrativos, incomodando algumas pessoas dentro de sua organização que talvez não gostem da ideia de avaliar a atratividade dos mercados de novas formas. Além disso, realizar parcerias com outras empresas na implementação de estratégias de entrada asset light significa que você perderá o controle end to end de sua marca e da distribuição de seu produto e, ainda, que sua equipe resource light pode achar a operação mais difícil, além de ficar mais difícil de ser controlada. Mesmo assim, por mais difíceis que sejam esses desafios, repensar o crescimento não exige que você abandone completamente sua pegada global existente e se volte exclusivamente ao mercado doméstico; também não significa abandonar todas as características de suas estratégias atuais de entrada de mercado. Repensar esse crescimento implica a realização de mudanças em pontos em que fazem

# ALÉM DA EXCELÊNCIA

sentido, criando camadas com novas práticas e modelos operacionais por cima das antigas. Conforme veremos na segunda parte deste livro, ir além da excelência envolve uma evolução semelhante quando se trata de executar sua estratégia em nível operacional e entregar novas propostas de valor aos consumidores. No capítulo seguinte, exploraremos como algumas empresas olharam além de suas cadeias de suprimento tradicionais, complementando-as com novas redes de valor que lhes permitem mover-se rapidamente e elaborar soluções digitais impressionantes e experiências do amanhã.

## Insights Importantes

- Determinadas crenças subjacentes que moveram a globalização no último século não fazem mais sentido. As empresas estão refinando e otimizando sua presença global, adotando estratégias aparentemente contraditórias para a expansão global lucrativa e que vão além das estratégias de crescimento tradicionais asset heavy e de escala.

- Empresas diversas como Xiaomi, Alibaba e Bajaj Auto estão se tornando asset light, buscando expansões globais rápidas e de ampla escala, sem a construção de novas e custosas infraestruturas ou a mobilização de grandes equipes (um feito que só se torna possível com a utilização do meio digital e dos parceiros locais).

- Quando se trata de administrar grandes pegadas físicas existentes em vez de lançar um novo modelo de negócios, as incumbentes como a Tata Steel e a Cemex estão repensando se ainda faz sentido atuar em todos os grandes mercados. Outras empresas estão adotando estratégias que lhes permitem entrar e sair de mercados conforme as condições econômicas mudam. Trata-se de um crescimento inteligente, e não um crescimento em toda parte.

- Quando as empresas participam das economias, elas estão participando de forma mais profunda. Com a ascensão da fragmentação econômica e geopolítica, não faz mais sentido aplicar um modelo operacional padrão aos países em uma tentativa de gerar eficiência. Em vez disso, empresas como Bridgestone, Siemens e Alibaba estão adotando um mindset voltado para o país e para estratégias que vão do local ao global.

# PARTE II
# ALÉM DA OPERAÇÃO

# CAPÍTULO 4
# CONSTRUA UM ECOSSISTEMA

*Além das redes de suprimento convencionais, muitas empresas globais estão formando ecossistemas digitais como novas redes de valor para criar e entregar soluções, resultados e experiências desejados pelos consumidores. Mas, como algumas empresas de ponta estão descobrindo, alguns ecossistemas funcionam melhor do que outros.*

Para implementar os inovadores serviços e experiências digitais e as estratégias de crescimento global que acabamos de discutir, as empresas estão indo além das redes de suprimento tradicionais, visando a criação de redes de distribuição dinâmicas, ou *ecossistema*, de parceiros de diferentes indústrias. Antes, as grandes empresas globais viam suas redes de suprimento como uma coleção de parcerias com fornecedores de longo prazo, altamente estruturadas e bilaterais. Embora essas parcerias ainda sejam essenciais para muitas empresas, outras as estão complementando com a construção e a administração de complexos e novos ecossistemas, ou *teias de valor*. Essas organizações podem ser grandes (ter trinta ou mais parceiros em onze ou mais diferentes indústrias e quatorze ou mais países) e permitem que as empresas possam competir de um jeito que jamais fariam sozinhas.[1]

Os ecossistemas mais bem-sucedidos já estão causando disrupção nas indústrias e, de fato, transformando sociedades inteiras. Um importante exemplo é a Ant Financial (a operadora da Alipay), afiliada da gigante da tecnologia Alibaba. Até 2019, a Ant Financial era composta de uma série de negócios bem-sucedidos, como o Huabei, produto de crédito ao consumidor, e o maior fundo do mercado monetário do mundo, Yu'e Bao. Mas o negócio central da empresa permanece sendo a Alipay, a maior plataforma de pagamentos online da China, com uma fatia de mercado de quase 54% no país.[2] A Ant Financial,

# 98 ALÉM DA EXCELÊNCIA

em especial, cresceu em todo o mundo por meio da criação de um poderoso ecossistema, e não tentou fazer tudo sozinha.

Desde 2004, a empresa construiu uma enorme rede de parceiros e continuou a adicionar novos parceiros globais desde que se tornou independente da Alibaba, em 2014.[3] Para ganhar força no mercado doméstico, a Ant Financial formou alianças com varejistas, companhias aéreas, hotéis e bancos internacionais, entre outros parceiros (para tirar proveito de seu relacionamento com comércios locais) enquanto realizava parcerias com carteiras digitais locais em nove mercados internacionais (por exemplo, Paytm, na Índia; KakaoPay, na Coreia do Sul; e bKash, em Bangladesh), para se aproveitar de suas infraestruturas de pagamentos digitais. Em 2016–2017, por exemplo, como parte de sua expansão na Ásia, a Ant realizou parcerias comerciais com o Starbucks, fazendo com que a empresa aceitasse a Alipay nas lojas da Malásia, e também com a Cathay Pacific, fazendo com que a companhia aérea aceitasse Alipay para transações realizadas durante voos.

Na Europa, as alianças da empresa com adquirentes e parceiros bancários como Barclays, BNP Paribas e UniCredit permitiram que lojas locais no Reino Unido, na França e na Itália, respectivamente, aceitassem Alipay. Enquanto isso, a Ant Financial estava criando parcerias com hospitais, para que eles viessem a aceitar pagamentos por meio de sua plataforma e com diversos apps e serviços. Com isso, a empresa conseguiu 16 mil parcerias com hospitais, 380 parceiros financeiros e aproximadamente 40 milhões de parcerias com lojas de todo o mundo, tudo como parte de uma única e enorme rede.[4]

Na composição dessa rede, a Ant Financial utilizou diferentes formas de parcerias estratégicas capazes de apoiar sua missão de fornecer a inclusão financeira para indivíduos e negócios de pequeno porte malservidos em todo o mundo. Para expandir o negócio até a Índia, a empresa fez um investimento estratégico no serviço local de carteira digital, Paytm, comprando ações minoritárias na principal operadora fintech daquele mercado. A empresa tem feito investimentos estratégicos semelhantes em carteiras digitais na Tailândia, no Paquistão, nas Filipinas, dentre outros.[5] Quando a empresa adquire ações das outras, passa a considerá-las parceiras centrais, fornecendo-lhes apoio monetário e tecnológico. Como um observador descreveu a estratégia, a ideia era "escolher o parceiro certo em cada mercado, um que parecesse pronto para a abordagem da Ant Financial, comprar ações minoritárias, beneficiar-se das licenças e branding desse parceiro, injetar a tecnologia da empresa no backend e ver o dinheiro entrar".[6] As alianças buscadas pela Ant Financial para aprimorar e expandir a experiência do consumidor são consideradas parcerias marginais, não participando dos lucros do negócio. As parcerias com os bancos europeus mencionados anteriormente eram alianças, bem como os acordos feitos com o Starbucks e a Cathay. Além de ações e alianças, por vezes, a Ant Financial tem feito outros tipos de acordos, incluindo joint ventures. Ela também tem implementado um processo-padrão de inscrição para lidar com inscrições de vendedores que desejam participar do ecossistema.[7]

Os esforços contínuos e exaustivos da Ant Financial na construção do ecossistema colheram enormes dividendos. A Alipay, em 2019, superou a marca de 230 milhões de usuários ativos diários e 1,2 bilhão de usuários distintos (juntamente de seus parceiros globais de carteiras digitais).[8] A Ant Financial estava operando em mais de cinquenta mercados e estava em rápida expansão, construindo o negócio em cima de sua estratégia dupla de parcerias com carteiras digitais locais e a ponte entre vendedores locais e o poder de compra global dos usuários chineses da Alipay.[9] Até 2019, a Ant Financial havia se tornado a fintech de maior valor no mundo, com um valor acima de gigantes financeiros como Citibank, Goldman Sachs e Blackrock.[10] De forma mais ampla, a empresa foi uma força condutora por trás de uma grande mudança social — a saber, a ascensão de uma economia cashless na China.[11] Em 2017, a grande maioria dos consumidores do país (acima de 75%) já estava usando meios digitais para concluir suas transações, saindo das notas para utilizar os pagamentos móveis.[12] Uma reportagem da mídia declarou que "a China está mostrando ao restante do mundo como construir uma sociedade cashless".[13]

O sucesso de ecossistemas como o da Ant Financial não será novidade para os líderes de negócios globais. Em 2018, uma pesquisa de opinião entre os líderes descobriu que a grande maioria identificava os ecossistemas como um meio de disrupção em seus respectivos setores, e quase 50% declaravam que responderam à disrupção em seus setores por meio da construção de um ecossistema.[14] Ainda assim, a maioria da atenção oferecida aos ecossistemas por parte dos especialistas e conselheiros tem sido superficial, deixando os líderes de negócios inseguros sobre a melhor forma de buscá-los — ou, até mesmo, se isso deve ser feito. Por mais sedutores que os ecossistemas possam ser como base para a disrupção, eles também continuam sendo incrivelmente difíceis

# 100 ALÉM DA EXCELÊNCIA

de serem executados. Poucas redes altamente bem-sucedidas alcançaram as manchetes, mas muitas fracassaram em suas propostas.

Os líderes não podem permitir que as dificuldades na construção de ecossistemas os assustem. Conforme as indústrias se movem em direção a ofertas servitizadas e modelos de negócios possibilitados pelo meio digital, as redes flexíveis de parceiros — teias de valor — estão preparadas para conseguir trilhões de dólares em valor, ao mesmo tempo que ajudam empresas a se tornarem mais resilientes (em uma parceria livre entre empresas independentes, o risco é compartilhado em vez de ser passado adiante, que é o que acontece com empresas contratualmente integradas dentro de uma cadeia de suprimento). Empresas em quase qualquer setor — do bancário ao de assistência médica, do setor de eletrônicos de consumo ao de equipamentos industriais — participarão de ecossistemas capazes de entregar soluções digitais complexas e integradas. Chegou a hora de aprender e dominar algo totalmente novo, algo que chamamos de "a arte emergente do gerenciamento de ecossistemas".[15] Neste capítulo, vamos esboçar essa nova forma de arte com base em um rigoroso estudo de dezenas dos principais ecossistemas, visando explorar como algumas empresas obtiveram sucesso por meio de ecossistemas enquanto outras fracassaram até então.

## Cinco Fundamentos dos Ecossistemas

Em meio a toda a expectativa sobre os ecossistemas, para muitos ainda está pouco claro o que exatamente são essas organizações colaborativas e como elas se diferenciam das cadeias de suprimento tradicionais. Observadores comentaram que essas novas organizações colaborativas são criadas tendo em vista uma otimização de velocidade, inovação e adaptabilidade, se comparadas com as cadeias de suprimento, além da capacidade de entregar soluções integradas. No entanto, poucas pessoas analisaram de forma metódica os ecossistemas existentes para observar suas características distintas.

Nós definimos um ecossistema como um grupo de empresas que colaboram para entregar uma proposta de valor integrada e habilitada digitalmente ao cliente. Ao aplicar essa definição, analisamos mais de quarenta dessas redes em uma série de setores e incluímos tanto as incumbentes quanto as empresas digitais. Nossa análise nos permitiu documentar cinco características definidoras dos ecossistemas. Primeiro, essas redes são feitas de *relacionamentos multilaterais entre os participantes*. Em uma cadeia de suprimento tradicional, os relacionamentos entre as empresas tendem a ser bilaterais. Determinada empresa pode atuar como fornecedora para outra que, em troca, fornece o produto a uma terceira empresa, seguindo a cadeia até alcançar o fabricante do equipamento original (OEM, na sigla em inglês), que monta as peças fornecidas, criando o produto final. Fornecedores na parte inferior dessa cadeia nunca lidam com o cliente final, apenas o OEM. Esse último, por sua vez, administra e monitora de perto o desempenho dos fornecedores dessa cadeia vertical, estabelecendo regras sobre precificação, especificações de design, critérios de distribuição, entre outros. Essa rigidez permite a otimização de custo, qualidade e distribuição ao longo de toda a cadeia.

Por outro lado, ecossistemas digitais são estruturas muito mais fluidas, compostas de parcerias multilaterais em diferentes setores, que evoluem e se expandem com o tempo. Vamos dar uma olhada na indústria automobilística. Você pode ver um ecossistema de mobilidade digital como uma rede que apresenta o OEM no centro e os fornecedores de outros setores e indústrias amontoados ao redor dele. Tal ecossistema, que evolui de acordo com a tecnologia e a demanda do mercado, tem parceiros que fornecem um software e um sistema operacional, as competências necessárias de IoT e uma plataforma de nuvem, serviços específicos oferecidos aos motoristas por meio da plataforma do carro, tecnologia de hardware, aplicativos, conectividade de telecomunicação, entre outros — tudo reunido para criar um carro conectado que oferece aos consumidores uma gama de serviços empolgantes embutidos no produto.

Na estratégia denominada Together 2025+, a Volkswagen declarou a intenção de "não só apoiar os melhores veículos, mas também produtos e serviços digitais empolgantes e de melhor qualidade".[16] Para dar vida a essa visão, a Volkswagen se mobilizou para disponibilizar uma plataforma de mobilidade digital chamada We Connect, que inclui um conjunto interconectado e em expansão de serviços digitais, incluindo serviços de segurança, navegação avançada, serviços e manutenções preventivas e a habilidade de controlar seu carro remotamente — tudo isso oferecido dentro da marca We Connect.[17] Ainda assim, a empresa não teria conseguido fazer isso sozinha — ela não tinha as habilidades digitais e o mindset ágil necessários para um desenvolvimento rápido de suas ofertas aos clientes. Então, construiu um ecossistema de parceiros para complementar sua cadeia de suprimento tradicional. Buscando acesso a competências de software (sistema operacional, IA, entre outros), ela formou

## 102 ALÉM DA EXCELÊNCIA

alianças com diversas outras empresas, incluindo Microsoft (Estados Unidos), Argo (Estados Unidos), Nvidia (Estados Unidos), Pivotal (Estados Unidos), Cymotive Technologies (Israel), WirelessCar (Suécia) e Mobvoi (China), todas obtendo valor da totalidade da rede da Volkswagen. Para eletrificar e digitalizar seu trem de força, a Volkswagen formou alianças com as empresas Northvolt (Suécia), QuantumScape (Estados Unidos), SK Innovation (Coreia do Sul) e CATL (China). Para ter acesso a competências de IoT e de nuvem, a Volkswagen criou alianças com empresas como Microsoft (Estados Unidos), Amazon (Estados Unidos) e SAP (Alemanha). E, para conseguir uma escala para suas plataformas de produto de ponta (que, por sua vez, permitem as plataformas de mobilidade digital), a empresa estabeleceu alianças com empresas como Ford (Estados Unidos) e JAC (China).[18]

No total, até 2019, a empresa tinha construído uma rede interconectada composta de aproximadamente sessenta parceiros em pelo menos onze países e seis indústrias — tudo isso para adicionar uma camada de mobilidade digital a seus produtos automobilísticos existentes, acompanhando o ritmo de concorrentes como Daimler, BMW e GM. Diferentemente das cadeias de suprimento tradicionais, o ecossistema da Volkswagen gerou fluxos de receita independentes da venda dos carros para diversos participantes (como quando os clientes pagam por serviços digitais contínuos). Como orquestrador do ecossistema, a Volkswagen trabalha para "organizar e administrar o ecossistema, definir a estratégia e identificar participantes em potencial".[19]

Uma segunda característica em comum dos ecossistemas que estudamos é o *alcance geográfico*. Quase todos os ecossistemas que estudamos (90%) continham participantes em pelo menos cinco países, e a maioria tinha parcerias tanto em países desenvolvidos quanto em países em desenvolvimento. A plataforma de casa inteligente da Samsung, SmartThings, tem mais de cem parceiros em mais de uma dezena de países.[20] A plataforma da Xiaomi tem parceiros na China, nos Estados Unidos, na Índia, no Reino Unido e em outros lugares — em pelo menos setenta deles. Essa expansividade geográfica significa que as empresas devem construir pontes entre barreiras culturais e, também, tomar medidas para proteger suas propriedades intelectuais, ainda que as leis variem de forma ampla ao longo de toda a geografia do ecossistema. Tais medidas podem incluir um acesso limitado à propriedade intelectual (PI), buscando reter funcionários especialistas, educando funcionários sobre a importância

**CONSTRUA UM ECOSSISTEMA** 103

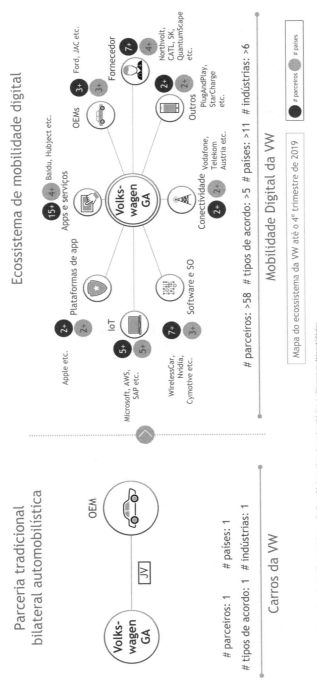

Figura 3. Como a Volkswagen está construindo um ecossistema de mobilidade digital por meio de parcerias multilaterais em diversos países e em diversas indústrias.

## 104 ALÉM DA EXCELÊNCIA

de proteger PIs, construindo uma organização local de PI, fortalecendo de maneira sistemática as proteções de PI em países locais (registrando patentes etc.), monitorando violações e levando o caso para a justiça, se necessário, e conquistando a posição de *empresa favorecida* dos governos locais (que podem fornecer boas proteções de PI).

Os ecossistemas também tendem a cruzar as *linhas entre indústrias* — uma terceira característica central documentada por nós. Em mais da metade de nossa amostragem, os ecossistemas reuniram empresas de pelo menos cinco indústrias, e quase todos eles (83%) abrangiam pelo menos três indústrias. A fabricante de aspiradores de pó Dyson montou um ecossistema relativamente pequeno para a construção de sua oferta de aspirador robô — apenas seis parceiros. Ainda assim, essas empresas abrangiam cinco indústrias. A Dyson fez uma parceria com a Alexa, da Amazon, para oferecer soluções de casa inteligente[21] e entrou em contato com a agência digital AKQA, de São Francisco, para desenvolver um app de smartphone para ligar o aspirador de forma remota e com a Imperial College, em Londres, para ajudar com tarefas de P&D em geral.[22]

Uma quarta característica importante de ecossistemas digitais é sua *estrutura maleável de acordos*. Enquanto os relacionamentos bilaterais convencionais das cadeias de suprimento tendem a ser joint ventures de longo prazo, as empresas podem implementar uma gama de estruturas de acordos em potencial para reunir as empresas relevantes. Estruturar acordos como investimentos minoritários, parcerias de plataformas ou contratos de curto prazo permite que o orquestrador se movimente de forma rápida para tirar vantagem de oportunidades e se proteger de ameaças conforme elas surgirem. Para construir seu ecossistema de robô industrial, a líder e pioneira suíça da área de tecnologia ABB reuniu um ecossistema de 44 parceiros vindos principalmente de mercados desenvolvidos e da China. Para adquirir hardware de robótica, a ABB realizou aquisições grandes e pequenas (adquiriu, por exemplo, a empresa sueca SVIA e a startup espanhola NUB3D), além de investimentos minoritários (por exemplo, na empresa norte-americana Grabit). Para construir fortes competências de tecnologia em nuvem, a ABB realizou aquisições, fez investimentos e alianças (por exemplo, com a chinesa Huawei, para que esta fornecesse soluções industriais em nuvem a seus consumidores chineses). Além disso, a ABB estabeleceu uma parceria com a Microsoft, alavancando os serviços em nuvem do Azure para construir sua plataforma IoT industrial e a oferta digital da ABB Ability. A empresa também implementou uma série de acordos diferentes para conseguir treinamento, conectividade e diversas outras competências para seu ecossistema, como soluções de IA pela parceria com a IBM.

Fundamentalmente, as empresas tendem a construir ecossistemas que *garantem que todos se beneficiem enquanto a rede gera valor* — a quinta característica dominante que observamos. As cadeias de suprimento convencionais às vezes podem fazer surgir uma lógica de soma zero, com empresas buscando extrair o máximo de valor para elas mesmas à custa de suas parcerias. Embora pressionar os fornecedores não seja a melhor prática, isso costuma acontecer. Como redes, os ecossistemas digitais tendem a se tornar mais valiosos conforme o número de participantes aumenta e as competências se expandem, levando, inclusive, a uma maior "pizza" da qual os participantes retirarão suas fatias. Um exemplo clássico é a Apple e sua App Store, que, desde o lançamento, em 2008, cresceu a ponto de englobar aproximadamente 5 milhões de apps.[23] Conforme o número e a variedade de apps aumentava, o ecossistema da Apple se tornava mais valioso para seus consumidores, atraindo um maior número de clientes e aumentando o valor adentrando o sistema — o que, por sua vez, levava ao desenvolvimento de mais apps de melhor qualidade. O plano de compartilhamento de receita da Apple torna o desenvolvimento de apps uma proposta atraente. Desenvolvedores que trabalham no SO da Apple, iOS, recebem até 85% das receitas geradas por seus apps. A receita ganha pelos desenvolvedores subiu 30% em 2017, 28% em 2018 e 22% em 2019.[24]

Vemos uma disposição semelhante para a distribuição da receita em plataformas de assistência médica que, devido à pandemia de Covid-19, tornaram--se mais importantes do que nunca. Em sua plataforma de assistência médica chamada Good Doctor, a seguradora chinesa Ping An permite que hospitais parceiros mantenham todas as taxas de registro de pacientes geradas por eles. Médicos participantes recebem 70% das taxas dos pacientes que realizam consultas virtualmente, enquanto a Ping An recebe o restante (uma divisão de receita semelhante existe para consultas presenciais em instalações médicas especializadas). A Ping An recebe uma pequena comissão de 5% a 10% sobre as vendas farmacêuticas, dando o restante às farmácias e às empresas farmacêuticas.[25] Do mesmo modo, a popular plataforma online de agendamento médico da Europa, Doctolib, permite que os médicos da plataforma fiquem com 100% das taxas, cobrando deles um valor mensal. Conforme a platafor-

## 106 ALÉM DA EXCELÊNCIA

ma cresce, atraindo mais pacientes (que não pagam uma taxa de usuário), ela se torna ainda mais valiosa para os médicos como fonte de renda.[26] E, conforme o número de médicos na plataforma aumenta, ela se torna mais atraente para os pacientes, criando um ciclo virtuoso de crescimento.

### Três Tipos de Ecossistemas

Além das cinco características definidoras, existem três tipos distintos de ecossistemas: redes digitalizadoras, plataformas e superplataformas.

As *redes digitalizadoras* são ecossistemas construídos para fornecer uma camada digital a um produto existente sem adicionar grande complexidade administrativa — o ecossistema da Dyson, citado anteriormente, é um bom exemplo. Em geral, redes digitalizadoras contêm parceiros fora da indústria do orquestrador que lhes permitem acessar tecnologias ou propriedades intelectuais ou adicionar novos serviços. As *plataformas* são mais avançadas e complexas, conectando uma grande quantidade de consumidores ou dispositivos inteligentes em uma única rede. Com relacionamentos padronizados entre o orquestrador e o contribuidor, as plataformas garantem alto nível de serviço em toda a rede e limitam o número de inconveniências ou fricção. Os orquestradores dessas plataformas podem desenvolvê-las como fontes de renda e, também, utilizar os dados gerados por ela para abastecer negócios próximos. Ofertas de casa inteligente, como o SmartThings da Samsung, são bons exemplos de ecossistemas de plataforma, assim como os ecossistemas industriais, como o Connected Mine, da Cisco, e a plataforma de documentação digital da Maersk, além de empresas digitais como eBay ou Airbnb. Os ecossistemas mais complexos, as *superplataformas*, agregam outras plataformas em uma única interface de usuário. Os orquestradores coletam os dados gerados pela plataforma, monetizando-a ao utilizá-la para abastecer negócios adjacentes. A Alexa, da Amazon, é uma superplataforma composta de plataformas como Sonos, Uber e Philips Hue, cada uma com milhões de diversos parceiros, sendo que todos são ou parceiros estratégicos ou que fornecem habilidades específicas integradas à Alexa.[27]

Os ecossistemas podem servir para diversas funções de uma só vez. Além de funcionar como uma superplataforma, a Alexa também é uma rede digitalizadora, adicionando competências digitais às caixas de som estéreo e uma plataforma que reúne parceiros que podem fornecer competências específicas,

# Três principais tipos de ecossistemas digitais — e suas diferentes características

Ecossistemas

| | Produto tradicional | Digitalizador | Plataforma | Superplataforma |
|---|---|---|---|---|
| **Objetivo** | • Criar e fabricar um produto de alta qualidade e, ao mesmo tempo, minimizar custos | • Digitalizar um produto existente com a ajuda de parceiros enquanto mantém uma baixa complexidade administrativa | • Conectar produtos inteligentes e usuários em uma plataforma, enquanto garante um alto nível do serviço e a redução da fricção | • Unir diversas plataformas em um único serviço totalmente integrado, enquanto captura dados de usuários gerados pela superplataforma |
| **Oportunidades** | • Produto premium<br>• Captura de consumidor premium | • Nova funcionalidade<br>• Receitas de serviços digitais<br>• Captura de consumidor premium | • Fluxo de receita pelo uso da plataforma<br>• Modelos de negócios e/ou serviços adjacentes com o uso de dados | • Amplo conjunto de dados de usuários<br>• Monetização de dados por meio de modelos de negócios adjacentes |

### Características

| | Produto tradicional | Digitalizador | Plataforma | Superplataforma |
|---|---|---|---|---|
| Abertura para novos parceiros |  🔒 |  🔒 |  🔒 |  🔓 |
| Números de parceiros | Pelo menos 2 | 20–100 | 5–10 milhões | >10 milhões[1] |
| Números de indústrias | ~1 | ~5 | <5 | >10 |

1. Incluindo parceiros diretos de plataforma e contribuidores associados. No caso das superplataformas que integram ecossistemas de plataformas menores, o número de parceiros pode ser consideravelmente menor.

Obsevação: Os números de parceiros e de indústrias são meramente ilustrativos.

Fonte: Análise proprietária do BCG de mais de quarenta ecossistemas globais.

Figura 4. Três tipos de ecossistemas digitais e suas características.

como a possibilidade de pedir pizza pela Alexa ou fazer uma ligação de emergência. O ecossistema de mineração inteligente da Caterpillar, desenvolvido como parte de sua estratégia chamada "the Age of Smart Iron" [a Era do Ferro Inteligente, em tradução livre], funciona como uma plataforma para a servitização de equipamentos da empresa e para fornecer dados de analytics. Esta é uma plataforma fechada, construída com base nos produtos da Caterpillar e incorpora cerca de trinta parceiros escolhidos pela empresa nas áreas de analytics, software, robótica e dispositivos inteligentes. Ao mesmo tempo, o ecossistema da Caterpillar funciona como digitalizador, conforme a empresa usa sua rede para operar caminhões de mineração autônomos, que funcionam remotamente em situações perigosas (incluindo, possivelmente, trabalhos na Lua) e não demandam a presença de humanos ao volante.[28]

Em todos os tipos de ecossistemas, as empresas podem operar tanto como orquestradores quanto como participantes. Elas não precisam escolher apenas um papel em um único ecossistema. A Sonos tem o próprio ecossistema de plataforma, mas, conforme vimos, também participa da superplataforma da Alexa. A empresa chinesa de serviços de entrega SF Express atua tanto como orquestradora no próprio ecossistema quanto como participante em diversos outros. Como um executivo da empresa nos disse, a SF Express espalha sua participação para não ficar tão dependente de um orquestrador específico de ecossistemas, como Alibaba, Tencent ou Baidu.

## Os Segredos dos Ecossistemas Bem-sucedidos

Uma vez que os ecossistemas são tão profundamente diferentes das cadeias de suprimento tradicionais, os líderes não podem administrá-los da mesma forma e esperar algum tipo de sucesso. Uma ciência rigorosa cresceu com base nas cadeias de suprimento ao longo do último século, conforme elas se tornavam parte dos modelos operacionais globais das empresas. Por outro lado, desenvolver e administrar ecossistemas permanece sendo uma arte — uma que os incumbentes industriais acham especialmente difícil de dominar. Para trazer maior estrutura para essa forma de arte,[29] nós rastreamos o desempenho financeiro de cada ecossistema, assim como sua popularidade entre os usuários e o número de patentes que ele recebeu em comparação com seu tamanho. Também entrevistamos especialistas em suas respectivas indústrias. O que surgiu em virtude disso foram cinco fatores que marcam os ecossistemas bem-sucedidos.

Primeiro, *a estratégia é mais importante do que a velocidade*. Você pode pensar que a primeira empresa a montar um ecossistema em uma indústria recebe o prêmio, mas isso não é necessariamente verdade. As necessidades dos consumidores evoluem, e a primeira empresa com um ecossistema pode não ter uma proposta de valor capaz de atrair consumidores e parceiros. A Apple CarPlay e a Android Auto não lançaram sua plataforma automobilística digital até 2014, anos após a GM (2007), a BMW (2008) e a Volkswagen (2011) lançarem os próprios serviços. Ainda assim, Apple e Android rapidamente adicionaram parceiros às suas plataformas e, em 2019, a Apple tinha 63 parceiros, o maior número de qualquer um desses serviços. A velocidade ajuda quando se trata de montar um ecossistema, mas uma estratégia vencedora importa muito mais e pode compensar um início mais lento.

Duas outras características que costumam separar os ecossistemas bem-sucedidos do restante são *uma pegada global significativa* e *uma profundidade de especialidade das parcerias*. Conforme vimos, todos os ecossistemas digitais são globais e abrangem diversas indústrias, mas os melhores são realmente expansivos, com quarenta ou mais parceiros em pelo menos dez países. O extenso ecossistema digital da Xiaomi tem dezenas de parceiros na Ásia, na Europa, nos Estados Unidos e na América do Sul. No ecossistema SmartThings, da Samsung, mais de cem parceiros em uma dezena de países permitem que consumidores se conectem a suas lavadoras de louças, geladeiras, televisões e outros eletrodomésticos. Ecossistemas mais expansivos costumam se adaptar às condições de mercado mais prontamente do que seus pares, ao mesmo tempo que escalonam as ofertas em território internacional de modo mais eficaz. Isso não quer dizer que ecossistemas menores e mais locais não possam funcionar (o exemplo da Dyson sugere que eles podem) ou que os ecossistemas maiores não são mais difíceis de administrar (eles são). Mas, de um ponto de vista financeiro e competitivo, tamanho é documento quando falamos de ecossistemas.

Uma quarta qualidade que os ecossistemas bem-sucedidos compartilham é um *forte negócio existente com grandes números de consumidores*. A maioria dos ecossistemas bem-sucedidos que estudamos goza da vantagem embutida de que foi construída por orquestradores que já ocupavam posições de liderança em suas indústrias. A empresa de ferramentas de pesquisa Baidu, conhecida popularmente como o "Google chinês", já era a segunda maior ferramenta de pesquisa do mundo quando anunciou, em 2017, que criaria a Apollo, uma pla-

# 110 ALÉM DA EXCELÊNCIA

taforma de código aberto para carros autônomos que incluiria serviços de hardware, software e dados em nuvem.[30] A Baidu teve o apoio do governo chinês, foi selecionada como um dos "campeões da inteligência artificial" do país[31] e se beneficiou da habilidade para implementar sua tecnologia existente de assistência virtual baseada em IA nos sistemas de direção.[32] Até julho de 2018, a Baidu já acumulou um ecossistema com mais de 130 parceiros, incluindo fabricantes de carros, fornecedores, departamentos governamentais e empresas de tecnologia.[33] Em 2019, estimava-se que o sistema de direção autônoma da Baidu teria registrado quase 2 milhões de quilômetros nas áreas urbanas chinesas,[34] e a empresa estava programada para operar uma frota de táxis autônomos na cidade de Changsha mais tarde naquele mesmo ano.[35] Se você for uma operadora tradicional em determinada indústria, terá uma vantagem distinta ao criar um ecossistema próspero, em virtude de seu tamanho e dos recursos já estabelecidos. Essa é apenas mais uma das razões para não tentar migrar para o mundo digital sozinho ou simplesmente comprar uma tecnologia inovadora, mas desenvolver uma colaboração livre com outras empresas.

Um último fator de sucesso que descobrimos trata da *habilidade das empresas de administrar a rede de relacionamentos mais complexa que compõe os ecossistemas*. A grande diversidade de acordos, geografias e indústrias que existem na maioria dos ecossistemas pode acabar sendo difícil de navegar. Para ser bem-sucedida, a empresa deve escolher e administrar parceiros de forma inteligente e estratégica. Empresas de tecnologia tendem a se sair melhor nessa questão, desenvolvendo claras estratégias desde o começo e treinando equipes para as tarefas de integração e administração dos participantes do ecossistema. Quando a Amazon desenvolveu sua assistente pessoal, Alexa, equipes dedicadas trabalharam em conjunto com desenvolvedores para ajudar a criar apps para o sistema. O Alexa Skills Kit facilitou a criação de publicação de skills para a Alexa, enquanto o Alexa Fund, com o valor de US$100 milhões, apoiou novas startups que prometiam criar novas skills atrativas.[36] Lojas de app, como Google Play e a App Store da Apple, implementaram táticas semelhantes para colaborar com os desenvolvedores. Por outro lado, empresas incumbentes costumam desenvolver ecossistemas quase que por acaso, aprendendo sobre o que funciona e o que não funciona conforme avançam. Quanto mais cautelosas e organizadas as empresas se tornarem no desenvolvimento e na administração de ecossistemas de parceiros, melhor.

## Conselhos para Líderes

Se não tiver explorado a possibilidade de participar de um ou mais ecossistemas, seja como orquestrador, seja como parceiro, não demore. Conforme as empresas passam a depender cada vez mais de interfaces digitais para adicionar características aos produtos, elas precisarão estabelecer parcerias e, até mesmo, redes completas em questão de meses em vez de anos. Como Stephen Elop, ex-CEO da Nokia, comentou em uma nota interna enviada a seus funcionários: "a batalha dos dispositivos agora se tornou uma guerra de ecossistemas... Nossos concorrentes não estão conquistando nossa fatia do mercado com dispositivos; eles estão conquistando com todo um ecossistema. Isso significa que precisaremos decidir como construímos, catalisamos ou participamos de um ecossistema."[37] Essa nota circulou há muito tempo, em 2011. A "guerra de ecossistemas" está ainda mais intensa nos dias atuais.

Para entender se você deve desenvolver um ecossistema digital para um negócio novo ou existente, pense nas seguintes questões:

- Existem lacunas importantes entre as ofertas digitais que você deseja trazer ao mercado e as competências de sua empresa?

- As colaborações em seu setor estão cada vez mais orientadas a fornecer soluções integradas para uma jornada do consumidor contínua em vez de entregar um único produto?

- É possível identificar formas inovadoras de colaboração no setor, como investimentos minoritários em parceiros de ecossistemas, colaborações abertas e parcerias multilaterais?

- As empresas de fora estão entrando em seu setor e seus concorrentes estão entrando no setor delas por meios digitais?

- As PIs e os ativos não monetários (redes de parcerias, por exemplo) estão se tornando recursos fundamentais em seu setor?

- É possível identificar uma movimentação rumo a parcerias ágeis e flexíveis, considerando a necessidade de atrair constantemente novos parceiros e adaptar ofertas com mais rapidez?

- A inovação e a velocidade no mercado estão funcionando como importantes diferenciais competitivos em seu negócio?

# 112 ALÉM DA EXCELÊNCIA

Conforme você considera se deve ou não buscar um ecossistema digital, vai querer pensar sobre o tipo de ecossistema que busca e como participar dele. Os três tipos de ecossistemas são apropriados para alcançar objetivos específicos. Se você buscar aprimorar digitalmente seus produtos existentes, uma plataforma digitalizadora pode ser sua melhor escolha. Ecossistemas de plataforma podem ajudá-lo a gerar fluxos de renda por meio do uso da plataforma ou a gerar dados que podem abastecer outros negócios. Pense em montar uma superplataforma, caso esteja buscando acumular grandes números de dados que podem ser monetizados por negócios complementares. É claro, essas três opções exigem, de sua parte, graus variados de abertura frente aos colaboradores. Se esse tipo de abertura for difícil para você, uma superplataforma não será adequada. Por serem menores e menos complexas, as redes digitalizadoras conferem aos orquestradores maior controle sobre um ecossistema.

Seja qual for a plataforma mais adequada para suas necessidades estratégicas, pense se deve construir um novo ecossistema ou contribuir para um ecossistema já existente. Nos anos seguintes, toda a empresa terá que lidar com essa questão como uma questão estratégica fundamental. O fator decisivo é se você lida com o consumidor final ou se outra empresa realiza essa função. Caso você, de fato, trabalhe com o consumidor final, então pode ser interessante a tentativa de orquestrar o ecossistema, já que, provavelmente, terá uma compreensão mais profunda do consumidor e das necessidades dele do que outras empresas. Caso contrário, considere ser o participante de algum ecossistema. Tenha em mente que nem sempre as maiores empresas são as orquestradoras. Fabricantes automobilísticos são parceiros no ecossistema de direção autônoma da Baidu, muito embora sejam empresas maiores. Seu objetivo deve ser entender profundamente as necessidades e o comportamento do consumidor e ocupar a posição no ecossistema capaz de maximizar sua habilidade de criar e capturar valor para o consumidor final.

Se estiver considerando orquestrar o próprio ecossistema, no começo sempre é interessante refletir sobre como estruturá-lo. Será interessante pensar nas seguintes questões de execução:[38]

- Quais regras ou processos você estabelecerá para governar a participação dentro do ecossistema e quais métricas específicas usará para mensurar o desempenho dele?

- Como o ecossistema criará valor e como você dividirá esse valor para atrair e manter seus parceiros?

- Como você atrairá os parceiros que, provavelmente, mais o ajudarão a maximizar o valor do ecossistema?

- Como você pode estruturar relacionamentos de parceria para maximizar a flexibilidade e a adaptabilidade do ecossistema e torná-lo mais resiliente?

- Como você pode proteger a PI de seus parceiros previamente, para aliviar as preocupações e garantir a participação entusiasmada deles?

- Como você pode nutrir relações entre membros do ecossistema e alimentar colaborações e experimentações regulares e contínuas?

Após responder a essas perguntas, pense em como o ecossistema operará com relação a seus negócios existentes. É difícil ser bem-sucedido em relação a ecossistemas se operá-los apenas como outra parte de seu negócio tradicional. Startups digitais podem tomar decisões rapidamente em todas as funções de negócios, permitindo uma execução rápida, e o ecossistema de uma empresa tradicional deve ser igualmente ágil. Por essa razão, empresas globais de ponta implementam diferentes regras e processos internos para governar seus ecossistemas — permitindo diferentes estruturas de relatório — e, com frequência, separam de forma física os administradores do ecossistema digital dos administradores de seus negócios tradicionais. As acomodações que as empresas devem fazer para alcançar o sucesso por meio de um ecossistema estendem-se a áreas como cultura e gestão de talentos, sobre as quais falaremos mais tarde neste livro.

Por mais valiosos que estejam se tornando, os ecossistemas digitais não substituem as cadeias de suprimento convencionais, mas funcionam de forma complementar a elas. Em última análise, é a *combinação* dos dois que permite a uma empresa entregar ofertas inovadoras. As empresas devem se aventurar *além* do mindset mais rígido e fechado associado às cadeias de suprimento tradicionais e adotar formas fluidas, flexíveis e dinâmicas de colaboração. Mas as cadeias de suprimento, tanto para produtos quanto para a entrega de serviços, ainda são importantes, e as empresas devem reter sua capacidade de administrá-las também. Conforme veremos no capítulo seguinte, as cadeias de suprimento do futuro não serão iguais às que alimentaram o sucesso de

# 114 ALÉM DA EXCELÊNCIA

muitas empresas globais nas últimas décadas. As empresas de ponta estão começando a reimplantar seus recursos produtivos (pessoas, fábricas, centros de distribuição de serviço) de formas que lhes permitam responder melhor a mercados em mudança, a navegar pelas tarifas e outras medidas protecionistas e a tirar o maior proveito das tecnologias que estão transformando a produção industrial e a distribuição de serviços. Essas empresas estão indo *além* dos modelos de distribuição de baixo custo com foco na eficiência e adotando, em vez disso, o que podemos chamar de entrega *flexível*. Vamos dar uma olhada.

## Insights Importantes

- Para entregar os serviços e as experiências inovadores descritos no Capítulo 1, além das estratégias de crescimento global mencionadas no Capítulo 2, as empresas estão indo além das cadeias de suprimento tradicionais para criar redes de distribuição dinâmicas, ou ecossistemas, de parceiros em diferentes setores.
- Grande parte da atenção oferecida aos ecossistemas por parte dos especialistas e conselheiros tem sido superficial, deixando os líderes de negócios inseguros sobre a melhor forma de buscá-los — ou, até mesmo, se isso deve ser feito. Por mais sedutores que os ecossistemas possam ser como uma base para a disrupção, eles também continuam sendo incrivelmente difíceis de executar.
- Analisamos mais de quarenta dessas redes em uma série de setores e incluímos tanto as incumbentes quanto as empresas digitais. Nossa análise nos permitiu documentar cinco características definidoras dos ecossistemas.
- Além dessas cinco características, existem três tipos distintos de ecossistemas: redes digitalizadoras, plataformas e superplataformas.
- Os segredos dos ecossistemas bem-sucedidos incluem o seguinte: a existência de uma forte estratégia, a criação de uma significativa pegada global, a existência de uma profundidade suficiente de especialidade dos parceiros, a posse de um forte negócio existente com uma grande quantidade de consumidores e a habilidade de administrar a rede mais complexa de relacionamentos que compõe os ecossistemas digitais.

# CAPÍTULO 5

# SEJA FLEXÍVEL

*Empresas montaram, em todo o mundo, modelos de entrega otimizados para minimizar os custos totais ao produzir bens e entregar serviços. Os custos ainda importam, mas os modelos de distribuição devem ser de alta velocidade, responsivos e resilientes em meio a disrupções.*

Embora os novos serviços e experiências digitais desenvolvidos pelas empresas tenham gerado uma boa dose de publicidade, uma revolução silenciosa, mas tão animadora quanto, está emergindo na forma como as empresas fazem e entregam aquilo que vendem. Durante os anos 1980 e 1990, o crescimento da internet permitiu que empresas globais controlassem a produção de longe e rastreassem bens em longas distâncias. As empresas mobilizaram essas competências para, essencialmente, reprojetar suas pegadas de produção. Buscando reduzir os custos, elas construíram grandes fábricas (ou contrataram empresas locais para administrá-las) na China e em outros países com baixo custo de mão de obra. Ao usarem materiais fornecidos por empresas locais, elas enviavam a produção dessas fábricas para mercados em todo o mundo. Nike, Walmart, IBM — todas elas fizeram isso, assim como incontáveis outras. Os consumidores se beneficiaram dos baixos preços, enquanto os acionistas conseguiam maiores lucros. Em 1990, apenas 7% da fabricação mundial ocorria em países de baixo custo (top 20 de exportação). Em 2010, esse número havia subido para mais de 33%. Em algumas indústrias que exigem muita mão de obra, como a indústria têxtil, a indústria curtidora e os setores de vestimenta em geral, os países de baixo custo representavam uma fatia ainda maior da produção global.[1]

## 116 ALÉM DA EXCELÊNCIA

> Atualmente, esse chamado modelo de distribuição global de baixo custo, ou cadeia de suprimento integrada globalmente, está se tornando cada vez mais obsoleto. A administração das redes de produção e distribuição não se trata mais apenas da redução de custos, mas também de conseguir maior flexibilidade, velocidade e resiliência para a empresa.

Empresas de ponta estão olhando além das grandes fábricas globais de produção em localizações com mão de obra barata, montando fábricas sob medida com maior tecnologia, menores em tamanho, maiores em números, mais locais, mais próximas dos consumidores, mais flexíveis e, portanto, mais capazes de produzir e enviar rapidamente bens personalizados que refletem as necessidades do consumidor em constante mudança. Além disso, as empresas estão olhando além na hora de decidir como obter peças e materiais brutos e onde alocar a produção, tomando medidas para tornar as empresas mais flexíveis para atender às necessidades do consumidor e mais resilientes para resistir aos choques de tarifas, a eventos climáticos extremos e, até mesmo, a pandemias. Por fim, conforme os produtos se tornam mais inteligentes e seus consumidores buscam maior desempenho, as empresas estão criando novas competências de software em suas cadeias de suprimento para oferecer melhorias de produtos muito mais rápido (em meses ou semanas, em vez de anos), entregando essas melhorias digitalmente, por meio de softwares embutidos nos produtos, e não mais fisicamente.

Chamamos isso de nova abordagem *flexível,* e ela não se aplica só aos produtos. As empresas que vendem serviços e experiências também estão implementando-a. Vamos voltar ao exemplo do TCS e ao setor de serviços de TI, desenvolvidos por nós ao longo da introdução. O ex-COO da TCS, N. Chandrasekaran (atual presidente da Tata Group), decidiu implementar, durante os anos 2000, um novo conjunto de estratégias que ajudariam a empresa a alcançar maior crescimento e entregar maior valor, ao mesmo tempo que reteria a vantagem de custo da empresa (que estava em queda), protegendo, assim, suas altas margens de lucro.[2] Uma dessas estratégias era ser pioneiro em um modelo global e flexível de distribuição, servir aos consumidores não apenas por meio de instalações de baixo custo e alta escala na Índia, mas também de instalações de médio e alto custo mais perto dos consumidores, em mercados desenvolvidos, tudo isso conectado em nuvem. A ideia era criar novas camadas de competências sobre a existente capacidade de distribuição internacional de baixo custo, permitindo à TCS oferecer as mesmas propostas de valor que seus concorrentes para consumidores nos Estados Unidos e na Europa, ao mesmo tempo que mantinha suas altas margens. Em vez de obter todo o código de software e outros trabalhos técnicos de suas fábricas de software indianas, a TCS montaria centros de distribuição em todo o mundo, ficando mais próxima dos consumidores e usando uma combinação de equipes locais (e de maior custo) e equipes na Índia e em outros países de baixo custo. A entrega flexível proporcionaria maior resiliência em todo o sistema, mitigando os riscos relacionados à geopolítica e à concentração de capacidades de entrega em uma só localização. De forma importante, a TCS também estaria em uma posição melhor para conceder ofertas de maior valor, maior habilidade e personalizadas, como criação de PIs, serviços relacionados a tecnologias emergentes, montagem de centros de excelência digitais, entre outros.

Durante o início dos anos 2000, a TCS apresentou o que ela chamava de Modelo de Rede de Distribuição Global, transformando o modo como a empresa entregava seus serviços de TI em todo o mundo. O modelo era completo, incluindo a criação de unidades comerciais verticalizadas, que se tornaram repositórios de conhecimento de áreas especializadas, a liberação da energia empreendedora em toda a empresa, foco na criação de PI, investimentos iniciais em tecnologia digital e maior foco na P&D. Mas a entrega flexível também era um elemento importante. Em 2019, a TCS construiu uma rede de cerca de duzentos centros de distribuição em mais de quinze países, cobrindo os maiores mercados nos Estados Unidos, na Europa e em países de baixo custo ou com muitos talentos, como Hungria, China, Argentina e Chile, com a maior capacidade permanecendo na Índia.[3] Esses centros operavam como uma rede de distribuição integrada globalmente, com competências e habilidades agrupadas em três níveis: (1) instalações grandes e automatizadas de baixo custo com um grande conjunto de habilidades-padrão (serviços SAP, por exemplo) em escala; (2) centros de entrega regionais em locais como Hungria, Brasil e Uruguai, que podem atender consumidores regionais com certas habilidades e competências especializadas, mas com exigências linguísticas ou culturais; e (3) centros de distribuição locais ou próximos a lugares como Nova Jersey, Arizona e Peterborough (Reino Unido), capazes de oferecer um serviço mais próximo dos consumidores e de maior habilidade, mas com menor escala.[4]

**118 ALÉM DA EXCELÊNCIA**

Uma vez que todas essas instalações fossem ligadas por uma infraestrutura tecnológica global com ferramentas colaborativas de ponta, a empresa poderia obter seus serviços, de forma contínua e flexível, das localizações desejáveis na rede global de distribuição, o que lhe dá uma grande vantagem competitiva. Ela poderia personalizar a equipe e a capacidade de distribuição nos centros globais. Além disso, a empresa usava processos de engenharia de software da melhor qualidade, visando manter a consistência da qualidade de seus serviços. A rede entregou custo, talento, velocidade, personalização e resiliência. Ao longo da última década, ela provou ser incrivelmente bem-sucedida, sustentando um incrível crescimento na TCS. Até 2020, a empresa era uma das empresas globais de TI mais valorizadas no mundo.[5] Enquanto seus concorrentes conseguem margens de aproximadamente 10%, a TCS consegue uma margem superior a 25%.[6]

Como sugere a história da TCS, a peça central da entrega de produção e serviços do final do século XX — produção internacional de alta escala e centros de distribuição em países de baixo custo — não se tornou obsoleta da noite para o dia. As empresas globais continuam a alavancar suas competências de produção e distribuição em países de baixo custo, mas estão adicionando outra camada multinacional de competências em mercados de alto custo e centros regionais, buscando velocidade, flexibilidade e responsividade, não somente menor custo possível. Tais redes flexíveis de distribuição, que estão além das cadeias de suprimento tradicionais, são mais adaptativas e resilientes aos desafios representados por crescentes e incertas tarifas e barreiras não tarifárias cada vez maiores. Ao adicionar uma camada de novas competências de software, as empresas também entregam produtos mais inteligentes, que atendem às exigências dos consumidores por um melhor desempenho e melhores experiências de produtos. Ao final deste capítulo, sugeriremos como começar a abordar a construção de uma competência de entrega flexível para conseguir uma vantagem para sua empresa, empregando o mesmo tipo de criatividade e inovação nessa área que você utiliza para criar novas e interessantes propostas de valor.

### Em Breve, na Fábrica Flexível Mais Perto de Você

Para entender melhor a razão de as empresas buscarem mais de suas organizações de produção e distribuição (altamente flexíveis e com o menor custo possível), vamos refletir por um momento sobre a evolução da produção no setor de tênis. Se você fosse um lorde inglês do século XIX e desejasse um par de sapatos de dança para o próximo baile de Londres, chamaria o fabricante de calçados local até seu solar e lhe explicaria o estilo e a cor desejados. Ele mediria seus pés e voltaria até a oficina para cortar, medir e costurar de acordo com o design escolhido. Após alguns dias ou semanas, ele voltaria com a primeira versão dos sapatos para que você os testasse. Se gostasse do modelo, ótimo. Caso contrário, ele voltaria até a oficina e faria os ajustes necessários, conforme descrito por você, antes de entregar o produto final em sua casa e receber o pagamento.

A Revolução Industrial mudou a forma como os sapatos de dança — e a maioria dos outros bens de consumo — são fabricados. Grandes fábricas e motores a vapor substituíram os artesãos, produzindo bens baratos em massa para mercados mais amplos. Conforme o transporte melhorou e o advento dos contêineres reduziu os custos, essas grandes fábricas começaram a exportar bens massificados para todo o mundo. Depois, com a expansão da internet e a redução dos custos do frete, as empresas começaram a realocar essas fábricas em países emergentes, tirando vantagem do custo de mão de obra drasticamente menor. Em meados dos anos 2000, a Ásia produziu acima de 80% dos calçados mundiais em fábricas de grande escala e em diferentes categorias de produtos.[7] A China, em especial, tornou-se conhecida como a "fábrica do mundo" graças às suas numerosas fábricas de grande escala que atendiam a mercados globais estabelecidos no país. Para a maioria dos consumidores, os bens se tornaram muito mais baratos e acessíveis, embora as empresas não os fizessem sob medida como os habilidosos artesãos outrora faziam para nossos antepassados aristocratas.

Essa imagem agora está prestes a mudar mais uma vez e por quatro motivos. Primeiro, as expectativas dos consumidores estão aumentando. Acostumados com a personalização até das menores dimensões de sua vida digital, os novos consumidores globais descritos anteriormente neste livro agora esperam fazer a mesma coisa offline. De acordo com um estudo do BCG: "Quando a experiência foi altamente personalizada, os consumidores indicaram que eram 110% mais propensos a colocar produtos adicionais em seus carrinhos e 40% mais propensos a gastar mais do que o planejado."[8] Os consumidores também estão buscando os últimos designs, experiências e resultados em calçados, e

## 120 ALÉM DA EXCELÊNCIA

empresas como Adidas e Nike estão fornecendo tudo isso, bem como a personalização por meio de seus sites.

Segundo, a acensão da IoT e da Indústria 4.0 promete possibilitar que as empresas de calçados atendam às expectativas dos consumidores e ainda consigam obter lucro. Essas tecnologias estão transformando o antigo trade-off, que favorecia a produção em países com mão de obra barata apesar dos maiores custos de transporte que o modelo implicava. A própria curva de custo acentuada que levou as empresas a obter a produção das grandes fábricas de trabalho intensivo foi achatada. Fábricas altamente automatizadas em mercados de alto custo estão se tornando mais viáveis, assim como a flexibilidade, os menores lotes de produção (permitindo pedidos personalizados) e o tempo reduzido de produção. Conforme o custo das tecnologias de IoT continua a diminuir (impressoras 3D, por exemplo, que costumavam custar US$300 mil nos anos 1980, agora podem custar menos de US$200, com velocidade e desempenho aprimorados), as fábricas automatizadas em mercados de alto custo se tornarão cada vez mais atrativas.[9]

Terceiro, uma porção cada vez maior da entrega de soluções ou experiências ao consumidor realizada pelas empresas está ocorrendo de forma eletrônica, por meio do download de softwares. Graças a uma ascensão da tecnologia digital, a eletrônica e os softwares estão se tornando cada vez mais importantes como componentes de produtos. A Nike, por exemplo, apresentou um ecossistema totalmente digital para ajudar os consumidores a obter mais benefícios para a saúde por meio de seus tênis, enquanto os carros estão cada vez mais se tornando computadores sobre rodas. Na verdade, um veículo sofisticado como o BMW Série 7 pode conter até 150 centralinas eletrônicas (mecanismos eletrônicos de hardware que operam sistemas como janelas, assentos e os sofisticados motores dos carros), as quais, por sua vez, exigem mais de 100 milhões de linhas de código de software para funcionar (em comparação, o Facebook utiliza, aproximadamente, 60 milhões de linhas de código).[10] As máquinas e as fábricas que fazem produtos do cotidiano, como carros, também estão sendo cada vez mais controladas por eletrônicos e seus softwares. Os clientes desses produtos, tanto consumidores quanto industriais, esperam que os fornecedores melhorem o desempenho e a funcionalidade com a atualização frequente de produtos, por meio de update de software (o mesmo que as pessoas esperam dos smartphones, por exemplo). Isso, por sua vez, significa que as empresas devem adquirir uma equipe habilidosa e de alto custo para ajudá-las a criar e entregar esses produtos rapidamente (com frequência semanal ou mensal, diferentemente de produtos físicos, que podem ter um ciclo de vida de anos), uma vez que os antigos modelos de distribuição não podem fazê-lo (isso também significa que os bens físicos representam uma porcentagem menor do comércio global do que no passado, enquanto os serviços habilitados digitalmente representam uma maior porcentagem).

Finalmente, o crescimento do nacionalismo econômico e o enfraquecimento do multilateralismo levaram a um crescimento nas tarifas médias e específicas (entre os países). Isso oferece um incentivo adicional para as empresas produzirem os bens localmente em vez de importá-los aos mercados por meio de centros de suprimento globais sujeitos a maiores tarifas de importação. "As empresas costumavam poder replicar o mesmo modelo de negócio em diferentes mercados, com os líderes supondo que as altas tarifas eram relíquias do passado", nos contou Emmanuel Lagarrigue, chefe de inovação na empresa francesa de energia e automação Schneider Electric. "Atualmente, o mundo está fragmentado, e as tarifas retornaram."[11]

Respondendo a essas forças, as empresas na indústria de calçados começaram a repensar suas redes de produção e a testar novos conceitos de fábricas. Em localizações como Alemanha e Estados Unidos, a Adidas testou as revolucionárias SpeedFactories, fábricas completamente automatizadas que usam robótica, impressão 3D e outras tecnologias de Indústria 4.0 para aprimorar a produção e agilizar a entrega de produtos personalizados a consumidores locais. Enquanto as fábricas de calçados tradicionais empregam milhares de trabalhadores e podem levar até dezoito meses para levar esses calçados até mercados em todo o mundo, o conceito de fábrica experimental da Adidas emprega menos de duzentos funcionários e pode levar os últimos designs de alta tecnologia até as lojas mais próximas em apenas quatro meses.[12] Como observou o ex-CEO da Adidas, Herbert Hainer, durante o lançamento dessas instalações-piloto, "a SpeedFactory combina o design e o desenvolvimento de bens esportivos com um processo de produção automatizado, descentralizado e flexível. Essa flexibilidade abre as portas para que possamos nos aproximar do mercado e de onde está nosso consumidor".[13]

## 122 ALÉM DA EXCELÊNCIA

Se a empresa desenvolvesse os SpeedFactories em escala, milhões de consumidores aproveitariam um tipo de serviço de produção de calçados com uma alta proximidade com o consumidor que anteriormente era reservado aos ricos. A Adidas alavancaria todas as competências das novas tecnologias e permitiria aos consumidores produzir seu calçado personalizado online, o qual seria produzido pela SpeedFactory mais próxima. É possível até mesmo imaginar que, um dia, drones recolheriam esses produtos das SpeedFactories e os entregariam nas casas dos consumidores. Em vez de obter a produção de um pequeno número de fábricas de grande escala em países de baixo custo, a rede de produção da empresa seria multinacional, composta de fábricas de grande escala em países com baixo custo de mão de obra e uma série de fábricas menores de alta tecnologia perto dos consumidores nos principais mercados.

No final de 2019, a Adidas anunciou que fecharia suas SpeedFactories e transferiria o conceito para suas instalações no Vietnã e na China.[14] A empresa teve dificuldades em tornar a produção localizada dentro ou nas redondezas de grandes mercados economicamente viável e escalonável, considerando o custo das tecnologias atuais, mas também aprendeu muitas lições por meio desses projetos-piloto. A empresa não mudará a maior parte de sua produção para os países ocidentais pelo menos nos próximos cinco a dez anos, não apenas por conta dos desafios tecnológicos ou de escalonamento econômico, mas também porque o ecossistema de fornecedores nos países ocidentais sofreu uma queda. Ainda assim, a Adidas construirá elementos das tecnologias presentes nas SpeedFactories em sua rede de suprimentos atual em países como China, Indonésia, Vietnã e Índia, para melhorar tanto o custo quanto a flexibilidade. Os mercados de maior crescimento da empresa estão na Ásia, então uma produção flexível na região permitiu que ela atendesse a esses mercados mais rapidamente. A fabricação de calçados exige um trabalho manual significativo se comparada com outras indústrias, como a automobilística e a farmacêutica. Uma solução para mitigar os custos é implementar mais automação nessas grandes fábricas de produção em massa e torná-las mais eficientes e flexíveis.

Na forma original, a SpeedFactory talvez estivesse à frente de seu tempo. Melhorias na automação e a queda nos custos desse tipo de tecnologia permitiriam que a Adidas refinasse ainda mais a tecnologia de produção para torná-la mais barata e eficiente. Ao longo da próxima década e além, essas melhorias poderiam aumentar cada vez mais o custo-benefício do tipo de produção flexível existente na SpeedFactory para produtos premium e personalizados, finalmente permitindo que as fábricas de calçados implementem a tecnologia em escala em diversos mercados. De forma mais ampla, a produção flexível deve se tornar onipresente nos modelos de distribuição globais dentro das duas próximas décadas, especialmente com tecnologias como a impressão 3D se tornando mais baratas.

## Reimaginando as Cadeias de Suprimentos Fechadas

Por mais que redes multinacionais estejam ajudando empresas a tornar as "entregas" mais flexíveis, responsivas e resilientes, além do baixo custo, elas não são suficientes. As empresas também estão repensando drasticamente suas abordagens mais amplas ao modelo tradicional de cadeias de suprimentos "fechadas".

As empresas sempre têm sido muito claras sobre dois pontos importantes ao montar suas cadeias de suprimentos globais. Primeiro, marcam o que é central para elas — os passos de design e produção, bem como os processos de distribuição que manterão internamente. Quando se trata desses passos, as empresas desejam reter controle total sobre a qualidade e a PI envolvida, porque acreditam que isso lhes dá vantagem competitiva e diferencia seus produtos. Em segundo lugar, elas especificam os papéis dos fornecedores para as atividades não centrais, administrando-os rigorosamente para permitir que o OEM desenvolva e forneça o produto ou serviço com menor custo e maior qualidade. Cadeias de suprimentos são um sistema fechado com regras relativamente estritas.

Mas essa realidade está mudando rapidamente. Para responder de imediato a essas necessidades dos consumidores, as empresas precisam melhorar seu processo de produção e distribuição, trazendo novas competências online (sobretudo digitais) que ainda não têm. Uma vez que essas novas competências amiúde demandam tempo para serem desenvolvidas internamente, as empresas estão assumindo uma abordagem mais aberta do que no passado, lidando com as cadeias de suprimentos de modo semelhante com que lidam com os ecossistemas digitais, descritos no capítulo anterior. Com

# 124 ALÉM DA EXCELÊNCIA

incertezas comerciais surgindo em todo o mundo e outros tipos de disrupções se tornando mais frequentes, as empresas também estão sendo forçadas a repensar suas estratégias fechadas e altamente controladas de cadeias de suprimentos, para torná-las mais resilientes, reduzir riscos e otimizar tanto as tarifas quanto os custos totais.

Duas vertentes do novo pensamento a respeito das cadeias de suprimento integradas estão se unindo. Primeiro, as empresas estão adotando novas formas de parcerias capazes de alavancar as habilidades e a competência dos fornecedores. Segundo, elas estão fazendo isso mesmo quando se trata de processos de produção anteriormente pensados como centrais para o negócio. Como nos disse Peter Rosenfeld, conselheiro sênior do BCG e ex-chefe de aquisição da Ford, as empresas estão cada vez mais se voltando para as cadeias de suprimentos, para ajudá-las a fornecer um maior valor para os consumidores finais. Em vez de presumir que devem reter o controle total da produção central, "elas estão se perguntando: como podemos alavancar nossa base de suprimentos enquanto oferecemos nossa própria experiência?". Rosenfeld explicou que as empresas, agora, estão optando por "produzir o produto e cercar-se de um empreendimento mais amplo que pode entregar o melhor produto ao mercado".[15] Elas não sentem mais que devem ser as maiores produtoras em determinado mercado — é muito mais importante ser a melhor na distribuição geral do produto ou serviço.

Rosenfeld cita a indústria automobilística, na qual a integração vertical é o modelo central. Atualmente, as empresas estão se voltando para parceiros horizontais para a produção de partes de seus produtos finais antes consideradas sagradas, como o motor ou o trem de força. De acordo com Rosenfeld, as empresas estão descobrindo "que existe uma sucessão contínua de possíveis relacionamentos com fornecedores".[16] Em alguns casos, elas estão fazendo as equipes compartilharem seus locais com clientes, criando soluções em conjunto. Em outros, estão embarcando em parcerias com fornecedores em vez de gerenciá-los no que, anteriormente, era uma relação desigual. Na área da assistência médica, a Johnson & Johnson estabeleceu parcerias inovadoras para desenvolver ferramentas e dispositivos cirúrgicos inovadores por meio da impressão 3D. Em uma colaboração com pesquisadoras na Trinity College, em Dublin, a empresa estabeleceu um novo laboratório de ciências dos materiais com foco, inicialmente, na pesquisa ortopédica.[17] A Johnson & Johnson também está desenvolvendo tecido do joelho produzido por impressoras 3D em colaboração com a Aspect Biosystems.[18] Conforme nos disse Rajesh Gopinathan, CEO e diretor administrativo da TCS, esta tem se tornado cada vez mais uma parceira não tradicional de cadeias de suprimentos na área de substituição de joelhos, graças ao design de ponta e à competência de processamento de dados. Um cirurgião de um hospital nos Estados Unidos, consumidor de um fornecedor de implantes norte-americano, pode enviar uma imagem 3D de um joelho a ser substituído para a TCS. Esta, por sua vez, projeta o molde para a produção do joelho e instruções de software detalhadas para a impressora 3D, que fará com que o aparelho imprima o molde e o joelho. A TCS envia as instruções para o cliente, o fabricante de joelhos nos Estados Unidos, que imprime o joelho e o envia para o cirurgião do hospital. Ao assumir essa parte do processo de produção — que exige uso intensivo de dados e que já foi central para fabricantes de joelhos no antigo modelo de distribuição —, construindo competências e escalonando para entregar rapidamente projetos detalhados de moldes de diferentes tipos e complexidades a clientes em todo o mundo, a TCS torna a cadeia de suprimentos mais ágil e mais responsiva, ao mesmo tempo que contribui com as melhores habilidades do mundo. O crescimento de tal parceria heterodoxa com fornecedores fez com que um executivo da cadeia de suprimentos da Johnson & Johnson comentasse: "Nós vimos um grau crescente de integração com parceiros externos, porque eles podem ajudar os clientes a serem mais ágeis, flexíveis e responsivos para atender às necessidades dos consumidores e melhorar a cadeia de uma ponta à outra."[19]

Se as novas cadeias de suprimentos permitem maior flexibilidade e responsividade, as empresas também estão redesenhando-as para torná-las mais resilientes diante de tarifas ou de outros riscos geopolíticos. Em especial, elas estão embutindo maiores opções em suas cadeias, mantendo uma hierarquia de fontes e alternando fornecedores, a depender dos desenvolvimentos de guerras comerciais. O chefe de estratégia de uma empresa global de alumínio nos disse que tem se tornado cada vez mais importante para sua "cadeia de valor de matriz complexa de operações e vendas multinacionais em todo o mundo ter um modelo dinâmico capaz de mapear as fábricas de origem com os mercados de acordo com um conjunto de suposições sobre política comercial [por exemplo, barreiras tarifárias e não tarifárias]". Com base nessa análise, o executivo disse: "Devo ser capaz de comparar meus custos com relação aos concorrentes

## 126 ALÉM DA EXCELÊNCIA

em diferentes cenários e alcançar o melhor pareamento possível de fábrica e vendas nacionais sob as tarifas regentes no momento."

Em resposta às tarifas, uma fabricante de ferramentas com sede nos Estados Unidos planejava montar uma nova fábrica no México após uma detalhada análise que considerava uma série de localizações, incluindo Indonésia, Índia e Vietnã. A fabricante poderia ter alcançado custos absolutos reduzidos em outros locais, mas o custo ajustado ao risco era maior. Da mesma forma, a Adidas tem focado de forma intensa a construção da flexibilidade na cadeia de suprimentos, diversificando seus países de origem nos últimos anos (assim como outros fabricantes do setor), em uma tentativa de reduzir o risco relacionado ao país.[20] Até 2019, a maior parte da produção de calçados da empresa (43%) vinha do Vietnã, seu maior país de origem, enquanto a China representava 16%.[21]

Empresas como a Samsung estão mudando suas produções em resposta às tensões comerciais entre Estados Unidos e China. A empresa fechou instalações de produção na China e está expandindo ou montando novas fábricas em grandes mercados. Em 2020, a Samsung revelou planos de investir US$500 milhões em uma nova instalação de fabricação de displays para smartphones na Índia, além do investimento de US$700 milhões realizado por ela em outra fábrica indiana em 2018.[22] Ademais, a empresa também abriu uma instalação de US$380 milhões no estado da Carolina do Sul para a fabricação de eletrodomésticos.[23] Tal estratégia para a reimaginação das cadeias de suprimentos fortalece o modelo multinacional discutido anteriormente, ao mesmo tempo que minimiza o risco de mudanças repentinas no custo dos bens devido a tarifas ou outros impedimentos. Como nos disse o CEO de uma indústria nórdica, sua empresa construiu uma nova cadeia multinacional de suprimentos com fábricas e fornecedores localizados em todos seus principais mercados, uma organização que protegeu a empresa de quaisquer tarifas repentinas entre os países.

Mudar a produção de locais com altas tarifas para baixas tarifas e oferecer maiores opções dentro de uma mesma cadeia de suprimentos não são as únicas estratégias utilizadas pelas empresas para torná-las mais resilientes. Elas também estão adotando medidas de curto prazo e de forma contínua para lidar com o "novo normal" de tarifas voláteis. Essas medidas podem incluir a perda parcial de margens de lucro, compartilhando essa perda com seus fornecedores ou explorando buracos em legislações regulamentadoras (ao argumentar, por exemplo, que um produto não foi fabricado de forma primária em um país afetado pelas tarifas, ou ao reclassificar produtos para que não façam parte da categoria coberta pelas tarifas). Um de nossos clientes no setor de melhorias domésticas estava prestes a ter um aumento de US$1 bilhão em seus custos graças às medidas tarifárias e a outras ações protecionistas. Em resposta, montamos uma sala de controle que realizaria uma análise detalhada do impacto da tarifa em diferentes categorias de produtos e o desenvolvimento de estratégias para combater a ameaça imediata desta, reduzindo a vulnerabilidade de longo prazo da empresa. No curto prazo, a sala de controle desenvolveu um plano que incluía o ajuste de preços, a renegociação de termos contratuais com fornecedores e a busca por brechas nas políticas comerciais. No longo prazo, a empresa provavelmente fará alterações de design nos produtos, usando componentes de menor custo e obtidos de localizações com menores tarifas.

## Centros de Software: o Novo Hardware nas Cadeias de Suprimentos

Todos os produtos e serviços físicos estão, cada vez mais, tornando-se propostas de valor digitais de alguma forma. Para entregá-los e melhorar o desempenho do modelo de entrega flexível por si só, as empresas estão movendo centros de software das margens da cadeia de suprimento, onde costumavam ficar, e fazendo-os ocupar um espaço de importância.

Durante o final do século XX, a maioria das grandes empresas em setores como industrial, produtos de consumo e varejo não investiam muito no desenvolvimento de software — isso era visto como, na melhor das hipóteses, uma competência exótica às margens da organização. Essas empresas escondiam seus desenvolvedores em partes obscuras do mundo, alocando-os junto de suas equipes de TI. Atualmente, essas mesmas empresas estão colocando competências digitais muito sofisticadas e centralizadas em funcionamento, com uma equipe de milhares de pessoas como parte de suas cadeias de suprimentos. Isso acontece porque as propostas de valor estão muito diferentes do que eram antes. Os produtos se tornaram digitais de uma forma nunca vista, fenômeno discutido por nós no Capítulo 2. Ao usar as atualizações de software, os fabricantes de produtos digitais podem responder rapidamente não só a problemas relacionados ao serviço, mas à criação de soluções direcionadas a novos pools de valor. Centros digitais contendo diferentes competências de software estão se tornando uma parte tão indispensável na entrega de produtos e serviços no século XXI quanto as fábricas físicas costumavam ser para as indústrias.

Como descobrimos em nossa pesquisa, uma varejista global da indústria da moda criou um centro de desenvolvimento de software/centro digital como parte integral de seu modelo de entrega flexível, usando suas competências para ajudar a otimizar a precificação e as promoções de suas lojas em todo o mundo em tempo real. Varejistas tradicionais coletam uma quantidade significativa de dados em todas as lojas e cadeias de suprimentos, mas lhes faltam habilidades para analisar esses dados diariamente ou até de hora em hora, para conduzir a precificação e as promoções. Como resultado disso, as varejistas perderam incontáveis milhões ao reduzir o preço de produtos, visando a liberação de estoque, ou ao promover novos designs de formas não muito úteis. Nessa varejista em específico, o centro de dados coleta grande quantidade de dados dos canais online e offline, implementando, em seguida, complexos algoritmos para analisá-las. Com isso, essa empresa pode colocar à venda os itens certos no momento certo e pelo valor certo, para potencializar a receita. A empresa também pode melhorar a experiência de compras para os consumidores — por exemplo, com a personalização de suas promoções para torná-las mais relevantes.

Essa varejista da moda construiu seu centro digital dentro dos limites de seu modelo de entrega digital, pretendendo, principalmente, ajudar a reduzir o custo das operações internas e melhorar a velocidade e flexibilidade destas. A Schneider Electric foi além, ao expandir a cadeia de suprimentos e montar laboratórios de projetos capazes de permitir a cocriação de novos produtos e soluções digitais com os clientes e parceiros externos. O desenvolvimento de produtos tradicional levava anos, mas esses novos laboratórios permitem que a Schneider Electric desenvolva novas ofertas em semanas ou meses. Até 2019, a empresa estava projetando mais de 150 produtos por ano em 8 desses laboratórios nos Estados Unidos, na Europa e na Ásia, e os números estavam prestes a aumentar.[24] Da mesma forma, a Siemens abriu dezenas de MindSphere Application Centers em todo o mundo, com a tarefa de desenvolver "novos modelos de negócios, soluções e serviços digitais" para os clientes. Com uma equipe composta de cientistas de dados e desenvolvedores de software, essas instalações são criadas para "ficarem mais perto de onde os clientes operam", permitindo que a equipe "aprenda sobre as dificuldades dos clientes e trabalhe para resolvê-las".[25]

Empresas de ponta estão seguindo diferentes caminhos na construção de uma competência digital e de software global em seus modelos de entrega flexível. Em alguns casos, estão criando esses recursos do zero. Em outros, estão reorganizando recursos existentes que foram anteriormente fragmentados, criando um ou alguns centros digitais localizados em áreas com muitos talentos, como o Vale do Silício, Berlim, Tel Aviv e Bangalor. Nesses centros, as empresas estão obtendo as características e funcionalidades digitais exigidas para a entrega de novos produtos e serviços com integração digital, e mobilizando poderosas colaborações entre elas, graças à concentração de talento nesses locais. Como veremos de forma mais detalhada ao longo deste livro, as empresas também estão mobilizando esses centros para mudar a forma de trabalhar das equipes, promovendo um desenvolvimento mais ágil e responsivo de produtos e serviços.

Novas competências de software não estão apenas revolucionando o desenvolvimento, a distribuição e o gerenciamento de produtos para os usuários finais. No futuro, elas também controlarão as máquinas e as fábricas ao produzir os produtos, mudando de forma essencial como as empresas montam e administram fábricas ou centros de distribuição. A chamada tecnologia dos gêmeos digitais aparecerá de forma proeminente nesses casos. Um gêmeo digital é um modelo virtual de uma fábrica, um produto ou um processo criado por projetistas e engenheiros de software. Com esse modelo em mãos, os engenheiros podem simular o desempenho da fábrica, do produto ou do processo real (físico), utilizando dados sobre operações passadas para aprimorar o desempenho futuro. Hoje em dia, equipes locais que administram uma fábrica ou produto geralmente são aquelas que usam os gêmeos digitais para monitorar o desempenho. Em teoria, a tecnologia dos gêmeos digitais, com o tempo, deve permitir que as empresas globais montem, monitorem e conduzam as melhorias em seu desempenho de forma remota e em tempo real. As empresas construirão modelos em software de todas as suas máquinas e

## 130 ALÉM DA EXCELÊNCIA

fábricas, vinculando-os e monitorando-os, controlando toda a rede a partir de um ou alguns locais centralizados. A próxima evolução do modelo resiliente de entrega flexível se aproxima.

Na verdade, ela já está aqui. Quando a General Electric constrói usinas eólicas para empresas de eletricidade, a empresa primeiro cria gêmeos digitais dela, modelando a usina eólica na localidade exata em que se encontrará na vida real. Os engenheiros personalizam as turbinas, otimizando-as para o desempenho no local em que serão construídas. Após as turbinas reais entrarem em operação, um software monitora de forma remota o desempenho, realizando ajustes. A tecnologia aumenta a produção de energia em 20%, melhorando o valor extraído durante todo o tempo de vida útil de uma usina eólica de 100 MW em US$100 milhões.[26] Uma vez que existe potencial para um valor adicional, espera-se que o mercado global para os gêmeos digitais entre em uma expansão exponencial, alcançando US$35,8 bilhões em 2025.[27] De acordo com uma estimativa, a tecnologia dos gêmeos digitais deveria ser adotada por metade das grandes empresas industriais até 2021, melhorando as operações de forma significativa.[28]

### Conselhos para Líderes

Como vimos neste capítulo, o empreendimento global do século XXI mobilizará uma abordagem muito diferente quanto à produção e à distribuição do serviço do que seus antecessores. Com o tempo, as empresas terão as próprias redes de fábricas multinacionais, automatizadas e flexíveis, cada uma com a própria rede de fornecedores local, vinculadas entre si e controladas remotamente por gêmeos digitais. Essas redes não surgirão da noite para o dia. Considerando os grandes investimentos que as empresas globais fizeram em suas fábricas e centros de distribuição de serviço existentes, bem como os desafios técnicos relevantes para o escalonamento, essas empresas levarão décadas para construir os modelos de produção e distribuição globais da nova geração que descrevemos neste capítulo. Por um lado, esses modelos altamente resilientes incluirão fábricas e centros de distribuição locais, multinacionais e de alta tecnologia capazes de oferecer velocidade, personalização e acesso a novos talentos. Por outro, incluirão, também, a tradicional produção em massa de baixo custo, embora integrada com tecnologia para melhorar o custo e a flexibilidade.

SEJA FLEXÍVEL **131**

Para se preparar para essa nova realidade, os líderes devem se dedicar a fazer duas coisas de uma só vez: (1) mover-se em direção a uma rede altamente flexível e rápida enquanto (2) retêm as instalações de baixo custo existentes quando for apropriado. Os líderes devem pensar em como se tornar mais responsivos, velozes e resilientes, ao mesmo tempo em que otimizam a eficiência da entrega de seus produtos e serviços. Além disso, eles devem começar a modificar suas estratégias com os fornecedores, para que sejam mais flexíveis e abertas. Conforme os produtos e os serviços se tornam cada vez mais inteligentes, os líderes devem buscar construir centros digitais com competências de software integradas com a rede de distribuição do produto físico. E, conforme montam uma capacidade mais flexível de criar e entregar o que vendem, devem pensar em como deixar as cadeias de suprimentos com um maior custo-benefício e mais rápidas, mas também em como torná-las mais resilientes diante de repentinas mudanças econômicas e geopolíticas.

Conforme começam a reprojetar a produção e distribuição de serviços para suas empresas, os líderes devem focar as quatro áreas de questionamento estratégico:

1. Até que ponto os clientes exigem velocidade e personalização? Se alguns acham essas coisas importantes e estão dispostos a pagar mais por elas, como ajustar a rede de produção e distribuição para levar os produtos até esses clientes mais rapidamente?

2. Quão rápido o quociente de inteligência dos produtos está crescendo e quão grandes são esses novos pools de valor? Quais tipos de talentos de software você precisa para adentrar esses pools de valor e como poderá atrair, contratar e reter esses talentos? (Falaremos sobre isso mais à frente neste livro.) Quais tipos de parceria você pode formar com fornecedores externos para complementar suas habilidades internas de software e do meio digital? De que tipo de competência digital centralizada você precisa para tirar o máximo de proveito dos dados que já tem, mas que, até então, podem ter sido subutilizados?

3. Conforme as expectativas dos clientes mudam, quais atividades centrais ainda compõem a base de sua vantagem competitiva? De forma geral, como os relacionamentos com os fornecedores devem mudar conforme as cadeias de valor se tornam cada vez mais desintermediadas, com a empresa que lida com o cliente não tendo mais uma grande participação nelas?

# 132 ALÉM DA EXCELÊNCIA

4. Com o crescimento da incerteza quanto aos regimes comerciais, qual estratégia ou combinação de estratégias você deve implementar para construir resiliência, ao mesmo tempo que equilibra os trade-offs entre custo e risco? Por exemplo, quantas fábricas e centros de distribuição deve construir perto de mercados para se manter protegido contra choques na cadeia de suprimentos? Até que ponto seu plano deve sacrificar o custo para permitir que você mude sua capacidade de forma suave entre uma fábrica e outra e mitigue os riscos?

Muitas empresas resistem a discutir essas questões. Para alguns líderes, parecerá imprudente propor mudanças em uma estrutura histórica de produção e fornecimento global que provou sua utilidade. Além disso, localizar ou regionalizar o fornecimento e a produção exige um planejamento significativo e pode ser prejudicial se mal executado. Investir em tecnologias digitais, tanto em competências de produção quanto do produto, é algo custoso e que consome tempo. Não apenas isso, ajustar a produção e a distribuição de serviços para implementar mais talentos digitais e produzir um maior número de componentes de software pode fazer os talentos existentes se sentirem menos importantes, fazendo com que resistam. Por fim, quaisquer estratégias de fornecimento que você implemente para lidar com a incerteza do mercado apresenta trade-offs e riscos para a empresa que nem sempre são fáceis de entender ou quantificar. Essas estratégias também podem gerar confusão dentro de sua rede atual de produção e fornecimento, se não forem executadas adequadamente.

Por mais assustador que esses desafios pareçam, os líderes podem superá-los ao agir com cautela. Crie uma visão para sua empresa e suas ofertas, pedindo conselhos de funcionários, parceiros e clientes. Uma visão cocriada garantirá que todos os stakeholders apoiem a ideia quando o plano começar a se materializar e, por sua vez, a cadeia de suprimentos comece a mudar. Não apresse a criação dessa estratégia. Leve o tempo que precisar para avaliar completamente os trade-offs que existem em mudanças específicas que você pode fazer em suas funções de produção e distribuição de serviços, lembrando que nenhuma das táticas citadas por nós funcionará em todas as circunstâncias ou para todas as empresas. Para preparar sua cadeia de suprimentos para a turbulência ou a volatilidade, avalie a tolerância ao risco da empresa e modele

## SEJA FLEXÍVEL 133

cenários possíveis, a fim de entender melhor quais táticas seus líderes podem concordar em implementar de forma plausível.

As cinco principais estratégias que examinamos até então neste livro — entregar benefícios a todos os stakeholders e não apenas potencializar o retorno aos acionistas, adotar novas propostas de valor digitais, expandir de forma global e mais inteligente, construir um ecossistema digital e adotar uma produção e entrega flexível — compartilham uma característica em comum: *elas dependem do fluxo de dados.* Os novos serviços e experiências que as empresas estão oferecendo mobilizam plataformas digitais e globais de dados. Os novos pools de lucro criados por essas ofertas digitais colocaram certa pressão nas estratégias existentes de expansão geográfica de determinada empresa, fazendo com que algumas delas se afastassem de uma pegada global mais ampla. O compartilhamento de dados global, o baixo custo da conectividade e a existência de clientes virtualmente conectados tornam os ecossistemas possíveis e desejáveis. Além disso, as fábricas flexíveis que revolucionarão a produção exigem uma rodovia de dados globais unindo-as e conectando-as com uma instalação de controle centralizada. Os dados estão, de fato, no centro dessas e de todas as estratégias que destacamos neste livro. Como argumentaremos no próximo capítulo, o empreendimento do século XXI deve ir além do conjunto de dados tradicionalmente fragmentado para construir uma arquitetura global de dados estratégica e sofisticada. Nos anos seguintes, os dados servirão como o novo e insubstituível combustível de que as empresas globais necessitarão para crescer. Se sua empresa não estiver se movendo em direção a obter e mobilizar esse combustível, então é melhor começar agora.

### Insights Importantes

- O conhecido modelo de distribuição global, ou cadeia global de suprimentos movida pelo custo e de baixa mão de obra, está se tornando cada vez mais obsoleto. Administrar a produção não se trata mais apenas de minimizar custos, mas também de alcançar maior velocidade, flexibilidade e resiliência para o empreendimento.

- Ao olhar além da indústria de calçados, descobrimos um movimento semelhante rumo a uma produção flexível, que começa a se formar entre grandes empresas.

# 134 ALÉM DA EXCELÊNCIA

- Por mais que as redes multinacionais estejam ajudando as empresas a realizar entregas de forma mais responsiva e flexível, ao mesmo tempo que reduzem os custos, elas não são suficientes. As empresas também estão repensando drasticamente suas cadeias de suprimento mais amplas.

- Para atender à crescente necessidade de pedidos e serviços digitais, as empresas globais estão, cada vez mais rápido, adicionando uma dimensão completamente nova aos serviços de distribuição: desenvolvimento digital e de software.

## CAPÍTULO 6

# DEIXE OS DADOS TRABALHAREM

*Há muito tempo, empresas têm tratado os dados como se fossem um escape emitido por suas operações, usando-os apenas depois do fato, para medi-los e aprimorá-los. Atualmente, empresas de ponta estão indo além dessa abordagem tradicional, considerando os dados — e, mais especificamente, as informações coletadas, armazenadas e analisadas globalmente — como algo essencial, o combustível que não só é capaz de prever o desempenho ou comportamento futuro do cliente, mas também conduzir as melhores propostas de valor para os consumidores em todo o mundo.*

Empresas de produtos e serviços globais há muito buscaram conseguir algu-ma vantagem competitiva das cadeias de suprimento físicas e do acesso à matéria-prima, mas isso está mudando rapidamente. Cadeias de suprimento fí-sicas e matérias-primas ainda são importantes, mas os dados agora se tornaram uma nova matéria-prima de igual importância para muitas empresas globais. As soluções dinâmicas, responsivas e personalizadas que as empresas estão ofe-recendo aos clientes globais conectados digitalmente dependem da constante geração, fluxo e análise de enormes quantidades de dados. Como consequência disso, as empresas globais não apenas exigem novas competências de desen-volvimento de software, uma rede global de fábricas de produção, ou centros de distribuição flexíveis e de alta velocidade e ecossistemas de parceiros exter-nos em diferentes indústrias e áreas geográficas. Elas também precisam de uma nova arquitetura digital global para lidar com os enormes fluxos de dados entre as diferentes regiões geográficas.

Empresas de ponta estão indo além por meio da construção de poderosas ar-quiteturas de dados globais, capazes de transformar o combustível da informa-

## 136 ALÉM DA EXCELÊNCIA

ção digital em processos mais eficientes, melhores preços e produtos, serviços e experiências mais valiosos. Ao conectar, de forma contínua, usuários de plataformas e parceiros em todo o mundo, essas arquiteturas de dados compõem uma nova forma de cadeia de suprimentos para o empreendimento do século XXI, criada estrategicamente para fomentar o crescimento e alcançar uma enorme quantidade de valor.

Tradicionalmente, empresas de produtos e serviços globais mantêm seus dados fragmentados e localizados, usando-os apenas para melhorias incrementais em seus produtos, cadeias de suprimentos ou colaborações com parceiros. Os dados eram o escape da atividade comercial, estudados apenas muito tempo depois de serem coletados e usados para melhorar o desempenho da cadeia de suprimentos do produto ou serviço. Indústrias globais, por exemplo, conseguiam dinheiro não por meio de seus dados, mas projetando, produzindo, vendendo e servindo produtos físicos, como carros e turbinas a vapor. As empresas geralmente retinham grandes quantidades de dados sobre o desempenho dos produtos, mas eles ficavam espalhados em centros de serviço em todo o mundo e raramente ficavam disponíveis para as equipes internas da empresa em tempo real. Uma fabricante de carros poderia ver dados fragmentados a respeito do desempenho de determinado modelo de carro em um formulário de resumo semanas ou meses após esses dados serem gerados.

No passado, as empresas globais de serviço conseguiam dinheiro projetando e servindo ofertas principalmente em áreas locais. Bancos globais ofereceriam hipotecas, por exemplo, por meio de sua subsidiária local. Quaisquer dados gerados durante o processo de criação, fabricação, venda e uso dessas hipotecas eram capturados de forma local e, em seguida (talvez), resumidos em relatórios locais, acessados por funcionários ou gerentes. Os dados não eram compilados e analisados de forma global e em tempo real para atualizar as decisões de precificação e outras escolhas ou para entregar serviços aos clientes.

Se as empresas não faziam mais com os dados naquela época, era porque não conseguiam — elas não tinham competência técnica. Mas, nos últimos anos, uma grande quantidade de desenvolvimentos sociais e tecnológicos finalmente permitiu que as empresas globalizassem os dados e os usassem para alimentar os negócios. Como vimos, consumidores em todo o mundo estão cada vez mais conectados e passando mais tempo online, gerando grandes quantidades de dados. O custo de armazená-los na nuvem e de processá-

-los tem caído drasticamente ao longo da última década. Empresas como a Amazon Web Services, que vendem infraestrutura digital como serviço (IaaS, na sigla em inglês), permitiram que empresas globais alugassem a infraestrutura necessária sem precisar construí-la. É claro, algumas dessas empresas estão investindo em centros extensos para a armazenagem de dados globais. Até 2017, o espaço de data center do Facebook foi expandido para mais de 1 milhão de metros quadrados.[1] Novas startups surgiram para fornecer ciência de dados e data analytics de forma sofisticada, enquanto a Oracle e outras empresas de TI construíram as próprias competências de análise de dados. Finalmente, avanços em tecnologias, como aprendizado de máquina e IA, abriram caminho para formas completamente novas de usar dados globais, tanto operacional quanto comercialmente.

### Um Vislumbre sobre a Revolução dos Dados

- Projeta-se que, em 2020, fluxos de dados tenham passado de 60 mil gigabytes por segundo, o triplo do fluxo de 2015. Estima-se que os fluxos de dados entre fronteiras dobrarão a cada dois anos até pelo menos 2025.[2]
- Entre 2013 e 2020, o número de dispositivos conectados aumentou 400%.[3]
- Até 2020, dois terços da população mundial usavam a internet de forma ativa.[4]
- Ao longo da última década, o custo da mensalidade da internet de banda larga caiu em mais de 40%.[5]
- Ao longo da última década, o custo médio dos sensores caiu em mais de 50%. Até 2022, estima-se que haverá 29 bilhões de dispositivos conectados e gerando dados.[6]
- O custo da infraestrutura em nuvem caiu em 66% ao longo da última década.[7]
- O volume de dados criado em todo o mundo tem dobrado a cada três anos desde 2011 e alcançará 175 trilhões de gigabytes em 2025.[8]
- Em 2018, houve um fluxo de financiamento de mais de US$9,3 bilhões para empresas de IA — um valor recorde.[9]

Conforme os dados globalizados se tornaram mais fáceis de serem acumulados e disseminados, eles começaram a transformar empresas de dentro para fora. Internamente, fluxos de dados globais permitem que funcionários,

## 138 ALÉM DA EXCELÊNCIA

trabalhadores contratados e parceiros colaborem facilmente em diferentes regiões geográficas. As empresas podem monitorar suas operações globais em tempo real e responder rapidamente a quaisquer desafios, tornando-as mais resilientes diante da volatilidade. Esses dados também podem otimizar como as empresas implementam recursos visando redução de custos, aprimoramento da produtividade e redução de cargas ambientais. Ao coletar dados sobre forças de trabalho, as empresas podem engajar os funcionários de maneira proativa, melhorar a retenção de talento e o desempenho. Comercialmente, os dados globais permitem que empresas criem pegadas únicas para clientes individuais, permitindo estratégias de marketing e de produto personalizadas. Elas também podem construir experiências e soluções que mudam de forma contínua, usando dados de feedback de milhões de clientes ao redor do mundo, obtidos por meio de atividade em redes sociais, avaliações de produtos, pesquisas de satisfação do cliente e assim por diante.

Um dos exemplos mais conhecidos dessas experiências é o popular jogo da Epic Games, *Fortnite*, que evolui de forma dinâmica com base nos fluxos de dados de milhões de usuários em todo o mundo.[10] O *Fortnite* permite uma experiência de jogo em que até cem jogadores podem competir um contra o outro ou em equipes, até que apenas um indivíduo ou uma equipe sobreviva. Avanços na computação e na velocidade da internet possibilitaram tudo isso, bem como a Unreal Engine da Epic Games, um ambiente de programação que desenvolvedores de software podem utilizar para criar novos jogos. A tecnologia presente na Unreal Engine permite que os jogos funcionem em diferentes plataformas, reduzindo as barreiras de entrada (os usuários podem jogar *Fortnite* em dispositivos móveis, videogames de mesa, videogames portáteis e computadores com Windows e Mac). O Unreal Engine também permite que os usuários enviem feedbacks sobre os jogos para aprimorar o motor gráfico. Em 2018, um dos dois modos de jogo do *Fortnite* — chamado de Battle Royale — tinha mais de 200 milhões de usuários em todo o mundo e conseguiu um lucro estimado de US$3 bilhões.

A Epic Games é só um exemplo das muitas empresas que nasceram no âmbito digital e estão entre as primeiras a conseguir vantagem competitiva com coleta e análise mundiais de dados. Mas empresas tradicionais de produtos e serviços em muitos outros setores estão começando a fazer o mesmo, na esperança de apreender as oportunidades únicas que os dados representam para seus jogos. Enquanto as empresas digitais têm construído estratégias e modelos de operação ao redor de fluxos de dados desde o começo, as incumbentes que têm tratado os dados como um escape enfrentam um desafio maior. Além da tarefa de treinar seu pessoal, sobre a qual falaremos mais tarde ao longo deste livro, elas devem esclarecer seus objetivos estratégicos na mobilização dos dados globais, seja para proteger sua posição no mercado, seja para direcionar suas atividades para novos pools de lucro, seja para fomentar novas formas de eficiência ou alguma outra coisa. Elas precisam, ainda, projetar uma arquitetura ou cadeia de suprimentos digitais capaz de cumprir esses objetivos como parte de um modelo operacional digital. Essas duas tarefas são desafiadoras, porém essenciais. Antes de discorrermos sobre a maneira de lidar com elas, vamos nos aprofundar um pouco mais em como uma empresa tradicional migrou para dados globais, conseguindo vantagens ao tratar dados não como escape, mas como combustível.

## Cultivo Reimaginado

A agricultura está entre os mais antigos dos setores humanos. Também é um dos mais complexos, uma vez que o sucesso ou o fracasso do agricultor depende dos caprichos do clima, das condições do solo e de muitas decisões operacionais. Nos tempos modernos, este último inclui a quantidade de fertilizante a ser aplicada, a profundidade da plantação das sementes, quais pesticidas utilizar, entre outros questionamentos. Felizmente, os dados podem ajudar na tomada de muitas dessas decisões e, atualmente, ajudam com frequência, permitindo aos agricultores otimizar seus lucros por hectare de terra ocupado. "As fazendas da atualidade são alimentadas por dados", escreveu um observador, "em conjunto com uma variedade de dispositivos e tecnologias, incluindo sensores, satélites GPS, drones e robôs".[11] E o papel dos dados está apenas aumentando. De acordo com algumas estimativas, o mercado de analytics no setor da agricultura alcançará o valor de US$1,2 bilhão até 2023, enquanto esse valor era de US$585 milhões apenas cinco anos antes.[12] O potencial de impacto é enorme, com alguns observadores prevendo que a analytics e a inteligência artificial trariam cerca de US$250 bilhões em economias anuais e novas oportunidades de receita para o setor global da agricultura.[13]

Considerando esse vasto potencial, vendedores desse setor e de outros criaram soluções que usam dados para ajudar os agricultores a tomar melhores decisões e a otimizar os lucros. Por meio de simples apps nos smartphones, os

## 140 ALÉM DA EXCELÊNCIA

agricultores podem rastrear padrões climáticos, condições do solo e muito mais, buscando reduzir riscos para a colheita e melhorar a produtividade. Se você vende equipamentos agrícolas, sementes ou outros produtos e serviços úteis para os agricultores, não precisará mais vencer a competição ao oferecer os melhores produtos ou serviços. Em vez disso, poderá vencer essa briga para se tornar a fonte primária e contínua de soluções relacionadas à produtividade do agricultor. E isso significa a elaboração do melhor modelo operacional a alavancar dados para entregar aos agricultores uma solução com o melhor lucro por hectare.

Uma das primeiras empresas do setor a entender essa mudança nas dinâmicas foi a John Deere, a maior fabricante de equipamentos agrícolas do mundo. Em 2012, a empresa desenvolveu a MyJohnDeere, uma plataforma digital que os agricultores poderiam utilizar para supervisionar suas frotas de equipamentos e operar de forma mais eficiente.[14] A MyJohnDeere, agora atualizada, melhorada e renomeada de John Deere Operations Center, possibilita que os agricultores vejam todas as operações sendo realizadas em cada hectare da fazenda e gerenciem as métricas operacionais por meio de smartphones e de outros dispositivos digitais. O sistema faz uso do fluxo de dados circulando de sensores embutidos nos equipamentos John Deere, bem como de "dados históricos sobre tudo, desde condições climáticas e de solo até características da colheita".[15] Como nos disse Alejandro Sayago, chefe de estratégia da empresa, "nosso objetivo é fornecer aos produtores ferramentas e soluções com adição de valor que ajudam a implementar a precisão na agricultura". Mobilizando uma grande quantidade de tecnologia (incluindo máquinas conectadas e soluções digitais) para entregar essas soluções, a John Deere espera permitir que os agricultores administrem campos no mesmo nível de fábricas individuais, potencializando a lucratividade da fazenda, ao mesmo tempo que permite à empresa obter um maior valor de seus serviços.[16]

Juntamente com essa estratégia, a camada geradora de dados embutida no equipamento agrícola da John Deere se tornou cada vez mais nítida. Atualmente, a Série S da John Deere tem colheitadeiras com câmeras ActiveVision que usam sete tecnologias de automação; essas câmeras permitem que o operador monitore os grãos processados da colheitadeira e analise esses grãos em tempo real para saber a qualidade, se há a presença de corpos estranhos e outros fatores de desempenho.[17] A colheitadeira envia dados ao John Deere Operations Center, um sistema online de gerenciamento agrícola que permite ao agricultor acessar dados sobre suas terras, compartilhá-los com assessores, vendedores e outros e tomar decisões que o ajudem a aumentar seu cultivo e a reduzir os custos.[18] Ao combinar ferramentas de software que permitem um melhor planejamento com acionamentos elétricos e componentes mecânicos avançados em suas máquinas para possibilitar a execução perfeita desses planos, a John Deere permite que os clientes cultivem mais hectares em menos tempo.[19]

Enquanto isso, sensores no maquinário otimizam seu funcionamento, alertando os agricultores e seus vendedores de equipamento dos problemas conforme eles surjam.[20] A empresa está na vanguarda de implementação da visão computacional e outras tecnologias avançadas para ajudar agricultores a tomarem decisões operacionais. Por exemplo, um sistema de visão computacional e IA poderia identificar ervas daninhas e aplicar a quantidade certa de herbicida para cada uma individualmente (em geral, os agricultores tomam essa decisão para toda a fazenda).[21] A John Deere estava "praticamente pressionando a inserção de tecnologias de inteligência artificial, visão computacional e aprendizado de máquina", disse John Stone, vice-presidente sênior do Intelligent Solutions Group (ISG) da John Deere. "O que é incrível é como toda essa tecnologia cai como uma luva para o setor agrícola."[22]

Para entregar esse valor adicional aos agricultores, a John Deere estabeleceu o Intelligent Solutions Group, uma divisão digital que se assemelha e funciona como uma nova startup de tecnologia dentro do negócio tradicional. Além de instalações separadas na sede, em Illinois, a John Deere estabeleceu uma presença no Vale do Silício, dando início à John Deere Labs e adquirindo uma startup, a Blue River Technology, para ter acesso a talentos digitais e permanecer conectada com as últimas inovações. A combinação permitiu que a empresa conseguisse insights e aplicações inovadoras.[23] Mas a John Deere foi muito além, mobilizando uma arquitetura de dados que manteve sua informação ao mesmo tempo global e de acordo com o Regulamento Global de Proteção de Dados da União Europeia, uma lei que cobre como os dados devem ser tratados para garantir a privacidade e segurança do consumidor. A empresa permite que os clientes compilem seus dados na plataforma, adicionem dados externos, se assim desejarem, por meio de interfaces construídas pela John Deere, e usem a plataforma para trabalhar a elaboração de planos personalizados para suas fazendas com a ajuda de assessores confiáveis. Esses

## 142 ALÉM DA EXCELÊNCIA

planos rendem prescrições para um conjunto específico de tarefas que, então, são enviadas para equipamentos agrícolas individuais e executadas com grande precisão. Assim, a John Deere conseguiu se tornar uma parceira completamente integrada dos agricultores em todo o mundo, ajudando-os a elaborar e executar seus planos da forma mais precisa e eficiente possível em áreas como plantio, pulverização e assim por diante.[24]

Usando a Amazon Web Services como plataforma para arquitetura digital, a John Deere criou uma experiência de usuário uniforme em escala global, tornando suas máquinas simples de serem conectadas e operadas e fáceis de serem escalonadas entre diferentes regiões.[25] A empresa também criou interfaces que permitem que os clientes (caso desejem) compartilhem dados com um seleto número de empresas terceirizadas que cumprem os padrões da John Deere em segurança e governança de dados. Dessa forma, os clientes podem acessar tecnologias relacionadas a sensores de solo, drones, análise de dados climáticos e outros, visando fornecer a eles soluções integradas.[26] Em 2019, a empresa realizou um acordo com outros fabricantes de equipamentos para permitir que os equipamentos de diferentes empresas pudessem se comunicar uns com os outros em tempo real.[27] Isso faria com que os agricultores rastreassem e operassem todo o seu maquinário em conjunto, seja por meio do centro de operações da John Deere, seja por portais operados por marcas concorrentes.[28]

Graças à estratégia de soluções digitais e aos esforços em construir um novo modelo operacional, a John Deere está se tornando uma das parceiras preferidas de agricultores em todo o mundo e estabelecendo o fundamento do crescimento futuro. A lealdade da marca entre os clientes está aumentando, permitindo que a empresa aumente sua fatia em mercados menores e fortifique sua liderança nos principais mercados, como na América do Norte, fomentando maior lucratividade. Em vez de vender máquinas e soluções digitais separadamente, a força de vendas e a rede de vendedores autorizados da empresa estão vendendo soluções integradas. John May, novo CEO da empresa desde 2019, atuou anteriormente como chefe de informação e, também, como presidente da divisão responsável por soluções inteligentes com base em software.[29]

A John Deere dificilmente está sozinha na mobilização de dados globais para vantagem própria. A Caterpillar coleta dados para executar a manutenção preditiva em seu grande maquinário industrial. A Starbucks coleta dados para personalizar a experiência do cliente e oferecer sugestões únicas de bebidas e ofertas promocionais com base no clima local e nas compras anteriores de bebidas. E muitas empresas da indústria automobilística — que já é uma das indústrias mais globalizadas do mundo — estão criando cadeias de suprimentos de dados necessárias para conduzir produtos e serviços digitais inovadores.

Sua empresa pode mobilizar dados como um trampolim para ficar à frente da competição, mesmo se suas estratégias e seus sistemas de TI existentes estão desatualizados e seus dados tradicionais sejam locais e fragmentados. O primeiro passo é construir um modelo operacional com alavancagem de dados para seu negócio.

## Elabore Seu Modelo Operacional com Alavancagem de Dados

Formar uma estratégia para adicionar dados e funcionalidades digitais ao seu modelo operacional existente pode ser assustador. Como uma das incumbentes, por qual ponto você começaria?

No curso de nossa pesquisa e nossos trabalhos com clientes, descobrimos quatro caminhos de plataforma que você pode buscar no momento de transformar dados em combustível. Compreender esses caminhos pode ajudá-lo a orientar sua empresa e a moldar seus esforços para construir uma poderosa cadeia de suprimentos digital.

Sua empresa já tem um conjunto único de recursos e competências relacionadas aos seus clientes, sua posição na cadeia de valor, entre outros. Escolha um desses caminhos e prossiga na elaboração de propostas de valor, estratégias operacionais e parcerias que otimizam a vantagem sobre dados globais disponível para vocês. Mas, antes de transformar dados em combustível, primeiro sua empresa deve compreender, em termos gerais, como queimará esse combustível para beneficiar você e seus clientes.

### *Caminho de Plataforma #1: Reimagine os Processos e as Operações Internas de Seu Negócio*

Dos quatro caminhos, o mais comum mobiliza dados globais para melhorar, otimizar ou reimaginar uma ou mais partes das operações de um negócio. As

## 144 ALÉM DA EXCELÊNCIA

oportunidades, nesse caso, são praticamente infinitas, limitadas apenas pela criatividade dos líderes e o tipo de dados a seu dispor. As incumbentes têm usado dados globais para transformar praticamente tudo em suas operações, desde como projetam e desenvolvem produtos e serviços até como obtêm materiais; desde como e onde fabricam os produtos até como os transportam, armazenam, promovem, precificam e vendem. Cada parte da cadeia de valor de uma empresa pode oferecer centenas de oportunidades de melhorias que fazem uso de dados globais, ao mesmo tempo que fornecem oportunidades para tornar a empresa mais adaptável às novas condições conforme estas surgirem.

A L'Oréal, a maior empresa de cosméticos do mundo, construiu uma plataforma de dados do cliente (CDP, na sigla em inglês) que organiza os dados do consumidor (obtidos com o consentimento deste) com base em múltiplos pontos de contato e parcerias locais em uma plataforma de dados globais entre suas diferentes marcas, criando uma visão completa dos clientes no âmbito individual.[30] Essa plataforma também agrega informações de diversas fontes, mais uma vez obtidas com o consentimento dos clientes. Entre elas, estão dados de parceiros (desde parceiros como Amazon e Sephora até outros como Google e Facebook); dados de redes digitais (interações e respostas anônimas de consumidores a anúncios e mensagens direcionados); dados primários (obtidos por CRM, sites de e-commerce e apps da própria empresa); e um centro de conteúdo (repositório de conteúdos digitais altamente personalizados e de marca). A segmentação demográfica e por hábitos de consumo desses dados entre todas suas marcas permite que a empresa identifique, prediga e atenda de forma precisa todas as necessidades do comprador. Por exemplo, a CDP da L'Oréal possibilita à empresa identificar se os consumidores da marca Nyx, que costuma atrair os mais jovens, usam alguns de seus outros produtos. A empresa pode, em seguida, utilizar esse insight para direcionar o marketing dessas outras marcas, engajar-se com clientes altamente interessados e conduzir as vendas de forma eficaz.[31]

A empresa também alavanca dados internos para ajudar a moldar a inovação e o refinamento dos produtos. Para a imaginação e a elaboração de novos produtos, a L'Oréal e sua parceira de integração de dados, Talend, compilam dados relacionados às fórmulas e matérias-primas de produtos, combinando-os com dados sobre as percepções dos consumidores com relação ao desempenho desses produtos.[32] A quantidade de informação a ser tratada é enorme: cerca de

50 milhões de pontos de dados passam pelo sistema todos os dias.[33] Atualmente, a empresa tem utilizado o sistema para ajudar seu departamento de finanças a rastrear indicadores-chave de desempenho (KPI, na sigla em inglês) e para ajudar os pesquisadores a estudarem uma gama de assuntos relacionados ao cuidado com a pele. Graças a essas aplicações de big data, as vendas de e-commerce da L'Oréal subiram 49% em 2019, contribuindo para mais de 10% da renda global total da empresa.[34]

Na indústria de varejo de moda, líderes digitais como a H&M conquistaram o mercado, otimizando vendas e minimizando custos ao transformar a forma como montavam suas coleções e como as armazenavam nas lojas. Investindo pensando em data analytics, a empresa também tem aumentado as vendas com marketing personalizado em escala global. Empresas digitais, como a Uber e a Amazon, estão implementando dados globais para revolucionar a precificação e as promoções em seus respectivos setores. Mais uma vez, nenhuma dessas melhorias seria possível uma década atrás, quando as empresas não tinham competências de dados globais e não compreendiam como esses dados poderiam servir como combustível para os negócios.

Em algumas indústrias, todas ou a maioria das grandes empresas estão alavancando dados globais para melhorar as operações e estão fazendo isso não apenas para melhorar processos internos, mas para reimaginá-los entre os diferentes limites da empresa. Vamos pensar nas empresas farmacêuticas. Grandes empresas da indústria farmacêutica, tradicionalmente, têm desenvolvido novas drogas usando recursos internos, conduzindo pesquisas biomédicas, construindo pipelines de desenvolvimento de produtos e apresentando as novas medicações. Recentemente, muitas grandes empresas da indústria têm modificado seus processos de P&D, construindo novas parcerias de pesquisa com startups e laboratórios acadêmicos, tornando o P&D virtual, terceirizando-o para outras empresas, reestruturando a organização de P&D para torná-la menor e mais ágil, adotando o crowdsourcing, entre outros. Enquanto os laboratórios internos de P&D nas empresas farmacêuticas geralmente representavam 62% de todas as novas drogas, hoje em dia as startups farmacêuticas e de biotecnologia produzem a vasta maioria dos novos medicamentos lançados (78%).[35] Como parte dessa abertura de P&D, as empresas estão criando e mantendo open data lakes ["lagos de dados abertos", em tradução livre] que pesquisadores externos podem acessar para colaborar com pesquisas. Com a

## 146 ALÉM DA EXCELÊNCIA

imensa quantidade de dados trafegando de um lado para o outro, empresas e agentes externos podem trabalhar em conjunto para trazer ao mercado soluções e experiências comercialmente viáveis que as empresas nunca poderiam conceber e desenvolver sozinhas.

Grandes empresas da indústria farmacêutica não substituíram seu modelo tradicional de P&D, mas o complementaram com um modelo aberto. Startups externas se beneficiaram do aprimoramento do modelo colaborativo, já que elas geralmente não têm os meios para conduzir custosos testes clínicos de seus medicamentos, bem como a especialidade em marketing e vendas para levar esses fármacos até os médicos e pacientes. As grandes empresas também se beneficiam, já que a colaboração com parceiros externos permite que elas expandam suas especialidades, acessem novas e promissoras ideias e tragam essas novas ideias mais rapidamente ao mercado, tudo isso ao mesmo tempo que reduzem os custos com P&D. É claro, os pacientes também beneficiaram-se da maior quantidade de medicamentos inovadores disponíveis para serem utilizados. Como um relatório de 2019 descobriu, empresas externas (startups e pequenos negócios) produziram cerca de dois terços das novas medicações aprovadas pelo governo norte-americano recentemente.[36] Modelos abertos de inovação também permitem que as empresas farmacêuticas se tornem mais resilientes diante de choques. Durante a crise de Covid-19, empresas farmacêuticas implementaram plataformas de dados comuns e um modelo aberto de P&D para desenvolver vacinas e tratamentos, permitindo um progresso muito mais rápido do que seria possível anteriormente.

Para alcançar uma posição mais confortável de transformar dados em combustíveis, essas empresas estão relocando laboratórios de P&D para mais perto de grandes centros de biotecnologia, visando facilitar a colaboração. Elas estão desenvolvendo programas de empreendimentos internos para encorajar os funcionários a buscar projetos de desenvolvimento de medicações em pequena escala e criando fóruns abertos de inovação para colaborar com pesquisadores externos. Ademais, as empresas estão estabelecendo centros de excelência criados para dividir hierarquias internas, criando novas formas de incentivar cientistas a realizar descobertas e estabelecer parcerias de P&D com empresas que tenham desenvolvido conjuntos de dados úteis.

A gigante da indústria farmacêutica, GlaxoSmithKline (GSK), formou diversas parcerias de P&D para fortalecer sua pipeline de produtos.[37] Para obter acesso a novos dados, a GSK firmou uma parceria com a 23andMe, a maior empresa do mundo nos setores de pesquisa genética e genética de consumo, para desenvolverem novas terapias em conjunto. Como parte desse acordo, os pesquisadores da GSK usariam dados de milhões de clientes anônimos no banco de dados genético da 23andMe, bem como a própria data analytics da empresa.[38] Antes, a GSK acompanhou outras empresas da indústria em uma parceria do consórcio Open Targets, cuja plataforma web ajudaria pesquisadores a encontrar medicamentos de alvo molecular ao fornecer acesso a grandes quantidades de dados públicos.[39] A empresa colaborou, ainda, com o UK Biobank, um recurso de assistência médica que contém um conjunto de dados compilados com base em 500 mil participantes.[40]

Por mais poderoso que seja esse primeiro caminho, ele apenas arranha a superfície do que é possível fazer com big data. Para prosperar no século XXI, as empresas devem ir além e pensar como gerar fontes completamente novas de vantagem competitiva e desbloquear fluxos de renda novos e bem protegidos. Os três caminhos seguintes permitem que as empresas façam exatamente isso.

### Caminho de Plataforma #2: Alavancando Especialidades em Escala

A maioria das incumbentes apresenta uma profunda especialidade técnica em suas áreas de operação. Algumas empresas estão, agora, mobilizando dados globais para codificar essa especialidade e combiná-la com o conhecimento íntimo da empresa a respeito das operações globais dos clientes, e criando novas soluções capazes de resolver, em escala, problemas de negócios reais para os clientes. Pense no conglomerado alemão de engenharia, a Siemens. Ao final do século XX, a empresa havia emergido como uma gigante industrial, produzindo de tudo, desde celulares até aparelhos auditivos, redes de telecomunicação e sistemas de transporte público.[41] Apesar de toda a especialidade técnica, a Siemens nem sempre esteve na vanguarda de novas tecnologias. Durante o início dos anos 2000, a companhia perdeu a emergência dos celulares como um produto de consumo geral (antes, as empresas haviam projetado e anunciado essa tecnologia principalmente para usuários comerciais). Em 2005, ela vendeu sua unidade não rentável de aparelhos portáteis por cerca de US$450 milhões, arcando com o prejuízo.[42]

Determinada a ficar na frente das novas tecnologias, em 2014, a empresa revelou sua estratégia chamada de Vision 2020, que identificava a digitalização, a

# 148 ALÉM DA EXCELÊNCIA

eletrificação e a automação como prioridades nos negócios centrais da Siemens. Ainda assim, em uma dessas áreas — a digitalização —, a empresa enfrentava um sério desafio. Por mais que apresentasse conhecimento técnico vasto e profundo relacionado às máquinas projetadas, produzidas e fornecidas por ela, a empresa não tinha uma forma efetiva de aplicar essa especialidade fragmentada em escala e de conectá-la com as operações comerciais dos clientes, para alcançar novas soluções comercialmente viáveis. A Siemens preencheu essa lacuna por meio da plataforma MindSphere, mencionada nos capítulos anteriores. Como uma plataforma aberta em nuvem para aplicações IoT, a MindSphere armazena dados operacionais de dispositivos como trens e turbinas eólicas, tornando tudo isso acessível por meio de apps digitais. Ao acessar esses dados e usar seu vasto conhecimento técnico, a Siemens pôde identificar insights escondidos sobre as operações de seus clientes em diferentes regiões geográficas, transformando-os em novos produtos e serviços animadores.

Além da plataforma MindSphere, a Siemens construiu MindSphere Application Centers (MACs), descritos anteriormente neste livro, que são localizações onde os especialistas da Siemens trabalham ao lado de equipes de clientes e talentos digitais (cientistas e analistas de dados, especialistas em experiência do usuário, entre outros). Graças à presença global e à grande experiência da Siemens, a empresa conseguiu expandir rapidamente a MindSphere ao redor do mundo, criando novos algoritmos, análises, insights e soluções. Nos MACs, as equipes pensam nos principais desafios e nas oportunidades dos clientes, colaborando para a elaboração de novas soluções. Até o momento em que este livro foi escrito, essas soluções foram responsáveis por desencadear uma grande quantidade de valor aos clientes da Siemens, ao mesmo tempo que forneceu novos fluxos de renda para a empresa (ou protegeu fluxos de renda antigos).

Por exemplo, os Power Diagnostics Services, da Siemens, alavancam grandes quantidades de dados para melhorar a operação de turbinas eólicas, gerando energia em todo o mundo. A Siemens constrói as turbinas, as instala no parque eólico e coleta milhares de pontos de dados por meio de sensores embutidos em cada uma delas. Com a aplicação de sua compreensão especializada acerca do projeto e da operação das turbinas, a empresa pode analisar os dados e fornecer conselhos em grande escala, ajudando os clientes a melhorar a confiabilidade e o desempenho das turbinas eólicas e, até mesmo, prolongar sua vida útil. Atualmente, a empresa monitora quase 8 mil turbinas eólicas, processando 200GB de dados todos os dias. Desde 2008, ela preveniu cerca de 97% de falhas de turbinas em potencial e reduziu em 85% as visitas técnicas exigidas para as turbinas.[43]

A Siemens tem feito algo parecido para usinas elétricas e sistemas de transporte público. Em usinas individuais, a empresa coleta aproximadamente 100 mil pontos de dados todos os dias (temperaturas, pressões, velocidades de turbina, entre outros), diagnosticando problemas nas turbinas antes que eles ocorram, para que os clientes possam tomar medidas preventivas, melhorando o desempenho. Da mesma forma, ela coleta grandes quantidades de dados, por meio dos trens de alta velocidade que fornece a países como Alemanha, Espanha e Rússia, usando algoritmos capazes de identificar certos problemas antes que eles aconteçam e recomendar a melhor forma de manutenção do equipamento. No futuro, a empresa integrará os dados de todos os seus trens ao redor do mundo, bem como todos os dados externos sobre clima, condições de estrada e assim por diante, oferecendo insights para ajudar os clientes a aprimorar ainda mais o desempenho da frota e a reduzir os custos.[44]

Até 2019, a Siemens gerou mais de €16 bilhões em receita por meio de sua empresa operadora de indústrias digitais, e a expectativa é que esse número aumente de modo substancial.[45] "Conforme um maior valor migra para o software, os MACs se tornarão cada vez mais poderosos na condução da lucratividade", disse-nos o chefe de estratégia da empresa, Dr. Horst Kayser.[46] A Siemens não está sozinha na estratégia de implementar dados para alavancar experiência em escala. A fabricante holandesa de tinta AkzoNobel desenvolveu o InteracVision, serviço de consultoria em que a empresa usa dados e conhecimento técnico para prever quanto um cliente na indústria de transportes economizaria de combustível ao aplicar um revestimento industrial no casco de seus navios. Da mesma forma, a fabricante finlandesa de guindastes Konecranes analisa dados globais para prever como será o desempenho de suas máquinas em locais ao redor do mundo e para realizar a manutenção preventiva, alavancando seu profundo conhecimento sobre a operação de guindastes de construção.

### Caminho de Plataforma #3: Criando e Amplificando Soluções de Forma Colaborativa para uma Base de Clientes Global

Arquiteturas de dados globais e plataformas de dados baseadas em nuvem permitem que as empresas implementem, de maneira instantânea, novas solu-

# 150 ALÉM DA EXCELÊNCIA

ções em domínios e regiões geográficas que antes estavam fora de alcance. Um terceiro caminho está sendo buscado pelas empresas para apreender a oportunidade criada por dados globais e usar as plataformas para procurar padrões nos dados, identificar inovações em potencial que podem beneficiar clientes em particular, desenvolver essas soluções e, então, rapidamente espalhá-las para grupos específicos de clientes em todo o mundo, desencadeando um valor exponencial. Tal uso dessas plataformas baseadas em nuvem representa um modo colaborativo completamente novo de solucionar problemas, por meio do qual especialistas em diversos campos progridem com base nas competências de outros, para produzir soluções inovadoras, elegantes e eficientes, que uma entidade trabalhando sozinha jamais seria capaz de engendrar.

Uma organização que tem mobilizado uma plataforma em nuvem para criar e disseminar novas soluções rapidamente e em escala é a empresa francesa de energia Schneider Electric. Historicamente, a empresa tem adquirido, armazenado e usado dados de forma fragmentada, segregando-os de acordo com seus produtos e serviços ou com as regiões em que a empresa opera. Ela também tem tratado os dados como um escape, capturando-os em instâncias específicas e analisando-os apenas após o fato consumado, em busca de otimizar as operações. Recentemente, no entanto, conforme o valor tem migrado para as soluções digitais, a empresa busca desenvolver a capacidade de elaborar e implementar uma ampla gama de soluções com mais rapidez e em escala.

O primeiro passo da empresa foi criar sua plataforma EcoStruxure — uma arquitetura de IoT aberta, escalonável e interoperável que "permite à Schneider Electric, seus parceiros e clientes finais desenvolver soluções escalonáveis e convergentes de TI/TO que entregam inovações em todos os níveis para uma empresa ou um empreendimento".[47] Essa arquitetura permitiu que a Schneider Electric se envolvesse em um amplo espectro de participantes do seu ecossistema, coletando dados de dispositivos. Os clientes podem, ainda, usar o software na plataforma, para melhor implementação do equipamento comprado por eles — algo que a empresa chamou de "operações inteligentes" — e para acessar aplicativos, serviços e outras coisas da Schneider Electric em nuvem.[48] Até 2018, cerca de 650 mil parceiros locais estavam usando a plataforma, trabalhando com a Schneider Electric no desenvolvimento de novas soluções. Em 2018, a empresa estava administrando aproximadamente 2 milhões de ativos em todo o mundo na plataforma e usando a EcoStruxure para auxiliar clientes a reduzir suas emissões de $CO_2$. A empresa estava indo bem em seu objetivo de alcançar, em 2020, uma redução de 120 toneladas na emissão de gases.[49]

Além da EcoStruxure, a Schneider Electric lançou, em 2019, outra plataforma chamada Schneider Electric Exchange, considerada o "primeiro ecossistema aberto entre indústrias do mundo dedicado à resolução de desafios de sustentabilidade e eficiência do mundo real".[50] "Nós sempre tivemos um ecossistema e uma rede de parceiros", nos contou o chefe do setor digital da empresa, Herve Coureil, "que provaram ser um poderoso recurso no passado. Conforme prosseguíamos para o meio digital, desejávamos continuar com o modelo e, portanto, construímos o Schneider Electric Exchange, que permite a uma grande variedade de parceiros alavancar nossas plataformas para construir e colaborar com soluções para nossos clientes. Não queríamos estar no centro do ecossistema e, sim, orquestrá-lo".[51] Além disso, Coureil observou que "nenhuma empresa tem uma pilha de tecnologia capaz de lidar com tudo acerca de todo caso de eficiência e sustentabilidade com todos os clientes. Existe uma clara necessidade de um ecossistema para acelerar a inovação na P&D movida por clientes, isto é, desenvolver tecnologias para solucionar problemas concretos, em vez de criá-las para o bem da própria tecnologia".[52]

A Schneider Electric Exchange é, na verdade, uma abertura da EcoStruxure que permite a colaboração entre um maior conjunto de participantes de diferentes indústrias e regiões geográficas. É um mercado digital para eficiência e sustentabilidade, reunindo especialistas multidisciplinares para elaborar soluções com ferramentas e recursos técnicos fornecidos pela Schneider Electric. "Nós olhamos para a Schneider Electric Exchange com a perspectiva de solucionar desafios reais de clientes, usando uma combinação de tecnologia e experiência no assunto", disse Coureil. Um cliente pode publicar um problema no site, iniciando uma conversa entre os participantes da plataforma, que contribuem, cada um com sua especialidade, e ajudam o cliente a desenvolver uma solução. Outros clientes podem acessar essa mesma solução, desde que o cliente original concorde com isso. Os clientes da empresa podem acelerar o processo de inovação ao obter acesso a um amplo conjunto de talentos.[53]

Graças à arquitetura de dados global e à plataforma em nuvem possibilitadas pela EcoStruxure, soluções desenvolvidas por clientes em uma parte do mundo podem se espalhar quase de forma instantânea até clientes em ou-

## 152 ALÉM DA EXCELÊNCIA

tros lugares ao apertar um botão. As empresas podem monetizar plataformas como a EcoStruxure e a Schneider Electric Exchange ao vender acesso a dados, análises, insights ou ações específicas geradas pelas análises e aos benefícios que os usuários podem receber com a implantação desses insights. Até então, a empresa tem se beneficiado da EcoStruxure e da Schneider Electric Exchange por meio da venda de ações específicas derivadas de insights, rotulando-as como um serviço fornecido aos clientes. Indicações iniciais sugerem que a Schneider Electric Exchange será um projeto bem-sucedido. Dentro de alguns meses do lançamento, mais de 30 mil participantes ingressaram na plataforma, criando mais de mil novas soluções.[54] Como nos disse o chefe de inovação da Schneider Electric, Emmanuel Lagarrigue, a empresa vê a Exchange como uma fonte única de vantagem competitiva para clientes que buscam soluções para problemas extremamente complexos relacionados à energia.[55] "Ao colocar nossos parceiros no centro", disse Coureil, "entendemos que precisamos aumentar o PIB de todo nosso ecossistema, e queremos fazer isso em escala, de forma digital".[56]

### Caminho de Plataforma #4: Construindo um Novo Negócio ao Atacar Grandes Pools de Valor

Não são apenas as empresas tradicionais que conseguem vantagem por meio da globalização dos dados, transformando-os em combustível. Novas empresas também podem fazer o mesmo, ao mobilizar dados como uma estratégia para gerar disrupção entre as empresas existentes e capturar valor. Vamos pensar na indústria do transporte. Como vimos, a globalização no século XX surgiu, em parte, graças a um barateamento do transporte, o que possibilitou às empresas fabricar produtos em escala dentro de países com baixo custo e enviá-los a mercados de todo o mundo. Ainda assim, apesar de todos esses benefícios, a indústria global de logística, com um valor de aproximadamente US$5 trilhões, estava longe de ser eficiente.[57] Os clientes não podiam rastrear suas remessas ao longo de toda a cadeia de suprimentos em tempo real, impossibilitando a otimização das operações (ao manter o número certo de funcionários em atividade no armazém, de acordo com a demanda flutuante, por exemplo) ou inventário. Uma vez que as empresas precisavam contratar diferentes entidades para o manejo, o carregamento e o transporte do frete, a coordenação entre as devidas partes em cada um dos estágios do transporte não era fácil, e as empresas nem sempre responsabilizavam essas empresas pelo desempenho delas. As pesadas exigências burocráticas inerentes ao transporte de produtos físicos desacelerou o comércio, com cada remessa individual gerando mais de trinta documentos, muitos deles contendo a mesma informação.

A Flexport, uma pequena startup redirecionadora de fretes com sede em São Francisco e fundada em 2013, buscou solucionar muitos desses problemas por meio de uma plataforma de ponta de dados e análises. Ao enviar dados sobre as compras de um cliente de determinada empresa, um de seus produtos, o OceanMatch, permite aos expedidores uma redução de custo com a consolidação de cargas, fazendo empresas ocuparem porções de contêineres que, caso contrário, ficariam vazias. Os clientes podem acompanhar, então, o progresso da carga em todo o mundo de maneira contínua, o que lhes oferece maior clareza sobre quando as remessas chegarão. Graças ao data analytics, as cadeias de suprimentos se tornam mais visíveis; os clientes conseguem entender qual parcela dos contêineres estão utilizando, qual é a pegada de carbono gerada por sua carga e quais são os custos totais de transporte, possibilitando decisões mais bem-informadas.[58] Uma empresa de acessórios de encanamento observou uma redução de 10% nos custos de envio, graças à eficiência e à flexibilidade operacional conquistada por meio da Flexport, enquanto uma marca de malas de viagem da Europa conseguiu uma taxa de crescimento mensal de 35%, com praticamente nenhuma falta de estoque.[59] Até 2020, a Flexport tinha quase 10 mil clientes e fornecedores em 116 países. Em 2018, a empresa gerou uma receita de US$441 milhões.[60]

Empresas grandes e bem estabelecidas também estão se voltando aos dados globais para atacar pools de valor ou criar novos pools, como desafiadores da indústria. Em 2017, a gigante anglo-holandesa da indústria de petróleo e gás, Shell, viu o potencial de usar "sensores inteligentes e uma análise de última geração" para ajudar os clientes a tirar o máximo de proveito de suas frotas de veículos.[61] Imagine que você é uma empresa de construção e gerencia uma frota de dezenas de escavadeiras, caminhões e outros maquinários. A ideia da Shell é entregar-lhe uma pequena caixa-preta que seria anexada de forma magnética a um equipamento. Sensores no interior dessa caixa coletariam informações que, após serem analisadas, lhe permitiriam reduzir o tempo de inatividade das máquinas, aprimorar as práticas de manutenção e tomar outras medidas. O resultado para os clientes é maior eficiência a menor custo.

# 154 ALÉM DA EXCELÊNCIA

Dentro de meses, a Shell lançou um empreendimento, o MachineMax, que entregou essa proposta de valor comercialmente no Reino Unido.[62]

## Construa Sua Arquitetura Digital

Após considerar o melhor uso estratégico dos dados globais como combustível para seu negócio, o próximo passo é refinar seu modelo operacional digital com o projeto de uma arquitetura ou cadeia de suprimentos digital.

Uma cadeia de suprimentos digital contém uma série de elementos importantes, incluindo conectividade de via dupla entre clientes e empresa, capacidade de armazenamento em nuvem tanto para dados quanto para software, competência em data analytics, equipes globais virtuais de especialistas que trabalham com os dados e elaboram soluções digitais, desenvolvedores terceirizados que também ajudam a desenvolver as soluções e fornecedores de logística que entregam quaisquer produtos físicos relacionados à oferta.

Na construção da cadeia de suprimentos digital, pode ser difícil para as empresas integrarem todos os dados gerados por meio de diferentes lugares do mundo, criando uma imagem holística do negócio. Conforme mais empresas elaboram modelos operacionais alavancados por dados, o número de fontes e tipos de dados aumenta de forma exponencial, além de, inevitavelmente, levar à maior diversificação.[63] Por outro lado, os avanços rápidos na tecnologia permitem uma integração cada vez maior. Empresas digitais como Amazon, Spotify e Netflix integram os dados e os tornam verdadeiramente globais com grande facilidade, uma vez que montaram arquiteturas digitais globais desde o começo. As incumbentes, no entanto, precisam construir as próprias arquiteturas globais, seja em cima, seja em conjunto com a infraestrutura tradicional de TI que elas já têm, uma vez que esta última raramente é integrada em todo o mundo. Essa tarefa não é nada simples.

Ademais, arquiteturas de dados globais não são todas criadas da mesma forma. As leis de privacidade e os objetivos estratégicos buscados pelas empresas podem requerer que elas coletem, armazenem, analisem, compartilhem, transfiram, visualizem, consultem e atualizem dados de maneiras diferentes. Outras questões que informam como as incumbentes criam uma arquitetura de dados são a natureza de seus recursos tradicionais de TI, a estrutura dos dados que a empresa irá gerar e armazenar e normas culturais existentes dentro da empresa que sejam relevantes para os dados. Com base em discussões entre nós e uma série de empresas que iniciaram esse processo de montagem de arquitetura, descobrimos três decisões de alto nível que as empresas devem tomar na hora de desenvolver o tratamento técnico desses dados.

Primeiro, *as empresas devem decidir como projetar uma plataforma para os dados e, mais especificamente, se elas devem incorporar sistemas de dados tradicionais mais antigos*. Para as incumbentes, donas de grandes sistemas de dados tradicionais, o custo e o tempo exigidos para a incorporação desses sistemas são proibitivos. Felizmente, um atalho eficaz é construir as chamadas plataformas digitais de dados distribuídos, uma estrutura que só mantém dados mestres e alguns dados transacionais básicos nos sistemas centrais existentes enquanto move outros dados adequados para análise até uma nova plataforma, em que eles poderão ser acessados de forma global.

Uma vez que as empresas montam uma plataforma para organizar os dados, *precisam também decidir como organizar os fluxos de dados até a plataforma*. Elas devem estabelecer uma arquitetura aberta, combinando dados internos com dados externos obtidos de terceiros? Ou estabelecer uma arquitetura fechada, usando apenas dados internos sem a necessidade de incluir uma interface para o mundo exterior? A resposta dependerá das estratégias que as empresas desejam buscar e as soluções que desejam oferecer. A Whirlpool escolheu uma arquitetura aberta para sua plataforma de dados global, buscando montar um ecossistema e colaborar com outras plataformas para entregar um conjunto de serviços de valor.[64] Em contrapartida, a MindSphere, da Siemens, é uma plataforma focada e semifechada, elaborada para coletar dados proprietários e combiná-los com a especialidade técnica da empresa para gerar soluções únicas para os clientes. Ambas as estratégias podem criar uma vantagem com base nos dados, e as empresas devem escolher com cautela qual faz mais sentido, ao considerar os contextos competitivos.

Uma terceira escolha que as empresas devem fazer diz respeito às pessoas — *quanto talento tecnológico as empresas devem empregar internamente em vez de contratar talentos terceirizados*. A terceirização tem se tornado uma opção cada vez mais atrativa; a arquitetura de dados se tornou uma indústria de US\$75 bilhões e está crescendo rapidamente.[65] Muitas empresas preferem depender de profissionais terceirizados, enquanto outras escolhem criar in-

# 156 ALÉM DA EXCELÊNCIA

ternamente a maior parte da arquitetura, não só por questões de segurança, mas também para uma melhor integração das fontes de dados e para permitir aos usuários a habilidade de se registrar em diversos sistemas com uma única senha. Na hora de decidir o que manter dentro da empresa, os líderes devem buscar proteger elementos da arquitetura de dados que podem lhes fornecer uma vantagem competitiva hoje ou no futuro.

## Conselhos para Líderes

Nos próximos anos, empresas em todo o mundo devem tratar os dados como aquilo que eles são: uma fonte proeminente de vantagem competitiva global e meios para a construção de uma maior resiliência. Quanto mais dados de clientes forem coletados e operacionalizados, mais facilidade a empresa terá para entregar as propostas de valor digitais e inovadoras descritas anteriormente. Quanto mais dados de funcionários e equipes você tiver, maior será a eficiência e a agilidade com a qual operará internamente e melhor será a otimização do desempenho. Como nos disse um especialista em dados, a habilidade da Amazon em conhecer, de forma íntima, os clientes e personalizar as ofertas por grandes números de pontos digitais está dando-lhe uma enorme vantagem sobre o Walmart e outros varejistas que se resumem a rastrear os padrões de compra dos clientes em suas lojas físicas. A Netflix e a Uber também desenvolveram seus negócios desde o começo para coletar os dados, de modo que poderiam desenvolver ofertas mais direcionadas para os consumidores ao longo do tempo.

Apesar dos exemplos desenvolvidos neste capítulo e em outros momentos deste livro, muitas empresas ainda têm um longo percurso a seguir para integrar os dados em uma única cadeia de suprimentos digital em bom funcionamento. Um estudo descobriu que a maioria dos dados de uma empresa — mais de dois terços — permanece fragmentada, "seja isolada, seja espalhada, seja localizada em múltiplas cópias dentro do sistema de TI da empresa".[66] Conforme observado por alguns especialistas em dados, os dados fragmentados dentro das organizações e os de qualidades desiguais são esforços cada vez menores em trazer soluções valiosas de inteligência artificial para o meio digital, situação que já foi descrita como ter uma Ferrari, mas não ter o combustível certo para ela.[67] Ao comentar a respeito do fenômeno da "fragmentação de dados em massa", um especialista avisou que "existe um vasto desfiladeiro de dados corporativos e pessoais que não é conhecido pelos líderes de TI, por empresas ou, até mesmo, por consumidores, seja em um dispositivo pessoal, seja nos maiores conjuntos de armazenamento, seja no data center, seja em serviços populares de armazenamento em nuvem, como o Amazon S3".[68]

Para desenvolver uma arquitetura de dados global de bom funcionamento, reflita sobre os quatro caminhos de plataforma que discutimos neste capítulo e decida qual priorizar e adaptar. Reflita, também, sobre as perguntas a seguir:

1. Onde estão as melhores oportunidades para sua empresa criar valor por meio de dados? Além disso, quais aplicações ou casos de uso são mais possíveis, considerando o custo e as competências atuais, e quais são os mais promissores?

2. Qual é a melhor forma de sua empresa buscar essas oportunidades? De quais dados ela precisará? Quanto você precisará investir para montar a infraestrutura necessária? A quais dados sua empresa tem acesso e o que você fará para adquirir dados de terceiros? Onde armazenará os dados e em que formato eles ficarão guardados?

3. Quais competências e especialidades você tem atualmente quando se trata de dados globais e quais competências e especialidades faltam? Quão madura sua empresa é digitalmente entre todos os seus negócios e suas funções? Os funcionários têm experiência suficiente na compreensão, na administração e na manipulação dos conjuntos de dados globais?

4. Como construir uma forte competência de governança de dados para que seus clientes confiem que os dados deles estão protegidos? Quais leis de segurança e localização de dados existem onde você opera? Quais regras existentes governam a coleta, o armazenamento e o uso dos dados em sua empresa e como você poderá modificá-las enquanto monta uma arquitetura de dados global?

Neste capítulo e nos dois que o antecedem, revisamos os recursos operacionais radicalmente novos que empreendimentos globais devem reunir para prosperar no século XXI. No entanto, os líderes não podem engendrá-los e explorá-los adequadamente, a menos que também realizem transformações internas. É preciso organizar suas equipes de maneira diferente, trazer outros tipos de talento e usar esses funcionários de novas formas. Os líderes também precisam ver seus negócios por uma lente mais ampla, buscando apri-

# 158 ALÉM DA EXCELÊNCIA

morar seu impacto social total em vez de simplesmente melhorar os retornos aos acionistas. Vamos explorar a tremenda evolução interna que empresas de ponta estão adotando rapidamente, a começar com a criação de equipes mais ágeis e responsivas ao redor do stakeholder mais importante do empreendimento: o cliente.

## Insights Importantes

- Empresas de ponta estão indo além, com a criação de poderosas arquiteturas de dados globais capazes de transformar o combustível da informação digital em processos mais eficientes, melhor precificação e produtos, serviços e experiências mais valiosos. Ao conectar os usuários de forma contínua às plataformas e fornecedores de toda a parte do mundo, essas arquiteturas compõem um novo tipo de cadeia de suprimentos do empreendimento do século XXI, elaboradas para fomentar o crescimento e desbloquear grandes quantidades de valor.

- Sua empresa pode mobilizar dados como um trampolim para ficar à frente da competição, mesmo se as estratégias e os sistemas de TI existentes forem desatualizados e seus dados tradicionais estiverem fragmentados e em locais diferentes. O primeiro passo é elaborar o modelo operacional com alavancagem de dados adequado para seu negócio.

- Ao longo de nossa pesquisa e trabalho com clientes, descobrimos quatro caminhos de plataforma distintos que as empresas estão buscando na hora de transformar os dados em combustível. Compreender esses caminhos pode ajudar a orientar sua empresa e a moldar seus esforços na construção de uma grande cadeia de suprimentos digital. Esses caminhos são os seguintes: (1) reimaginar seus processos e suas operações internas; (2) alavancar sua especialidade em escala; (3) criar e amplificar soluções de forma colaborativa para uma base global de clientes; e (4) construir um novo negócio ao atacar novos e grandes pools de valor.

- Ao se questionar sobre o melhor uso estratégico dos dados globais para alimentar seu negócio, terá como próximo passo o refinamento de seu modelo operacional por meio da criação de uma arquitetura ou cadeia de suprimentos digital. Isso envolve três decisões de alto nível: (1) como criar uma plataforma para seus dados; (2) como organizar fluxos de dados; e (3) como terceirizar seu talento tecnológico.

# PARTE III
# ALÉM DA ORGANIZAÇÃO

# CAPÍTULO 7
# SEJA FOCADO, RÁPIDO E PLANO

*As empresas globais continuam penduradas não só pelos tradicionais sistemas de TI, mas por formulários organizacionais que as mantêm presas à burocracia e lentas em atender às necessidades dos clientes em constante mudança. Para prosperar no século XXI, as empresas devem ir além da tradicional departamentalização matricial e reconfigurar-se de maneiras mais flexíveis e fluidas.*

Conforme os líderes adotam estratégias digitais inovadoras, as organizações também precisarão evoluir. Já percebemos que os clientes conectados estão mais exigentes do que nunca, esperando as ofertas mais recentes e inovadoras, além de soluções e experiências integradas de forma mais complexa. A maioria das organizações, no entanto, foi fundada sem pensar na rápida responsividade ao cliente, mas na eficiência. Em decorrência disso, as grandes empresas globais da atualidade são incapazes de se mover rápido o suficiente para atender às necessidades do cliente, que estão em constante mudança.

Para manter a concorrência, essas empresas precisarão desenvolver novos níveis de coordenação e colaboração entre suas organizações formais e além destas. Elas precisarão tornar suas organizações mais dinâmicas e fluidas na formação de equipes e no alocamento de recursos, tudo para ficar mais próximas dos clientes e lhes entregar algo de acordo com seu propósito definitivo ou sua razão de ser (um assunto que discutiremos no próximo capítulo).

Para termos uma noção de como são os modelos organizacionais não tradicionais, podemos conferir a startup chinesa de tecnologia para a internet, a ByteDance. Mais conhecida por suas famosas plataformas de conteúdo,

## 162 ALÉM DA EXCELÊNCIA

TikTok e Toutiao, a ByteDance arrecadou US$7,45 bilhões até 2019 como parte de uma agressiva estratégia de globalização (em novembro de 2019, os produtos da ByteDance estavam disponíveis em 75 idiomas e em mais de 150 países).[1] Por trás desse crescimento significativo, estava uma estrutura organizacional que, desde o início, foi criada para entregar velocidade, responsividade ao cliente e aquilo que Mojia Li, do ByteDance Management Institute [Instituto de Administração ByteDance, em tradução livre] denominou de "mentalidade de startup".[2]

Em vez de uma hierarquia piramidal rígida, com diversas linhas de responsabilidade entrelaçando-se ao longo de cada nível, a ByteDance mantém uma estrutura plana, com mais de mil executivos ocupando os níveis mais altos de gerência, logo abaixo do CEO. O ambiente é democrático e nada burocrático, os funcionários de todos os níveis trabalham em escritórios abertos, evitam o uso de formalidades como *senhor* e *doutor* durante as conversas e operam sem ter conhecimento dos cargos uns dos outros. Aliada a formas de trabalhar ágeis e altamente colaborativas (descritas mais tarde neste capítulo), essa falta de ênfase na hierarquia encoraja os funcionários a assumirem responsabilidade sobre projetos e a levá-los adiante sem buscar a aprovação dos superiores. Conforme explicou o fundador e CEO da ByteDance, Zhang Yiming, a empresa acredita nas pessoas e na habilidade delas de tomar boas decisões, "portanto, estamos empenhados em evitar a burocracia durante nosso trabalho cotidiano".[3]

Para aprimorar ainda mais a responsividade ao cliente, os funcionários da ByteDance trabalham em um conjunto com equipes fluidas, auto-organizadas e com funcionalidades em diversos setores, dedicadas a iniciativas ou processos específicos, como a administração de uma das plataformas da empresa, a globalização de um novo app, e assim por diante.[4] Graças à estrutura plana da ByteDance, os funcionários têm uma percepção única de toda a empresa, permitindo que rotacionem de acordo com seus desejos e com as necessidades da empresa. A colaboração vai além de regiões geográficas, com equipes e gerentes locais nos mercados estrangeiros trabalhando de forma remota com desenvolvedores localizados na China. Uma ferramenta de objetivos e resultados principais alinha a organização ao tornar públicos os objetivos de cada indivíduo, com a informação atualizada a cada bimestre para aprimorar a eficiência da informação.

Quando se trata do desenvolvimento de novos produtos, a ByteDance explora de forma agressiva a "área cinza" das conversas informais que normalmente ocorrem dentro das organizações. Os funcionários lançam ideias de novos produtos usando uma plataforma de comunicação interna; em seguida, formam equipes virtuais informais para desenvolver essas ideias, mais uma vez usando ferramentas de comunicação colaborativa baseadas na web. Com o tempo, essas equipes se tornam grupos mais elaborados e com diferentes funções, dedicados a levar o produto ao mercado. Apenas nos estágios mais avançados de maturidade é que essas equipes são formalizadas e alocadas em um departamento preexistente. Essa ênfase nas "áreas cinzas" permite aos funcionários a libertação de suas atividades diárias para priorizar a inovação, a fim de que toda a empresa possa ficar alerta às novas oportunidades e responder-lhes rapidamente.[5]

A fluidez e a flexibilidade da organização de 50 mil pessoas da ByteDance estão muito longe daquelas da maioria das empresas tradicionais. Mas, como veremos neste capítulo, algumas empresas de ponta estão começando a se reconfigurar, possibilitando velocidade e responsividade ao cliente muito maiores. Essas empresas estão experimentando isso em três áreas complementares e interconectadas: (1) equipes focadas no cliente; (2) formas ágeis de trabalho; e (3) plataformas de capacitação horizontal (abrangendo dados, tecnologias e processos) que melhoram a colaboração além das fronteiras, espalhando o conhecimento dentro da empresa, tornando-a mais adaptável e fazendo com que tire o maior proveito possível de sua vantagem de escala.

As empresas tentaram, no passado, usar equipes da linha de frente com foco no consumidor, mas apenas de forma individual e em projetos específicos, como a abertura de um novo negócio. Elas têm adotado métodos ágeis, mas apenas para processos relacionados à TI. Agora, devem fazer das ágeis equipes focadas no cliente uma composição fixa em suas organizações, além de apoiar essas equipes por meio de plataformas de capacitação. Ademais, devem dar às equipes da linha de frente autoridade para tomar decisões, bem como responsabilidade financeira, para que os membros da equipe se sintam motivados a resolver os problemas dos clientes de forma rápida e completa. Para energizar suas organizações responsivas e focadas no cliente, as empresas devem equipar os líderes com novas habilidades e comportamentos, além de

## 164 ALÉM DA EXCELÊNCIA

criar culturas digitais poderosas, capazes de incutir e apoiar novas formas de trabalhar.

> Se as empresas tradicionais não atualizarem suas organizações nos próximos anos, adotando todos os três experimentos interconectados — equipes focadas no cliente, formas ágeis de trabalho e plataformas de capacitação —, bem como culturas e habilidades de liderança capazes de apoiar essa nova organização, prejudicarão sua capacidade de executar as outras estratégias descritas neste livro.

No entanto, as empresas que se tornarem mais fluidas e flexíveis se transformarão em verdadeiros dínamos de inovação, capazes de entrar em novos pools de valor digitais. Pegando emprestado uma metáfora de Nick Jue, CEO das operações alemãs do ING Bank, essas organizações globais renovadas ainda serão os grandes "elefantes" que são atualmente, mas se tornarão "rápidas e flexíveis como um galgo inglês", capazes de concorrer com as empresas digitais mais ágeis e inovadoras do mercado.[6] Encerraremos o capítulo sugerindo como iniciar a transformação de sua organização em um "elefante" rápido e responsivo, capaz de apoiar suas inovadoras estratégias de crescimento.

### Focando os Clientes

Para explorar a primeira área que as empresas de ponta estão experimentando com equipes focadas nos clientes, vamos continuar com o exemplo da ING. Conforme vimos nos capítulos anteriores, soluções bancárias digitais e asset light estão rapidamente causando disrupções nos grandes bancos comerciais. Entre 2010 e 2017, o depósito de pessoas físicas em bancos digitais nos Estados Unidos aumentou 11,3% ao ano, ultrapassando em muito o crescimento dos bancos nacionais (6,3%) e regionais (3,3%).[7] Um grande estudo de 2018 descobriu que mais da metade dos consumidores relatou confiar mais em uma ou mais empresas de tecnologia para lidar com o dinheiro do que nas instituições bancárias tradicionais.[8] "As expectativas dos clientes são guiadas por empresas como Uber e SkyScanner", comentou um executivo do setor bancário. "A velocidade com que as pessoas fazem as coisas em outras indústrias tem um papel em como nós fazemos as coisas no setor bancário."[9] As fintechs estão preparadas para abocanhar ainda mais negócios nos próximos anos; enquanto as desafiantes digitais representam, atualmente, cerca de 3% a 5% das receitas do setor, o BCG estima que elas possam capturar até metade dessas receitas até 2025.[10]

Confrontados com a ameaça dos inovadores digitais, cuja presença serviu para aumentar as expectativas dos clientes, líderes na divisão holandesa da ING podem ter apontado para o forte desempenho financeiro da empresa e ignorado a necessidade de mudanças. Dando o devido mérito a eles, escolheram agir de maneira ousada, alinhada com as ambições de todo o ING Group.

Em 2014, o grupo adotou uma nova visão: alcançar "a liderança digital global" no setor bancário.[11] "Queremos ser uma empresa de tecnologia com licença para operar serviços bancários", comentou mais tarde o CEO da ING, Ralph Hamers.[12] Os líderes reconheceram que essa transformação não seria rápida e que exigiria profundas mudanças organizacionais. Conforme observado por Nick Jue, na época CEO das operações holandesas do ING Bank, a transformação mudaria de maneira fundamental a natureza de trabalho dentro da organização, abrangendo a colaboração, o fortalecimento da força de trabalho e mudanças culturais que se estenderiam até "cada detalhe da organização".[13] Como veremos no último capítulo deste livro, a necessidade de mudança no século XXI não tem data de término e, nos próximos anos, as empresas devem se adaptar ao que chamamos de transformação *contínua*, assim como a divisão holandesa da ING tem tentado fazer.

Uma parte importante dos esforços do banco foi a tentativa de se afastar da estrutura organizacional matricial, formando pequenas equipes focadas no cliente que poderiam manter contato com o mercado local. Datando entre os anos 1970 e 1980, a organização matricial é uma hierarquia piramidal definida por diversas linhas de responsabilidade e comunicação, geralmente entre diferentes linhas de negócios, regiões geográficas e funções. Desde sua adoção, a estrutura matricial tem confrontado os líderes com uma série de consequências não intencionais relacionadas à confusão organizacional e à burocracia excessiva.[14] Mas as empresas globais permaneceram com a organização matricial porque viam esse modelo como um meio de manter a eficiência e o controle, conforme suas operações se tornavam cada vez mais extensas e complexas graças à globalização. Se as operações são distribuídas em diversos países, replicar a estrutura organizacional em países ou regiões específicas

# 166 ALÉM DA EXCELÊNCIA

facilitaria a tomada de decisões ao possibilitar certo grau de padronização. Ao mesmo tempo, reter os níveis hierárquicos dentro de organizações geográficas, funcionais e de produtos lhe permitiria manter uma supervisão sobre as operações. As informações entre sua expansiva pegada global ficaria espalhada e fragmentada, você precisaria de diferentes camadas administrativas dentro das organizações regionais ou de produtos para processar as informações em relatórios que seriam enviados aos níveis hierárquicos mais altos, de modo que você e as outras pessoas no topo da organização poderiam responsabilizar os gerentes e tomar decisões bem informadas.

Apesar de todos os benefícios, esse modelo organizacional nunca foi criado para focar a atenção da organização nos clientes e nas necessidades deles. Na maioria das organizações matriciais, o conhecimento do cliente tem se fragmentado entre os operadores nas áreas de marketing, vendas, serviço e assim por diante. O produto, a geografia e as funções se tornaram o foco principal, e é nesse foco que se baseiam os lucros e as perdas. A presença de silos e o processo burocrático impediram ainda mais processos para melhor compreender os clientes.[15] Na divisão holandesa da ING, os silos impediram os líderes e as equipes de conhecer verdadeiramente os clientes. Os funcionários eram organizados em silos funcionais, localizados em diferentes espaços, prédios e cidades. Os incentivos estavam alinhados com áreas funcionais de especialidade, sem equipes multidisciplinares, e os funcionários buscavam metas de desempenho individuais.

Para lidar com essas questões, a empresa reorganizou milhares de profissionais e funcionários de vendas e centrais de atendimento durante um período de três anos, organizando-os em centenas de "esquadrões", pequenas equipes responsáveis, do início ao fim, por um projeto específico relacionado aos clientes. Esses esquadrões, por sua vez, pertenciam a "tribos", cada uma buscando uma missão única e mais expansiva. Esses membros de esquadrões também pertenciam a "comitês" com base em áreas funcionais de especialidade. Os indivíduos ainda respondiam a diversos chefes, tanto dos comitês quanto dos esquadrões; mas, em vez de buscarem metas individuais anualmente, os funcionários recebiam pequenas metas de curto prazo em equipe. Os membros também eram avaliados de acordo com suas contribuições pessoais para os resultados do grupo (como em avaliações 360 graus) e de acordo com as próprias capacidades de melhorar suas habilidades (avaliadas pelos chefes dos comitês).[16]

Inicialmente, a transformação da ING teve como foco o negócio dos bancos de varejo da divisão holandesa, que representava cerca de 40% do negócio de banco de varejo global da empresa.[17] Em seguida, o banco introduziu formas ágeis de trabalho e equipes focadas no cliente em outras regiões e unidades comerciais. Os esquadrões multidisciplinares, largamente disseminados, acabaram com os silos e permitiram que os funcionários e os líderes de diferentes funções focassem apenas o valor do cliente. Mesmo em funções de backend, como TI, o trabalho se tornou mais focado no cliente. Os funcionários podiam reagir mais rapidamente a desafios específicos ao se basearem mais na confiança e menos na hierarquia.

Enquanto os esforços da ING de introduzir equipes focadas no cliente buscaram, principalmente, as filiais de mercados específicos, a Unilever deu o próximo passo e começou a se reorganizar em todo o mundo, para permitir uma tomada de decisões mais ágil e responsiva para as inconstantes necessidades dos clientes. Nas últimas décadas, algumas grandes multinacionais focaram primeiro o pensamento e a atuação globais, construindo e alavancando poderosas marcas e produtos globais nos mercados locais. Outras empresas, como a Unilever, buscaram *pensar globalmente*, mas também *agir localmente*. Ou seja, buscou descobrir grandes ideias para novos produtos e serviços, realizar projetos-pilotos dessas ideias em alguns mercados para garantir a viabilidade e, então, apresentar os produtos e serviços em todo o mundo, localizando-os em certo nível, para refletir o gosto e as necessidades locais. Ao ser desafiada por startups locais inteligentes e ágeis, atentas às necessidades dos consumidores, a Unilever virou esse modelo tradicional ao avesso, reorganizando-se para *pensar* localmente (de forma a atender às necessidades em constante mudança dos consumidores) e *agir* globalmente (para explorar a vantagem em escala).[18] Como parte do programa Connected for Growth, a empresa criou 240 equipes de trabalho nacionais (CCBTs, na sigla em inglês) — unidades empreendedoras locais e multifuncionais que apresentam total autoridade na tomada de decisões e são responsáveis pelo próprio lucro e, também, pela própria perda.[19]

Ao descrever esse novo conceito organizacional, Sanjiv Mehta, presidente e diretor administrativo da Hindustan Unilever e presidente da Unilever South

# 168 ALÉM DA EXCELÊNCIA

Asia, nos contou que essas CCBTs funcionam como "miniconselhos".[20] Uma vez que elas administram todos os aspectos das operações cotidianas, podem reagir mais rapidamente às mudanças no mercado local e desenvolver inovações relevantes para a região.[21] A Hindustan Unilever, por exemplo, apresenta dezesseis dessas CCBTs lideradas por jovens gerentes multifuncionais.[22] Os líderes focam a capacitação dessas equipes, fornecendo os recursos necessários para operarem como startups no mercado local e vencerem. Por meio da delegação da responsabilidade do dia a dia, os líderes são capazes de focar objetivos de longo prazo, oportunidades inorgânicas e a administração de disrupções.[23] Com uma compreensão crescente das necessidades do consumidor local, as equipes podem usar o poder da escala global da Unilever para encontrar as melhores soluções dentro da organização. Reconhecendo a heterogeneidade cultural e regional da Índia, Sanjiv Mehta lançou a estratégia Winning in Many Indias (WiMI, na sigla em inglês), dividindo o país em quatorze grupos regionais.[24] Cada grupo pode personalizar propostas de produtos, cadeias de suprimentos e implantação de mídia, permitindo uma tomada de decisões mais rápida, uma conexão mais íntima com o consumidor e uma resposta rápida às marcas regionais desafiantes. As regiões da WiMI atuam como equipes comerciais regionais, trabalhando com as CCBTs para tornar a Hindustan Unilever mais ágil. Graças a essa estrutura, a empresa acelerou a tomada de decisão e desenvolveu inovações mais rapidamente também.

Para aprimorar ainda mais a responsividade, os líderes na Unilever deram dois passos a mais. Primeiro, aplainaram a organização, passando de treze níveis de gerência, entre o CEO e a linha de frente, para apenas seis, com planos de horizontalizar ainda mais. A empresa acabou com a marca das corporações multinacionais do século XX: a administração regional. Os chefes de países estratégicos agora não prestam contas a um gerente regional intermediário, mas diretamente ao chefe global de operações, Nitin Paranjpe. Este, por sua vez, pode realocar recursos de maneira muito mais rápida e eficiente conforme a necessidade das equipes locais, diminuindo a carga burocrática. "Em vez de otimizar a forma como alocamos recursos dentro de uma grande região, como o Sudeste Asiático", explicou Paranjpe, "podemos otimizar de forma global ou, como costumamos dizer, podemos 'agir globalmente'".[25]

Segundo, a Unilever já descentralizou certas funções comerciais importantes, jogada feita para deixar essas funções mais próximas das equipes e dos consumidores locais. A empresa continuou a se beneficiar da escala global em suas operações ao adotar plataformas globais em muitas áreas (um assunto que trataremos um pouco adiante). Mas também se moveu de maneira estratégica para realocar algumas funções, como e-commerce e marketing, que costumavam ficar na sede global, até as regiões mais importantes da organização para aquela função. A realocação permitiu que essas funções operassem em escala, ao mesmo tempo que liberavam empregados funcionais de uma mentalidade mais afastada de *sede*. Funções como inovação e cadeia de suprimentos foram misturadas em equipes globais de categorias globais, dando-lhes uma maior proximidade aos mercados e negócios locais. Em um claro afastamento do modelo matricial, os países locais receberam controle formal sobre o orçamento de P&D, permitindo trazer para o mercado produtos e serviços desejados pelos consumidores locais mais rapidamente. Conforme observou Paranjpe, mesmo funções globais como dados e governança "têm que ser construídas com um mindset de como beneficiar os mercados locais".[26]

Juntos, esses dois ajustes aumentaram drasticamente a responsividade da Unilever. Em 2018, o time to market da Unilever estava entre 40% e 50% mais rápido do que em 2016, com a ocorrência de maiores experimentações e colaborações.[27] Enquanto, em 2016, a Unilever entregou margens operacionais de 14,8%, em 2019 suas margens alcançaram 16,8%.[28]

## Formas Ágeis de Trabalho

O movimento das equipes focadas no produto para aquelas focadas no cliente está intimamente relacionado com a adoção das chamadas formas ágeis de trabalho.

Décadas atrás, o falecido John Clarkeson, ex-CEO do BCG, opinou que as empresas do século XXI precisariam se assemelhar a pequenas bandas de jazz, e não a orquestras. Seus membros precisariam saber improvisar rápido uns com os outros para alcançar objetivos compartilhados, em vez de seguir um roteiro rígido.[29] Sempre presciente, Clarkeson estava certo. Para se manter à frente das tecnologias, das necessidades do consumidor, das condições políticas e das expectativas sociais — todos esses fatores em constante mudança —, as empresas globais da atualidade devem montar equipes com a capacidade

## 170 ALÉM DA EXCELÊNCIA

de uma banda de jazz, de ir de um lado a outro rapidamente, experimentar e repetir de maneira improvisada. Os músicos de jazz representam uma resiliência personificada diante de desafios inesperados. As empresas também podem ser assim.

Abordagens ágeis de trabalho viabilizam essa habilidade. Apresentada nas últimas décadas entre desenvolvedores de software para energizar a capacidade inovadora, a filosofia ágil mobiliza pequenas equipes interdisciplinares, desafiando-as a iterar rapidamente e evoluir novas ideias de produtos e serviços por meio de ciclos de curto prazo, conhecidos como sprints.[30] Enquanto nas tradicionais organizações matriciais as equipes testavam os produtos à exaustão antes de um lançamento, equipes ágeis adotam uma mentalidade de *fracassar rápido* para alcançar rapidamente os produtos mínimos viáveis. O método ágil também incorpora táticas como o teste de versões iniciais de produto ou serviço com clientes e o reposicionamento dos membros de equipe.[31] Pense no exército norte-americano e em suas pequenas e meticulosamente organizadas equipes de operações especiais, que se movem silenciosamente por trás das linhas inimigas. Essas equipes são muito ágeis, apresentando diferentes conjuntos de habilidades e processos de trabalho necessários para improvisar soluções rapidamente em campo, conforme as dificuldades surgem. As empresas precisam de equipes de alto desempenho como essas se quiserem elaborar soluções inovadoras para o novo cliente global.

Muitas grandes empresas da atualidade estão tendo dificuldade em se tornarem mais ágeis. No entanto, as — relativamente poucas — empresas ágeis estão colhendo grandes resultados.[32] Na divisão holandesa da ING, os líderes adotaram formas ágeis de trabalho, encorajando as equipes a trabalharem em rápidos sprints iterativos. Esses sprints eliminariam os defeitos antes de uma nova oferta ser escalonada. Desde 2014, o tempo que essa mesma divisão leva para trazer novas ideias ao mercado tem se tornado cada vez menor. Em vez de apenas alguns lançamentos de produtos ou serviços por ano, o banco conseguiu lançar novos produtos e serviços a cada poucas semanas.[33] A Buurtzorg, uma empresa holandesa de enfermagem, organizou-se em equipes pequenas e altamente autônomas na linha da frente, com cerca de uma dezena de enfermeiros multidisciplinares servindo uma área geográfica específica.[34] Em vez de um corpo de gerentes intermediários, a empresa depende de coaches que ajudam a espalhar as melhores práticas entre as equipes discrepantes e fornecem treinamento e ferramentas para ajudar na tomada de decisões.[35] A questão é liberar as equipes da burocracia, permitindo que possam se administrar melhor dentro de determinados limites.[36] O sistema permitiu um sucesso considerável nos últimos anos: a empresa foi considerada o melhor lugar para se trabalhar nos Países Baixos durante quatro anos, entre 2011 e 2015.[37] "Nós nos sentimos mais livres, reconhecidos e no controle sobre como fornecer a melhor assistência médica a nossos clientes", observou um funcionário. "Em vez de trabalharmos com uma burocracia frustrante, podemos fazer aquilo que amamos: entregar cuidados a nossos clientes."[38]

Algumas empresas de ponta estão utilizando metodologias ágeis para permanecerem próximas dos clientes internos e externos. A empresa de serviços financeiros Fidelity realizou um projeto-piloto com a metodologia ágil em 2017, como parte de sua movimentação contínua para oferecer "a melhor experiência do cliente no setor de serviços financeiros".[39] Assim como a ING, ela criou uma estrutura organizacional mais fluida que mobilizava equipes pequenas, ágeis e autônomas para aprimorar a experiência do cliente. Esse movimento rumo à filosofia ágil melhorou as funções de marketing e inovação da empresa, permitindo que ela repetisse seus esforços de publicidade, incorporando informações oferecidas por clientes e desenvolvendo novos produtos e serviços mais rapidamente como resposta às tendências externas.

Mas os líderes também implementaram metodologias ágeis internamente para melhorar a experiência e a eficiência do usuário final. A equipe de auditoria interna da Fidelity começou a experimentar com a metodologia ágil, organizando os auditores em equipes pequenas e dedicadas que trabalhavam em sprints de duas semanas com os grupos comerciais a serem auditados. Embora a implementação da metodologia ágil exigisse informações mais frequentes e antecipadas desses grupos comerciais, eles apoiaram a mudança após perceber como a metodologia acelerou o processo de auditoria e aumentou a transparência, deixando-os sem nenhuma surpresa indesejável ao final da auditoria. A liderança da equipe de auditoria também ficou impressionada com a forma como o projeto-piloto melhorou a confiança entre os negócios e as funções de auditoria interna, além de motivar os auditores por meio de benefícios de desenvolvimento de carreira. No início de 2019, toda a equipe de auditoria interna adotou a metodolo-

# 172 ALÉM DA EXCELÊNCIA

gia ágil e, atualmente, está trabalhando para identificar KPIs capazes de apoiar da melhor forma possível essa nova maneira de trabalhar.[40]

Conforme as incumbentes globais buscam se tornar mais ágeis, acabam por enfrentar o desafio de fazer isso enquanto precisam reter as vantagens da escala global. Os processos ágeis de trabalho já são difíceis de serem sustentados quando todos os membros da equipe estão presentes fisicamente em um único lugar. O desafio se torna muito maior quando esses membros estão espalhados pelo mundo e devem interagir, principalmente, por meios virtuais.

Para administrar esse problema, as empresas de ponta estão experimentando algo chamado de método ágil distribuído, uma abordagem que permite a essas empresas alcançar os benefícios da metodologia ágil e da escala global. Uma série de empresas conseguiu, de maneira bem-sucedida, mobilizar o método, desde empresas automotivas globais até bancos de investimentos e gigantes da área de TI. Uma empresa europeia de fabricação de aeronaves implementou o método ágil distribuído em escala para a função de desenvolvimento, com dois terços da equipe (os desenvolvedores de software), localizados na Índia e o restante, na Europa, em funções focadas no produto. No início, todos se reuniam pessoalmente para criar um manual de regras para o modelo de trabalho, colaborando, em seguida, por meio de ferramentas digitais, como quadros Scrum digitais, conferências virtuais e uma plataforma de desenvolvimento baseada em nuvem. Foram criadas comunidades de treinamento para que os membros das equipes compartilhassem informações de maneira informal e independente da localização física. Graças a essa transformação, o time to market melhorou em 50% e os defeitos foram removidos 20% mais rapidamente, de novo sem sacrificar a vantagem de custo de grandes equipes de desenvolvimento de software estrangeiras.

## Construa Plataformas Horizontais

Equipes focadas no cliente e formas ágeis de trabalho permitem que as empresas lidem com os clientes mais rapidamente ao se livrarem dos limites e silos tradicionais. Ainda existem limites nas empresas que adotam esses modelos organizacionais, só que agora é a jornada do cliente, e não o produto ou a região geográfica, que define equipes específicas e as separam umas das outras.

> Para garantir que a colaboração ocorra entre os limites organizacionais, visando apoiar as equipes focadas no cliente, bem como para explorar as vantagens de escala das grandes organizações, as empresas de ponta estão implementando novas plataformas de capacitação horizontais que abrangem dados, tecnologias e processos.[41]

Vamos pensar na Natura, a maior empresa de cosméticos do Brasil. Para o crescimento da competência no varejo de beleza, para expandir a pegada global e adquirir talentos, conhecimentos e experiências locais, a Natura embarcou em uma ousada estratégia de aquisições. Ela adquiriu a varejista australiana Aesop e a varejista britânica Body Shop, empresas que se alinham profundamente com os valores de sustentabilidade da Natura. Recentemente, a empresa fechou o acordo de aquisição da Avon, criando o quarto maior grupo da indústria de beleza do mundo, Natura &Co. Os líderes da Natura &Co viram na integração dessas novas aquisições, conforme disse o presidente e CEO da Natura &Co, Roberto Marques, uma oportunidade para "criar uma estrutura operacional e de governança do zero".[42]

Os líderes estavam determinados a não transformar a empresa em uma corporação multinacional convencional (MNC, na sigla em inglês), que faz as empresas adquiridas se fundirem à adquirente de forma mais ou menos indistinguível. Ao elaborar uma alternativa, eles tinham três prioridades. Primeiro, os líderes queriam construir um esquema organizacional com base na longa tradição da empresa de criar fortes relacionamentos pessoais e colaborativos com os stakeholders. Segundo, buscavam uma organização que permitisse maior empreendedorismo e que se afastasse da sensação de uma grande corporação centralizada, com estruturas e processos rígidos. E, terceiro, os líderes queriam desafiar o foco tradicional das MNCs nas diretivas enviadas de uma sede centralizada. Em vez disso, eles buscaram criar *centros de gravidade* ao redor dos negócios individuais da empresa, nos quais se localizariam os recursos. Em resumo, eles queriam que sua organização global respeitasse as vantagens competitivas únicas de cada marca, oferecesse a cada uma delas uma quantidade significativa de autonomia e reduzisse a burocracia, ao mesmo tempo que permitisse uma colaboração fluida entre as marcas.

Os líderes decidiram por uma estrutura de grupos, criando uma marca de grupo — Natura &Co — que permitiria às empresas constituintes operar com

# 174 ALÉM DA EXCELÊNCIA

autonomia. Para garantir a colaboração entre os limites das empresas membros e, ao mesmo tempo, alavancar economias de escala, os líderes criaram três diferentes plataformas colaborativas de apoio horizontal, conectando as empresas constituintes, cada uma com graus diferenciados de integração:

- "Redes de excelência" foram criadas quando surgia uma prioridade funcional específica para o grupo. Elas focavam o fortalecimento de competências do grupo. Originalmente, existiam em três áreas: (1) sustentabilidade; (2) digital; e (3) varejo. Um executivo foi escolhido para orquestrar os executivos das empresas na articulação de um plano coletivo em comum. O tempo exigido para participar dessas redes era entre dois a quatro dias por mês.

- "Redes funcionais" foram criadas em setores como aquisições, recursos humanos e relações de investidores, quando existia sinergia, e a equipe deveria estabelecer políticas para todo o grupo. Chefes de funções nas empresas também atuavam como líderes de grupo em determinada função (por exemplo, o chefe de recursos humanos da Aesop também era o líder do grupo de recursos humanos) e eram chamados de "chapéus duplos". Redes funcionais foram criadas para entregar economias de escala e padronização entre o grupo sem a criação de funções centrais grandes e rígidas. As redes trabalhavam em projetos específicos, com sprints de curto prazo, que exigiam entre oito e dez dias por mês.

- "Centros de grupos", a forma mais integrada de colaboração, consolidaram certas funções entre o grupo, como finanças e atividades legais, integrando e executando processos em grupo e monitorando o desempenho. Para garantir ainda mais colaboração entre os diferentes limites, a Natura &Co criou um comitê de grupo operacional composto de líderes seniores de cada uma das empresas. Com dois dias de reuniões por bimestre, esse grupo trabalhava de forma ágil e colaborativa para auxiliar as empresas dos grupos em assuntos que afetavam todos os envolvidos, como a inovação.

Embora alguns desses elementos ainda estejam sendo implementados, as indicações iniciais são de que essa estrutura organizacional mais flexível, fluida e com base em plataformas está permitindo a polinização cruzada de ideias e gerando colaborações produtivas.

Plataformas de capacitação podem abranger funções ou processos de negócios, como o exemplo da Natura parece sugerir, mas também podem incluir a tecnologia e os dados subjacentes necessários para atender às necessidades emergentes dos consumidores. Embora tradicionalmente a necessidade de coordenação e controle tenha impedido as empresas de formarem grupos horizontais, de linha de frente e focados no cliente, os novos dados e plataformas de tecnologia permitem exatamente isso. As equipes locais podem utilizar grandes quantidades de dados locais para criar novas soluções, enquanto essas plataformas dão poder aos líderes para acessar dados de desempenho das linhas de frente em tempo real, com algoritmos traduzindo um conjunto de informação enlouquecedoramente diverso e descontínuo, em um fluxo de dados consistente e coerente para auxiliar a tomada de decisões. Armados com tais dados e algoritmos, os líderes podem evitar algumas camadas administrativas e, ainda, acompanhar as operações longínquas. As empresas estão se preparando para se tornarem mais simples e horizontais, conforme se reorganizam ao redor dos clientes e de suas necessidades, com líderes se envolvendo diretamente nas operações da linha de frente.

As equipes focadas no cliente da Alibaba são fortalecidas pelas chamadas plataformas intermediárias de competências tecnológicas e relacionadas a processos ou competências funcionais (estas referindo-se às funções de marketing, produção de conteúdo, recrutamento de vendas, entre outras) que os negócios da empresa podem personalizar para atender às próprias necessidades. Os negócios montam as próprias plataformas individuais com base em componentes padronizados ou desenvolvem e adicionam os próprios componentes. Uma unidade administrativa solicitou o trabalho de um *middle office* para padronizar os componentes recém-desenvolvidos, para que fossem utilizados por outros negócios. Cada plataforma funcional consiste em várias dezenas de funcionários trabalhando em pequenas equipes. O middle office da empresa sintetiza os insights de clientes de diversos negócios, insights esses que podem ser alavancados pelos parceiros de ecossistema a fim de gerar valor. Isso permite que a empresa desmembre silos informacionais, encontre padrões nos dados e permita uma melhor tomada de decisão por parte dos líderes.[43]

## 176 ALÉM DA EXCELÊNCIA

Entre diferentes indústrias, as tecnologias de colaboração adotadas pelas empresas de ponta possibilitam uma grande gama de competências, incluindo a integração de dados de feedback dos clientes, o rastreamento de desempenho da equipe e o compartilhamento de conhecimento relacionados a serviços. As equipes autônomas de enfermagem da Buurtzorg dependem não só de redes informais de enfermeiros para coordenar e compartilhar informações, mas também da intranet, que eles chamam de "Buurtzorg web".[44] Como vimos nos capítulos anteriores, indústrias como o conglomerado industrial Siemens e a fabricante de motores para aeronaves Rolls-Royce usam plataformas de tecnologia sofisticadas para monitorar, disseminar e analisar o desempenho do maquinário do cliente em tempo real. Com essa tecnologia, as equipes na linha de frente podem se comunicar e trabalhar em conjunto com equipes centralizadas de especialistas para realizar consertos.

Plataformas de dados, tecnologias e aquelas relacionadas a processos apareceram de forma proeminente nos esforços das empresas de ponta para a construção de amplas redes de participantes que vão além das próprias organizações. Equipes ágeis e focadas no cliente também estão mais fortes, pois usam seus relacionamentos com colaboradores externos que pensam de maneira semelhante a elas — os ecossistemas e as cadeias de valor descritos no Capítulo 3. Nos R² Data Labs da Rolls-Royce, descritos no Capítulo 2, pequenas equipes interdisciplinares de especialistas colaboram com outras equipes para desenvolver novos serviços baseados em dados, visando torná-los interessantes para os clientes. Além da adoção de métodos ágeis (por exemplo, o trabalho é organizado em sprints curtos, normalmente com duração inferior a noventa dias), as equipes no R² fazem uso de um grande ecossistema de parceiros, incluindo, de acordo com o site da empresa, "parceiros OEM, fornecedores de tecnologia, startups de inovação de dados de última tecnologia e acadêmicos".[45] Até o momento em que este livro foi escrito, esse ecossistema era composto de mais de quinhentos participantes em todo o mundo e era fortalecido por uma plataforma de tecnologia criada em colaboração com a Microsoft e a Tata Consultancy Services.[46] Os ecossistemas fazem muita diferença conforme as empresas buscam responder aos clientes, e uma plataforma de tecnologia subjacente une diversas empresas do ecossistema, independentemente das distâncias e de outros fatores limitantes.

Os leitores podem se perguntar como as plataformas de capacitação são diferentes dos Centros de Excelência (CoE, na sigla em inglês) que as empresas costumam implementar. Diferentemente dos CoEs, que eram independentes das unidades comerciais que tinham partes da cadeia de valor, as plataformas compartilham a responsabilidade pelo sucesso das equipes da linha de frente e só existem em função das habilidades de adicionar valor por meio da inovação e do escalonamento daquilo que entregam. As equipes não precisam usar essas plataformas. Se as plataformas não entregam valor, então, as empresas podem se recusar a financiá-las. Os funcionários, com frequência, rotacionam entre as equipes da linha de frente e a plataforma, garantindo que compreendam ambos. Uma vez que as plataformas são inovadoras, elas são, portanto, tão empreendedoras e rápidas quanto as equipes da linha de frente, um ímã para talentos ambiciosos dentro da empresa. Ao passo que as CoEs foram projetadas para centralizar e controlar processos e competências (amiúde para atuar como uma verificação de negócios individuais), as empresas usam plataformas para padronizar modelos de dados e operações, permitindo maior velocidade e autonomia. Plataformas dinâmicas e fluidas, geralmente distribuídas em todo o mundo, são as espinhas flexíveis que ajudam as responsivas empresas focadas no cliente a não simplesmente funcionar, mas também a brilhar.

Em última análise, podemos pensar nas plataformas como novas soluções do século XXI para o antigo problema enfrentado pelas empresas globais: como obter os benefícios por meio de uma orientação global *e* local. Há muito, empresas globais tendem a centralizar funções em sedes corporativas, visando construir especialidade e escala ou dispersar as competências funcionais nos níveis regionais ou nacionais. No primeiro caso, elas sacrificaram a proximidade com clientes locais e a habilidade de atender às necessidades deles. No segundo, sacrificaram os benefícios de escala e o aprofundamento de suas especialidades. As plataformas de capacitação permitem que as empresas conectem equipes distribuídas e fragmentadas de clientes front end com uma especialidade funcional em escala global. Na verdade, essas plataformas ajudam a distribuir a tomada de decisões entre as equipes locais de clientes e as plataformas globais, conforme for necessário para alcançar a mistura mais desejável de responsividade local e escala global. Os direitos de tomada de decisão não são especificados de forma rígida; critério e certa imprecisão do sistema permitem que os líderes atendam às necessidades dos negócios em constante evolução, representando uma grande vantagem sobre como operavam as corporações multinacionais tradicionais. A empresa pode, de maneira produtiva, sustentar essa imprecisão, caso tenha uma cultura colaborativa apoiando-a, bem como os líderes que compreendam e apoiem essa cultura, permitindo que os funcionários trabalhem com o que está por trás do relatório, e não apenas com ele.

No futuro, muitas empresas globais se tornarão organizações de plataformas orientadas fundamentalmente pelas plataformas de capacitação. Essas organizações terão muitas equipes pequenas, em grande parte ou completamente autônomas, armadas com competências e capazes de inovar rapidamente para atender às necessidades do mercado. Grandes plataformas de capacitação apoiarão essas equipes, fornecendo centros de serviço compartilhados que modulam e padronizam funções, reúnem recursos e fornecem ferramentas e apoios compartilhados. Cobrindo processos operacionais tanto no front end quanto no back end, essas plataformas alocarão recursos conforme for necessário às equipes front end, as quais terão os direitos de decisão e personalizarão elementos funcionais modulares para satisfazer às suas necessidades. Como alguns de nossos colegas observaram, essas plataformas serão "biônicas", uma combinação de humanos e tecnologia.[47] Mais importante do que isso, essas plataformas apoiarão parceiros externos nos ecossistemas circundantes, aprimorando o valor que pode ser gerado por eles.

## Os Papéis Essenciais da Cultura e da Liderança

Conforme as empresas se afastam da organização matricial e adotam equipes focadas no consumidor, formas ágeis de trabalho e plataformas de capacitação para se tornarem mais fluidas, elas estão contemplando duas áreas essenciais de apoio: (1) mudança cultural; e (2) desenvolvimento de liderança.

As pequenas equipes ágeis e focadas no cliente que estão surgindo dentro das empresas são muito poderosas, porque os membros dessas equipes, bem como a empresa como um todo, estão adotando um mindset de inovação, abertura, ousadia e foco intenso no cliente, assim como uma série de comportamentos relacionados a isso. Os líderes estão aplicando, ainda, as habilidades e os comportamentos necessários para gerar soluções rápidas e eficazes para os clientes.

Na correria para atender às inconstantes necessidades dos clientes, líderes de empresas globais podem se sentir tentados a atualizar suas estruturas organizacionais sem trabalhar as pessoas e a cultura da empresa. Esse é um grande erro. As empresas que estão em busca de desenvolver uma orientação externa focada no cliente exigem uma cultura muito diferente para motivar, envolver e orientar seu pessoal. Resumindo, não há transformação digital sem cultura digital.[48] A pesquisa do BCG descobriu que empresas se saem muito melhor na transformação digital quando focam a cultura empresarial. Das empresas rastreadas pelo BCG que buscavam a transformação digital, a grande maioria (quase 80%) que focou a cultura "sustentou um desempenho considerável e, em alguns casos, nunca antes visto", o que não foi alcançado por nenhuma das empresas que a negligenciaram.[49]

Muito já foi escrito sobre os tipos de atributos culturais que as incumbentes devem incorporar para vencer no mundo digital. Enquanto as empresas, de forma óbvia, manterão diversas culturas, dependendo de seus propósitos organizacionais, suas indústrias, estratégias e assim por diante, elas também desejarão infundir suas culturas preexistentes com os cinco elementos principais a seguir:

- Um forte foco na empatia e na compreensão dos clientes, em vez da priorização dos processos internos da empresa.
- Delegação, em vez de microadministração, comando e controle.
- Ação rápida, em vez de um planejamento perpétuo que resulta em estagnação.
- Ousadia e assunção de risco ao tomar decisões, em vez de excesso de cautela.
- Colaboração, em vez de um mindset fechado e isolado.

Cada um desses elementos será familiar para qualquer pessoa que tenha trabalhado dentro de uma rápida startup digital, mas, tradicionalmente, esses elementos não têm ambientes de trabalho definidos dentro das grandes incumbentes globais. Isso precisa mudar. Esses elementos culturais ajudam as equipes focadas no cliente a identificar alterações nas necessidades deles, movendo-se rápida e decididamente para lidar com as mudanças. Se as equipes não adotarem

# 180 ALÉM DA EXCELÊNCIA

mindsets e comportamentos empreendedores, orientados pela mudança e focados no cliente, quaisquer mudanças bem-intencionadas na estrutura organizacional não surtirão efeito algum.

A divisão holandesa da ING priorizou a mudança cultural desde o começo ao procurar novas formas de trabalhar. Por exemplo, para adequar a cultura a formas ágeis de trabalho e focadas no cliente, o banco implementou um programa de integração de três semanas para todos os funcionários em diversas operações, exigindo que passassem pelo menos uma dessas semanas em equipe do centro de atendimento ao cliente (também chamado de centro de lealdade ao cliente), recebendo ligações. A empresa implementou escritórios abertos, construindo ambientes semelhantes aos campi de empresas de tecnologia, além de ter introduzido protocolos de contratação peer-to-peer mais fluidos. A comunicação se tornou mais frequente e aberta com o encorajamento, por parte da empresa, de diálogos e interações informais. Líderes seniores estabeleceram o ambiente para a mudança cultural ao passar um tempo significativo com a equipe, encabeçando a transformação organizacional e trabalhando, eles mesmos, em uma grande mesa dentro de um único espaço aberto. É assim que as coisas devem ser. Como alguns de nossos colegas comentaram: "A metodologia ágil começa — ou termina — no topo."[50]

Com esse preceito em mente, as empresas de ponta estão garantindo que os líderes tenham as habilidades e os comportamentos de que necessitam para liderar organizações fluidas e focadas no cliente. Conforme observado por alguns de nossos colegas, os líderes de empresas globais bem-sucedidas cada vez mais não "controlarão estruturas, regras organizacionais e processos rígidos", mas "se assemelharão a condutores de um grupo de jazz, escolhendo os parâmetros de um sistema dinâmico e flexível para libertar a iniciativa dos funcionários e permitir que eles cooperem uns com os outros, visando alcançar os objetivos da empresa".[51] Em vez de exercitar o comando e o controle, os líderes de muitas empresas exemplares descritas neste livro estão focando o fortalecimento e o treinamento de funcionários. Em vez de enviar as decisões para o topo da hierarquia, os líderes estão oferecendo às equipes maior autonomia operacional, ao mesmo tempo que garantem que elas estejam alinhadas com os objetivos da empresa. Em vez de definir o sucesso em termos do tamanho da equipe ou da organização, os líderes estão julgando-o com base no valor entregue por uma equipe ou organização. E, em vez de se mover lentamente e evitar o risco, os líderes estão priorizando a velocidade e o aprimoramento contínuo.

## Conselhos para Líderes

Atualizar uma empresa, sua cultura e sua liderança é um trabalho árduo, e a maioria das incumbentes globais apenas começou a lidar com essa tarefa. Conforme vimos, no entanto, fazer isso é de máxima importância para as empresas se elas quiserem alcançar o sucesso por meio das outras estratégias descritas neste livro. Elas devem formar equipes da linha de frente e mantê-las de forma fixa dentro da organização da empresa. Também precisam espalhar as práticas ágeis de trabalho em toda a organização. Além disso, devem construir plataformas de capacitação que facilitem a colaboração entre os limites externos e internos. As empresas devem implementar os elementos capacitadores de responsividade — a cultura e a liderança. Experimentar com algumas dessas mudanças é melhor do que não fazer nada; mas empresas como a ING, que adotam a maioria ou todas essas coisas de uma vez só, colocam-se, com base nisso, em uma posição de liderança em seus respectivos mercados. Conforme sugeriu Bob Black, assessor sênior do BCG e ex-executivo da Kimberly-Clark, as empresas devem assumir uma abordagem completamente diferente de suas formas de organizar, criando organizações "de frente para trás, começando pelas linhas de frente", em vez da abordagem tradicional de cima para baixo, na qual a maior parte do poder reside no topo.[52]

Olhe de maneira crítica para sua organização atual, considerando os problemas que surgem quando se trata de responder rapidamente aos clientes. Com base nisso, imagine de forma mais ampla como renovar sua organização, definindo princípios importantes que devem ser resolvidos por essa nova estrutura organizacional. Muitas empresas escolhem organizações que permitem atingir objetivos como crescimento, melhoria nos níveis de serviço e redução de custos. Por isso, pense em mudanças organizacionais específicas que podem ser feitas para adaptar alguns dos experimentos que descrevemos. Pense nas questões a seguir:

- Na implementação de equipes locais focadas no cliente, como você pode encontrar o equilíbrio entre flexibilidade de autonomia da linha de fren-

## 182 ALÉM DA EXCELÊNCIA

te de um lado e controle e gerenciamento de risco do outro? O que deve permanecer uniforme entre as equipes locais, o que elas podem pegar emprestado de outras equipes e adaptar conforme suas necessidades e o que devem fazer completamente sozinhas?

- Quais equipes você deve colocar no mesmo local e quais podem permanecer no meio virtual de maneira viável?
- Quais plataformas de capacitação você pode colocar em funcionamento para administrar a transferência e o compartilhamento de conhecimento e especialidades entre a organização? Qual seria a melhor forma de garantir que a organização está aplicando a especialidade correta no local em que é mais necessária?
- Qual é a melhor forma de alocar e realocar recursos (incluindo capital, talento, tecnologias, entre outros) em uma organização fluida?
- Ao fortalecer sua cultura, você tem incorporado os valores e os comportamentos específicos de que precisará para tornar a organização mais responsiva? Caso contrário, quais lacunas específicas existem e como você poderá preenchê-las?
- Considerando a magnitude das mudanças organizacionais descritas neste capítulo, você tem capacidade suficiente de mudança administrativa para realizá-las? Em especial, preparou os líderes e os gerentes, informando-os sobre a melhor forma de apoiar equipes focadas no cliente, formas ágeis de trabalho e plataformas de capacitação?

Se a transição para uma organização mais fluida e responsiva parece assustadora, lembre-se de que você não precisa fazer tudo de uma vez. Como veremos, a transformação no século XXI — organizacional ou não — não é uma proposta única, mas uma constante e contínua evolução. Um de nossos clientes da área de tecnologia comentou que, quando sua empresa conduz algum esforço de reorganização, eles supõem que a nova organização terá uma vida útil de apenas dezoito meses até se tornar obsoleta. Pense nos esforços de transformação como um processo a evoluir de maneira orgânica, inicialmente complementado e, com o tempo, substituindo as estruturas organizacionais mais antigas.

De modo semelhante, pense na melhor forma de navegar em uma realidade em que partes mais novas e ágeis dos negócios envolvem-se com outras partes que estão presas por trás do tradicional modelo matricial. Como alguns de nossos colegas têm argumentado, "os líderes precisam combinar as formas ágeis de trabalho implementadas nas startups com as formas de trabalho tradicionais e mais rígidas das corporações".[53] Ao reconhecer que algumas partes do banco continuam a operar de maneira tradicional, os líderes da divisão holandesa da ING criaram mecanismos que permitem às equipes ágeis colaborar com as contrapartes não ágeis. Um conjunto de reuniões e fóruns informais foi instituído para ajudar as partes não ágeis do banco a adotarem inovações criadas pelas equipes ágeis, garantindo a continuidade das operações. Os membros centrais das equipes tradicionais que colaboravam com as equipes ágeis eram designados a garantir o sucesso do esquadrão, fortalecidos de modo a tomar decisões independentes relacionadas às suas funções.[54]

Um erro que os líderes fazem ao contemplar a mudança organizacional é assumir uma postura excessivamente analítica. As organizações não se tratam apenas de estruturas e processos racionais, mas também de *pessoas*, e a melhor forma por meio da qual elas podem atuar é de maneira colaborativa e coordenada, visando um objetivo comum. O foco na cultura se torna extremamente importante, mas, para executar completamente as estratégias operacionais e de crescimento do século XXI presentes neste livro, as empresas precisarão atender de forma mais direta suas forças de trabalho, contratando e retendo uma nova geração de trabalhadores equipados para vencer nessa economia digital. Como muitas incumbentes só vieram a perceber agora, atrair, inspirar e aprimorar uma força de trabalho digital é um desafio e tanto para as empresas tradicionais, que enfrentam uma grande competição em busca de talento por parte das empresas digitais. As incumbentes podem vencer, mas, para isso, será necessário transcender as regras tradicionais de administração de talentos e adotar um novo conjunto de táticas — eis outra forma como as empresas globais podem, e devem, ir *além*.

## Insights Importantes

- Para manter a concorrência, essas empresas precisarão desenvolver novos níveis de coordenação e colaboração entre suas organizações formais e além destas. Elas precisarão tornar suas organizações mais dinâmicas e fluidas na formação de equipes e na alocação de recursos, tudo para ficar mais próximo dos clientes e lhes entregar algo para seu propósito definitivo ou sua razão de ser.

# 184 ALÉM DA EXCELÊNCIA

- Se as incumbentes não atualizarem suas organizações nos próximos anos, adotando três experimentos entrelaçados — (1) equipes focadas no cliente; (2) formas ágeis de trabalho; e (3) plataformas de capacitação —, elas prejudicarão a própria capacidade de executar as outras estratégias presentes neste livro.

- Conforme as empresas se afastam da organização matricial e adotam equipes focadas no consumidor, formas ágeis de trabalho e plataformas de capacitação para se tornarem mais fluidas, elas estão contemplando duas áreas essenciais de apoio: (1) mudança cultural; e (2) desenvolvimento de liderança.

# CAPÍTULO 8

# PROSPERE COM TALENTO

*As empresas globais têm, há muito, subestimado a importância do talento, considerando-o, no melhor dos casos, um recurso de negócios secundário. Atualmente, com a própria natureza do talento em mudança e uma feroz concorrência em busca das pessoas certas, as empresas devem atender de maneira mais próxima às necessidades e aos desejos de uma nova geração de funcionários. Elas devem ir além da administração tradicional de talentos e mudar de maneira fundamental como encontram, inspiram e desenvolvem uma força de trabalho no século XXI.*

As grandes startups digitais que recriaram a economia global não têm apenas novas tecnologias e ideias visionárias. Elas têm, também, pessoas altamente habilidosas e envolvidas, capazes de entregar as mudanças descritas nos capítulos anteriores. As tradicionais empresas globais também necessitam dessas pessoas. Elas precisam de funcionários que entendam o novo consumidor global, que sejam criativos o suficiente para elaborar novas propostas de valor empolgantes para atraí-los, que apresentem as habilidades técnicas para montar poderosas soluções digitais, que tenham um mindset digital (mesmo se não estiverem envolvidos diretamente na escrita do código), que mantenham uma boa colaboração entre os diferentes silos e que se sintam confortáveis em contribuir para os processos ágeis de trabalho. Ainda mais importante, as incumbentes precisam de funcionários que estejam ansiosos por se reinventarem ao longo do tempo e por desenvolver competências completamente novas conforme os mercados e a demanda por habilidades e comportamentos específicos evoluírem. Como se tudo isso não fosse suficiente, pós-Covid, as empresas também precisarão de pessoas capazes de prosperar trabalhando de maneira colaborativa em ambientes remotos de trabalho.

**186 ALÉM DA EXCELÊNCIA**

Infelizmente, as incumbentes estão tendo dificuldades em reunir e envolver uma força de trabalho que cumpra esses requisitos com as estratégias atuais de administração de talentos. Isso é verdade mesmo nas empresas e dentro de indústrias que conquistaram grandes competências de gerenciamento de talentos. A Unilever é uma empresa global do ramo de produtos de consumo com 150 anos de existência, sediada em Londres e Rotterdam. A Wipro é uma empresa indiana de serviços de TI que funciona há quarenta anos. Conhecida pelas práticas de recursos humanos de ponta, a Unilever criou alguns dos melhores programas de treinamento do mundo[1] e rotacionou funcionários entre diferentes regiões geográficas e funções para desenvolver um forte corpo de gerentes. Sua unidade comercial da Índia, a Hindustan Unilever Limited, ficou conhecida como uma "fábrica de CEOs" por outras empresas, com cerca de quinhentos líderes corporativos tendo trabalhado para a divisão em algum momento de suas carreiras.[2] Já a Wipro foi pioneira em uma máquina de criar talentos em alta escala para si mesma durante os anos 1990 e 2000, recrutando e integrando dezenas de milhares de recém-graduados por anos. Entre outros elementos, a Wipro mobilizou uma universidade interna com um currículo personalizado, fornecendo 18 milhões de horas de treinamento no ano fiscal de 2019, e manteve um mercado de trabalho interno.[3] Os colegas da Wipro no setor de TI da Índia adotaram táticas semelhantes e, assim como a Unilever e a própria Wipro, cresceram parcialmente graças às visíveis habilidades de atrair, implementar e reter grandes talentos. Mas, conforme veremos neste capítulo, ultimamente a Unilever e a Wipro têm reformulado e atualizado as abordagens quanto aos talentos, assim como fizeram outras empresas conhecidas por seus talentos.

Duas forças principais estão gerando essa mudança. Primeiro, uma escassez global de habilidades emergiu graças à grande demanda por funcionários habilidosos no desenvolvimento e na entrega de soluções digitais que também sejam capazes de trabalhar em ambientes ágeis. Como a imprensa relatou com frequência em 2019, muitas empresas foram incapazes de preencher um número significativo de cargos importantes, enfrentando milhões de dólares em perdas com produtividade em decorrência disso.[4] Até 2030, as empresas ao redor do mundo terão cerca de 85 milhões de cargos de alta qualificação vagos — uma lacuna que terá um grave custo econômico.[5] Para piorar, os sistemas educacionais não estão preparando os alunos com as habilidades e os conhecimentos necessários para muitos desses funcionários, obrigando as empresas a oferecer treinamentos adicionais para suas novas contratações, impactando a produtividade. Essa incompatibilidade global de habilidades afeta cerca de 40% dos funcionários dos países da OCDE.[6] O diretor administrativo e parceiro sênior do BCG, Rainer Strack, especialista global líder em tendências de talentos, resumiu a situação ao observar que "no futuro próximo, o mundo enfrentará uma crise de força de trabalho que consistirá em uma escassez geral de mão de obra e uma incompatibilidade de habilidades. Toda empresa necessita de uma estratégia para lidar com as pessoas e agir imediatamente".[7]

As estratégias de talentos tradicionais estão passando por dificuldades graças a um segundo motivo: as necessidades e os desejos da força de trabalho global estão mudando drasticamente, forçando as empresas a repensar como manter os funcionários envolvidos, felizes e motivados com o trabalho. A administração tradicional de talentos buscou maximizar a produtividade por meio da implementação de motivadores que eram principalmente extrínsecos, como salários e promoções. A geração mais nova de funcionários, no entanto, não busca carreiras altamente estruturadas, com responsabilidades e recompensas financeiras cada vez maiores conforme sobem os degraus corporativos. Essa geração deseja um contínuo aprendizado empírico ao longo do trabalho, bem como realizar um trabalho significativo, fazer alguma diferença na sociedade e encontrar realização fora do trabalho. Pesquisas têm mostrado que a geração Z aceitará prontamente um salário 10% inferior em troca de turnos menores e que pouco mais de um terço dos trabalhadores dessa faixa etária priorizam a progressão na carreira.[8] Em uma pesquisa de opinião do BCG em 2018 com 366 mil pessoas de quase 200 países, os participantes classificaram "bom equilíbrio entre vida e trabalho" e "oportunidades de aprendizado e treinamento" como elementos muito mais importantes do que "compensação financeira". Essas descobertas foram especialmente acentuadas entre um grupo de pessoas que se qualificavam como "especialistas digitais".[9] Um estudo de profissionais norte-americanos descobriu que quase todos os participantes da pesquisa — nove em cada dez — sacrificariam parte de seus ganhos em troca de trabalhos mais significativos.[10]

Diante dessas mudanças, para obter alguma vantagem por meio de talentos, as empresas não estão apenas adotando novas táticas — elas estão transformando totalmente a administração de talentos. A Unilever, por exemplo,

# 188 ALÉM DA EXCELÊNCIA

realizou seis ações amplas, conforme nos contou a chefe do departamento de recursos humanos, Leena Nair. A empresa fez o seguinte:

- Buscou se tornar mais atraente para os grandes prospects ao embutir seu propósito, "um eu melhor, um negócio melhor, um mundo melhor", nos esforços de recrutamento (ela também diz que "empresas com propósitos duram, marcas com propósitos crescem, e pessoas com propósitos prosperam").

- Ampliou a forma como o talento é acessado, adotando o que ela chama de quatro Cs: não só desenvolver pessoas ("construir" talentos) e pagar para adquiri-las ("compra"), mas também contratar pessoas por curtos períodos ("cessão") e ajudá-las a migrar para novos trabalhos ("conexão").

- Focou a construção de sistemas, a cultura e a capacidade de liderança necessárias para nutrir os talentos.

- Reorganizou funcionários em equipes ágeis.

- Promoveu um aprendizado contínuo entre a força de trabalho.

- Buscou requalificar todas as habilidades digitais dos funcionários.[11]

Para prosperar nos próximos anos, os empreendimentos globais devem seguir o exemplo da Unilever ao mudar seu mindset subjacente e reconceber as estratégias e táticas desde o topo até a base da hierarquia. A administração de talentos, tradicionalmente, tem visto os funcionários de forma instrumental, como meios para um fim — a criação de valor para os negócios. As empresas buscavam obter talentos, implementá-los para obter vantagens e, em seguida, controlá-los.

> Nos próximos anos, as empresas devem tomar medidas para prosperar por meio dos talentos, colocando as pessoas e as necessidades delas em primeiro lugar, em vez de considerá-las um recurso a ser explorado.

"Quando as pessoas são a prioridade", escreveu a chefe de recursos humanos da Microsoft, Kathleen Hogan, "todo o resto encontra seu lugar".[12] Como diz Hogan, os líderes e as empresas devem focar não só a garantia de um fluxo regular de talentos necessários à empresa, mas também a criação de "um ambiente em que as pessoas possam realizar melhor o trabalho — um lugar em que possam se orgulhar de serem elas mesmas e no qual sabem que suas necessidades serão atendidas".[13] Para entender como sua empresa pode alcançar esse feito, vamos revisar como empresas de ponta estão desencadeando novas táticas em três importantes áreas estratégicas: (1) atração; (2) inspiração; e (3) requalificação de talentos.

## Atraindo Talentos

Há muito, as empresas têm tentado obter talentos ao recrutar pessoas com extensos currículos educacionais e experiências relevantes na indústria para, em seguida, realocá-las fisicamente e fazê-las trabalhar em suas instalações. Atualmente, essa abordagem não é mais suficiente. Primeiro, localizar talentos é mais complicado nos dias de hoje do que no passado. "Quando o pool [de pessoas com habilidades específicas] é muito pequeno", disse um chefe do setor de tecnologia de uma empresa, "você precisa procurar em todos os lugares".[14] De maneira mais positiva, muitas pessoas com um histórico não tradicional têm exatamente o conhecimento que as empresas precisam para ficar à frente da disrupção. Isso ocorre porque, em geral, a disrupção começa em indústrias distantes, mas também se deve à forma mais diversificada com a qual as pessoas cultivam novas habilidades no século XXI. Em vez de apenas inscrever-se em uma graduação formal ou um programa certificado, profissionais ambiciosos estão aprendendo durante o trabalho, por meio de cursos online e de projetos colaborativos em plataformas digitais abertas. Ao reconhecer essa realidade, os líderes estão assumindo uma visão mais ampla da aquisição de talentos. Uma pesquisa de opinião descobriu que os empregadores estão cada vez mais dispostos a se afastar dos critérios educacionais tradicionais no momento da contratação. Mais de 40% dos gerentes de contratação esperam que um "boot camp" de programação se torne tão útil quanto um diploma de graduação universitária no momento de avaliação dos candidatos.[15]

Criar um pipeline estável de grandes talentos, atualmente, significa ir além das táticas tradicionais (feiras de carreiras, programas de extensão de campi e contratações laterais) e usar muito mais criatividade e mente aberta em relação a quem selecionar, onde procurar e como deixar o candidato interessado.

# 190 ALÉM DA EXCELÊNCIA

Podemos avaliar as táticas que as empresas de ponta estão implementando para atrair uma nova geração de funcionários ao tomarmos emprestado a estrutura dos 4 Cs da Unilever. Vamos resumir rapidamente como a Unilever e outras empresas de ponta estão executando a construção, a compra, a cessão e a conexão dos talentos.

## Construção

Há muito, as empresas têm focado a construção de uma pipeline de talentos por meio da contratação e do desenvolvimento de novos recrutas. Muito embora isso permaneça um caminho vital para a atração de talentos, atualmente as empresas estão encontrando e contratando funcionários de novas e animadoras formas. Uma empresa de tecnologia sediada na Índia com a qual falamos enfrentava o desafio de montar uma equipe rapidamente, a fim de realizar um projeto para o qual o contrato já fora assinado. Para adquirir as habilidades especializadas necessárias, os líderes da empresa evitaram a busca de emprego tradicional e criaram um concurso global em que descreveram o problema que enfrentavam e desafiaram os programadores a propor soluções. O vencedor teria a chance de trabalhar com a empresa em troca de uma generosa remuneração. Os líderes não esperavam grande coisa dessa tática, mas ela lhes rendeu ótimos frutos. E, como descobriram, os participantes não eram tão motivados por dinheiro quanto pela oportunidade de trabalhar em um problema interessante.

Em outra empresa global de tecnologia, executivos do setor de marketing discutiam como acessar novos talentos que poderiam ajudá-los a repensar fundamentalmente suas estratégias, visando diferenciá-los dos concorrentes. Como um líder observou, as melhores estratégias de marketing digital não vêm das universidades de negócios mais prestigiadas, locais onde a empresa costumava contratar. Em vez disso, essas estratégias geralmente vinham do mundo dos jogos. Considerando as habilidades necessárias para competir e ser bem-sucedido em ambientes de jogos, altamente complexos e dinâmicos, os grandes jogadores eram versados em pensamento estratégico de uma forma que a maioria não se dá conta. Culturalmente, esse talento é muito diferente das típicas contratações da empresa (alguns desses jogadores abandonaram a faculdade, por exemplo, e não começam a trabalhar antes do meio-dia) e, no início, os líderes não estavam muito certos sobre como realizar a primeira

## PROSPERE COM TALENTO 191

abordagem. Com o tempo, a empresa experimentou a criação de um gaming lab, que replicava a cultura dos jogos, mas os participantes precisavam trabalhar em problemas do mundo real. Como nos contou um dos líderes, esses chamados "desajustados" improvisaram soluções brilhantes e altamente criativas para problemas de marketing.

As empresas estão implementando uma série de outras táticas inovadoras para localizar novas contratações e, assim, construir seus pools de talento. Quando os usuários digitam no Google termos específicos relacionados a softwares, veem um desafio de programação que, se concluído com sucesso, pode fazer com que a empresa ofereça uma entrevista de emprego. As empresas também estão acessando talentos não convencionais por meio de comunidades e plataformas online, como Muse (millennials), AngelList (talentos para startups) e GitHub (programadores), além de fazer parcerias com universidades para construir sua marca de empregadores entre os alunos. Muitas empresas estão localizando seus centros globais de tecnologia em posições estratégicas para acessar pools de talentos digitais. Embora os talentos digitais não se aglomerem nas mesmas regiões geográficas dos talentos tradicionais, parece que eles também não se concentram apenas em lugares como o Vale do Silício, Israel e Estônia. O BCG identificou oitenta pontos de reunião de talentos digitais ao redor do mundo, incluindo lugares como Moscou, Xangai e Melbourne, que muitos não associam com o talento digital. Na hora de pensar em quais desses pontos entrar, as empresas de ponta consideram uma série de fatores, incluindo suas pegadas atuais, a facilidade em abrir novos empreendimentos nesses locais e a economia local.[16]

Se as empresas estão buscando contratações em potencial de novas maneiras, também estão remodelando os processos de triagem, uma vez que estes frequentemente têm se provado ineficazes na medição de qualidades com alta demanda, como adaptabilidade e foco no cliente. Algumas empresas de ponta estão incluindo avaliações de plataformas de autoaprendizagem ou avaliando funcionários em potencial por meio da conclusão de projetos-teste. O programa LEAP, da Microsoft, por exemplo, convida participantes com históricos não tradicionais a buscar um estágio de seis meses na empresa, combinando aprendizado em sala de aula com projetos práticos.[17] As análises de clientes e classificações online em sites como Uber, StackExchange e GitHub também estão complementando ou substituindo as triagens tradicionais. Para chamar a aten-

# 192 ALÉM DA EXCELÊNCIA

ção de uma geração mais interessada em resolver problemas do que preencher longos testes padronizados de aptidão, as empresas estão gamificando cada vez mais os processos de triagem, identificando talentos por competições online e hackathons, mencionados anteriormente. Outras medidas de triagem não tradicionais que estão sendo implementadas pelas empresas incluem entrevistadores especialistas, scanners de inscrição automática e análise de pessoas.[18]

## Compra

Durante muito tempo, as empresas têm comprado novos talentos por meio de fusões e aquisições, e essa tendência tem continuado nos últimos anos. Em seus esforços para elaborar novos serviços digitais de mobilidade, a GM teve dificuldades em atrair e reter grandes talentos. Conforme disse um engenheiro, "o problema atual da GM é que ninguém que quer trabalhar com motores vai para lá". Em vez disso, "os bons candidatos vão até lá, veem os escritórios e as estruturas da equipe e vão direto para a Tesla/Mercedes/Google".[19] A GM tratou essa questão quando adquiriu o fornecedor de compartilhamento de viagens Sidecar, em 2016, acessando o que discutivelmente era o maior ativo da empresa: seus funcionários. A tática está se espalhando de tal forma que já recebeu um nome — "acquihiring" em inglês, ou "aquisitratação" —, e um jornalista chegou ao ponto de chamar a estratégia de "o novo normal nas aquisições de talentos".[20]

Outra empresa que tem buscado uma agressiva estratégia de acquihiring é a empresa de serviços de TI da Índia, Wipro. Desde 2005, quando a empresa embarcou em uma estratégia de crescimento chamada de "colar de pérolas", a Wipro adquiriu cerca de duas dezenas de empresas.[21] Embora essas aquisições tenham servido para variados propósitos estratégicos, nos últimos anos a possibilidade de obter funcionários com habilidades específicas provou ser um importante incentivo para a conclusão dos acordos. Em 2019, a empresa adquiriu a empresa de engenharia digital International TechneGroup, uma jogada realizada para "adicionar valor aos seus serviços centrais no setor".[22] Em 2016, a Wipro adquiriu a empresa de tecnologia TI Appirio, que rendeu a ela novas competências de tecnologia em nuvem. Além de adicionar milhares de funcionários à força de trabalho da Wipro, a transação da Appirio também trouxe um novo conhecimento sobre administração de talentos para a empresa, em especial a noção de um "ciclo virtuoso" de reforço positivo entre funcionários e clientes.[23] No ano anterior, a Wipro adquiriu a empresa dina-marquesa de design estratégico Designit e seus mais de trezentos funcionários, dando à Wipro competências na área de design e experiência de usuário que complementavam as competências da empresa em áreas como estratégia e arquitetura digital.[24]

Além das aquisições, empresas de ponta estão comprando talentos por meio de investimentos iniciais em startups. Em 2014, a Unilever anunciou o lançamento da Foundry, uma plataforma para estruturar e hospedar a colaboração da empresa com startups.[25] Até 2020, a empresa havia investido US$20 milhões em startups por meio da plataforma.[26] Além de dar à Unilever acesso a conceitos inovadores de negócios, a Foundry permite que ela tenha acesso a talentos digitais sem precisar comprar formalmente uma empresa. Outras grandes empresas — Shell, Nike, Procter & Gamble e IBM, por exemplo — têm a fama de montar incubadoras de empresas.[27] Até 2016, 44% das trinta maiores empresas do mundo usavam incubadoras ou aceleradoras.[28]

## Cessão

Para acessar talentos, as empresas tradicionalmente buscam contratar ou adquirir funcionários formais, de tempo integral. Atualmente, cada vez mais empresas estão dependendo da contratação de funcionários independentes, portanto os talentos são *cedidos* por um curto período ou de projeto em projeto. Essa cessão traz a vantagem de tornar as empresas mais resilientes. Elas podem rapidamente lidar com grandes desafios sem a preocupação do overhead com a contratação e o treinamento de funcionários. Um fator importante por trás do uso de contratados independentes é a ascensão das plataformas globais de crowdsourcing e uma gig economy mais ampla. Embora até 2018 uma porcentagem relativamente pequena dos trabalhadores em países desenvolvidos façam parte da gig economy, nossa pesquisa com 11 mil funcionários ao redor do mundo descobriu que, em países como China, Indonésia, Índia e Brasil, proporções consideráveis de trabalhadores fazem parte da gig economy (na China, quase metade dos participantes relataram depender da gig economy para sua renda primária ou secundária, enquanto, na Índia, 40% dos participantes deram essa mesma resposta).[29] Uma pesquisa realizada entre executivos em 2018 descobriu que dois quintos deles esperavam que suas empresas dependessem mais dos trabalhadores presentes na gig economy nos próximos anos.[30]

## 194 ALÉM DA EXCELÊNCIA

No mundo da mídia, os grandes estúdios cinematográficos e outros produtores de conteúdo geralmente usam um mesmo pool de talentos para roteiristas, diretores e outros profissionais, enquanto os jovens talentos sem experiência têm grande dificuldade em avançar na carreira. Para aumentar o acesso deles a novos talentos, produtores de conteúdo começaram a realizar crowdsourcing para projetos específicos, voltando-se para comunidades de freelancers nas plataformas digitais. Uma dessas plataformas, a Tongal, tem 160 mil freelancers de 168 países e, entre seus clientes, estão a 20th Century Fox, a National Geographic, a Disney e a Mattel.[31] O processo de trabalho é simples e direto: ambos os talentos criativos e os clientes corporativos entram no site; então, os clientes enviam as apresentações sobre projetos futuros, e os talentos criativos enviam as próprias ideias. Os clientes pagam aos talentos para executarem o trabalho acordado.[32] As empresas não substituem os funcionários de período integral pelos talentos obtidos por meio da Tongal, mas estes são cedidos a elas por um curto período e para necessidades específicas.

### Conexão

Para ajudar a conseguir o talento necessário, as empresas de ponta estão tomando novas medidas para conectar talentos ao ajudar os funcionários a prosseguirem de forma contínua até novas oportunidades internamente. Em 2019, a Unilever lançou a FLEX Experiences, um marketplace interno de talentos que usava IA para ajudar os funcionários da empresa a encontrar trabalhos que estavam de acordo com suas habilidades e seus objetivos. Conforme comentou um executivo de recursos humanos da Unilever, a empresa estava "conduzindo novas formas de trabalho para obter um rápido acesso às melhores habilidades e ideias de negócios disponíveis tanto interna quanto externamente". A FLEX Experiences não só ajudou a empresa a atender às próprias necessidades, como também aumentou o acesso dos funcionários a um progresso de carreira e a oportunidades de aprendizado. "Nós acreditamos que nosso pessoal é muito mais do que o título do seu cargo", disse o executivo. "Se eles prosperarem, nós, como um negócio, também prosperaremos."[33]

Como esse último exemplo sugere, atrair talentos não se trata apenas de localizar pessoas para contratar ou quem contratar. É sobre criar oportunidades criativas atraentes para que as pessoas *queiram* trabalhar no empreendimento. Dando adeus à busca tradicional por talentos, as empresas de ponta estão oferecendo propostas de valor muito mais interessantes para atrair uma nova geração de talentos. Por exemplo, não é segredo nenhum que muitos jovens recuam diante da simples ideia de trabalhar em um escritório desagradável. As empresas globais estão criando ambientes mais abertos e não corporativos para atrair e motivar funcionários jovens e nativos digitais. A empresa global de software, Kronos, recentemente abriu uma nova e cintilante sede na área de Boston, com café expresso e uma quadra de basquete de tamanho oficial.[34] O LinkedIn oferece salas de música que permitem aos funcionários tocarem juntos,[35] enquanto os escritórios da Nestlé, no Reino Unido, autorizam que os funcionários levem seus cães ao trabalho.[36]

Nos casos extremos, as empresas estão criando ambientes separados das operações atuais, visando atrair talentos digitais. A Renault, fabricante de carros, sentiu que sua identidade como indústria poderia prejudicar seus esforços em atrair funcionários e lançar rapidamente um centro digital. Por isso, ela realizou uma parceria com um renomado fornecedor externo para criar um centro que seria administrado separadamente da organização principal sob um modelo de "construir, operar, transferir". Em apenas seis meses, esse centro atraiu talentos jovens e ambiciosos, permitindo que a Renault construísse uma invejável competência digital. Com o tempo, esses novos funcionários seriam transferidos para a equipe global da Renault. Empresas como John Deere e Siemens, da mesma forma, escolheram estabelecer centros digitais de excelência que são física e organizacionalmente separados de suas operações tradicionais. A John Deere estabeleceu o Intelligent Solutions Group (ISG) em sua sede, aprimorado por um laboratório digital em São Francisco e uma startup de agricultura de precisão que a empresa adquiriu na área da Baía de São Francisco. O ambiente de trabalho no ISG é muito menos formal do que em outros departamentos da empresa, e políticas como administração de desempenho e estruturas de remuneração são diferentes para atrair os talentos digitais.[37] Como disse um funcionário, o ISG tem "o ambiente de uma 'empresa de software'".[38]

Por mais importante que seja, o ambiente físico de trabalho é apenas um elemento dentre muitos outros que compõem um trabalho ou um empregador atrativo aos olhos dos funcionários com habilidades de alta demanda. As empresas também estão lidando com outros elementos importantes do espaço de trabalho que podem motivá-los, envolvê-los e permitir que consigam progredir em suas carreiras. Vamos dar uma olhada nesses elementos.

# 196 ALÉM DA EXCELÊNCIA

## Motivando e Fortalecendo Talentos

Há muito tempo, as empresas têm motivado sua força de trabalho focando incentivos extrínsecos, como aumentos salariais e bonificações. Tais incentivos ainda são relevantes para os novos talentos, mas as empresas de ponta também estão trabalhando duro para garantir que o trabalho em si seja significativo.

Quando os funcionários acham seu trabalho significativo, eles tendem a permanecer mais tempo no emprego. Um estudo descobriu que esses funcionários estão até 70% menos dispostos a abandonar seus empregos ao longo dos seis meses subsequentes e ficar, em média, sete meses a mais nos empregos do que os funcionários que realizam trabalhos menos significativos.[39] Cientes dessa realidade, as empresas globais estão transformando suas culturas para enfatizar o propósito durante o trabalho, infundindo o propósito em suas tomadas de decisões estratégicas e a triagem de novas contratações para garantir que entendam o propósito da corporação e que as crenças e os objetivos pessoais estejam alinhados com esse propósito. Essas empresas também estão esboçando políticas de talentos para garantir que, quando um funcionário entra para a equipe, o propósito seja continuamente reforçado e que os funcionários entendam os próprios trabalhos como profundamente significativos e conectados com a razão de existir da empresa.

Um componente extremamente importante dos esforços da Unilever em motivar e fortalecer os funcionários (e, para começo de conversa, atraí-los) tem sido o foco, muito admirado, no propósito. Como confirmado pela chefe do setor de recursos humanos da empresa, Leena Nair, "o propósito está no coração de tudo o que fazemos", inclusive em como a empresa tem gerenciado sua força de trabalho.[40] Ao recrutar, a empresa segue o mantra "um eu melhor, um negócio melhor, um mundo melhor", rejeitando contratar pessoas que não estejam apaixonadamente interessadas em tornar o mundo melhor. A página de carreiras no site global da empresa enfatiza o propósito e seu papel na organização: "Seja você um dispositivo de ignição humano, um catalisador de talentos ou um disruptor digital, encorajamos nossos funcionários a viver de acordo com seus propósitos todos os dias."[41] Ao ingressar na empresa, os funcionários participam de "workshops sobre o propósito da vida" para ajudá-los a descobrir seu propósito pessoal.[42] A empresa também embutiu a identidade de cada uma de suas marcas com propósito, uma tática que não só é atraente para os clientes, como também para os funcionários. A marca Dove da empresa, por exemplo, dedica-se a fazer "uma experiência positiva de beleza acessível universalmente a todas as mulheres". Isso significa desafiar estereótipos "para garantir que todas as mulheres se sintam vistas e representadas no mundo da beleza", um objetivo que energiza seus funcionários.[43]

Como destacado por Nair, "nós sabemos que as empresas com propósito duram, marcas com propósito crescem e pessoas com propósito prosperam".[44] A ênfase da empresa no propósito certamente teve um impacto profundo e essencial em sua pipeline de talentos, ajudando a empresa a reduzir seus custos de recrutamento em 90% e a média de tempo necessário para um novo recrutamento em dezesseis dias.[45] "A principal razão pela qual as pessoas se inscrevem para trabalhar na Unilever é a percepção de que estão ajudando a melhorar o mundo", disse Nair. Até 2019, a Unilever era a empregadora mais atraente em mais de trinta dos mercados de contratação em que a empresa estava presente.[46] Como uma medida de sua popularidade com os profissionais mais jovens e conhecedores da tecnologia, em 2019, a Unilever esteve entre as dez organizações mais seguidas no LinkedIn, com mais de 6 milhões de seguidores.[47]

Outra empresa que tem mobilizado seu propósito para envolver sua força de trabalho é a empresa global de cosméticos do Brasil, Natura. Como uma corporação com certificação B (designação dada para empresas dedicadas a entregar bens sociais e ambientais além dos lucros), a Natura tem adotado um modelo de negócios focado em garantir a sustentabilidade e melhorar a biodiversidade, obtendo seus ingredientes de formas sustentáveis por meio de produtores locais e alcançando uma certificação de empresa neutra em carbono para sua fabricação de produtos.[48] Como nos contou Keyvan Macedo, gerente de sustentabilidade da Natura, uma porção significativa dos bônus dos funcionários reflete o desempenho deles em medidas ambientais e sociais. A organização do trabalho diário da Natura ao redor de seu propósito provou ser uma chamada significativa para talentos. No nível de liderança, Macedo observa que "os executivos passaram a fazer parte da Natura porque queriam trabalhar para uma empresa assim e compartilhar uma compreensão em comum do modelo de negócio sustentável".[49] O propósito da empresa a ajuda, ainda, a motivar e envolver seus representantes de venda, fazendo, inclusive, com que alguns deles façam pequenos sacrifícios para ajudar a empresa a alcançar seus objetivos.

## 198 ALÉM DA EXCELÊNCIA

Conforme observado por Macedo, "vemos que existem muitos consultores cuja principal razão para vender não é apenas alcançar um nível superior, mas gostar da marca e daquilo que ela representa. Alguns desses consultores estão até abrindo mão de maiores lucros para promover a causa".[50]

Além do propósito, as empresas estão motivando os funcionários por meio da promoção de valores culturais como colaboração, diversidade, agilidade e aprendizado. Esses valores, ao mesmo tempo, apoiam os modelos de negócios do século XXI e apelam para as sensibilidades dos funcionários mais jovens. Pense na diversidade. Conforme as empresas seguem rumo a equipes ágeis horizontais, culturas baseadas na diversidade se tornarão cada vez mais importantes, uma vez que os funcionários das equipes locais serão chamados para colaborar de perto com colegas em outras regiões do mundo. Mas os funcionários mais jovens buscam, também, ambientes de trabalho com ênfase na diversidade, que sejam respeitosos e acolhedores, e esses ambientes costumam ser mais agradáveis para os funcionários em geral.[51] Empresas de ponta estão se movimentando de forma agressiva para tornar seus ambientes de trabalho mais acolhedores, bem como promover suas culturas inclusivas e calorosas a funcionários e contratações em potencial. A Intel, por exemplo, estabeleceu objetivos agressivos acerca da contratação de mulheres e de minorias,[52] enquanto a SAP prepara e recruta alunos de faculdades e universidades historicamente negras [em inglês, Historically Black Colleges and Universities, ou HBCUs], treina e aloca candidatos neurodivergentes em sua empresa, além de ter prometido aumentar a quantidade de mulheres em posições de gerência em 1% ao ano.[53]

Outro meio extremamente importante pelo qual as empresas de ponta estão motivando e fortalecendo seus funcionários é pelo aprimoramento das oportunidades de progressão de carreira oferecidas por elas, fornecendo maior autonomia e mais ferramentas para que o funcionário vá muito além no trabalho. Funcionários jovens e com experiência digital valorizam o aprendizado e o desenvolvimento de carreira. Em um estudo com quase 27 mil especialistas digitais, os participantes listaram "oportunidades de aprendizado e treinamento" e "possibilidade de progressão de carreira" como alguns dos elementos mais importantes de seus empregos, abaixo apenas do equilíbrio entre vida pessoal e trabalho.[54] Membros desse grupo também gastam uma boa parte de seu tempo com o aprendizado.[55] Como observou o assessor sênior do BCG e ex-executivo da Kimberly-Clark, Bob Black, funcionários millennials ou da Geração Z costumam desejar uma série de experiências de aprendizado enriquecedor no trabalho em vez de "carreiras" formais. Esses funcionários valorizam o aprendizado contínuo e a chance de fazer a diferença em seus cargos. "O que as empresas não estão vendo", observou Bob Black, "é que, com o tempo, conforme essa geração se estabelecer e constituir família, também buscarão uma maior certeza. Então, as empresas deveriam ajudá-los a encontrar o equilíbrio entre essa necessidade de estabilidade e o desejo por experiências enriquecedoras".[56] As maiores empresas nessa área estão pensando sobre toda a jornada do funcionário, assim como pensam na jornada do cliente, analisando de forma metódica como atrair, adquirir, integrar, desenvolver e promover funcionários.

Ciente de que muitos funcionários mais jovens preferem o aprendizado autodirigido, as empresas estão assumindo uma abordagem cada vez mais expansiva acerca da aprendizagem e do desenvolvimento, incorporando a aprendizagem sob demanda, o treinamento virtual, o feedback, o coaching, a mentoria e o aprendizado prático. As empresas de ponta estão fornecendo mais oportunidades aos jovens talentos de trabalhar em projetos interessantes, promovendo o empreendedorismo, a experimentação e uma cultura do fracasso rápido. O Walmart criou uma incubadora interna que organiza eventos de inovação de larga escala.[57] A ferramenta gThanks, da Google, permite que os funcionários reconheçam seus colegas por suas boas ideias e ofereçam pequenas recompensas financeiras.[58]

Conforme discutimos no Capítulo 6, as empresas de ponta também estão tornando o trabalho mais estimulante, envolvente e enriquecedor todos os dias ao embutir formas ágeis de trabalho e mobilizar tecnologias digitais para melhorar a experiência no ambiente de trabalho. Antes da crise de Covid-19, algumas empresas usavam ferramentas colaborativas digitais, incluindo ferramentas de mensagens, compartilhamento de conteúdo e hospedagem de discussões em grupo. Com a chegada da pandemia, essas ferramentas se proliferaram conforme grandes quantidades da força de trabalho migravam para o home office. Nos próximos anos, as empresas precisarão fortalecer ainda mais seu pessoal, com medição e recompensa por resultados em vez de atividades e jornadas de trabalho físicas. Organizações híbridas de trabalho, que incluem tanto o trabalho remoto quanto o presencial e que usam a tecnologia para permitir a colaboração e a formação de equipes de maneira contínua, oferecerão uma vantagem. Para aproveitar essas organizações ao máximo, as empresas precisarão definir novos comportamentos e expectativas, reforçando-os com novos meios de reconhecimento e recompensa. Elas precisarão imaginar novos caminhos para construir relacionamentos e desenvolver funcionários que enfatizem ferramentas digitais em detrimento do contato presencial cotidiano.

Mas as ferramentas colaborativas são apenas o começo. A empresa de software de analytics, Humanyze, está emitindo distintivos sociométricos para os funcionários, utilizando dados e insights resultantes deles para melhorar a colaboração, o uso do tempo e outros elementos relacionados à produtividade. Outra empresa, a VMware, está usando a análise preditiva para identificar trabalhadores mais propensos a abandonar a empresa, alertando os gerentes para que possam tomar ações preventivas. A GE está complementando sua análise padrão de desempenho anual, permitindo que os funcionários monitorem o próprio desempenho em tempo real por meio de um app para smartphones. Empresas como a Kimberly-Clark estão usando analytics para melhorar a diversidade de sua força de trabalho. Tais ferramentas são importantes para envolver os trabalhadores, mas as empresas de ponta compreendem que eles se afastarão caso não abracem de forma verdadeira a empresa como um meio para melhorar o mundo, torná-lo mais completo, mais estimulante e mais enriquecedor. Nessas empresas, os líderes verdadeiramente prosperam com talentos tanto por meios tecnológicos quanto por meios não tecnológicos. Eles elevam os talentos, transformando-os de um assunto periférico a uma parte central da estratégia de negócios.

## Requalificando o Pool de Talentos

Atrair e motivar funcionários jovens e talentosos não será o suficiente para que a maioria das empresas atenda às suas necessidades de talentos. As empresas devem tomar medidas para ensinar à sua força de trabalho atual novas habilidades e comportamentos, algo que algumas pessoas têm chamado de *requalificação*.

O Fórum Econômico Mundial observou que "até 2022, pelo menos 54% de todos os funcionários necessitarão de significativa requalificação".[59] As habilidades e os comportamentos necessários nos trabalhos mudarão drasticamente, com uma nova ênfase em pensamento analítico, criatividade, design de tecnologias, inteligência emocional, resolução de problemas, entre outros.[60] Infelizmente, as empresas ainda não superaram o desafio de requalificar suas forças de trabalho: a maioria dos funcionários que necessitam desses treinamentos não os estão recebendo.[61]

Se sua empresa ainda não embarcou em uma grande iniciativa de requalificação, tenha em mente que você pode ter as habilidades e os comportamentos necessários para alcançar os resultados atuais de seu negócio, mas, em cinco a dez anos, seu negócio provavelmente será muito diferente do que é hoje em dia. O número necessário de funcionários acostumados com o meio digital e os métodos ágeis pode tornar a requalificação uma opção de maior custo-benefício do que substituir a maioria de seu pessoal. Os funcionários atuais também têm uma vantagem graças à familiaridade deles quanto a missão, visão, valores e propósito da empresa. Como uma pesquisa do BCG descobriu, a grande maioria de profissionais declara estar aberta a aprender novas habilidades relevantes para suas funções.[62] Um de nossos colegas colocou a situação da seguinte forma: "Nossa pesquisa mostra um cenário de uma força de trabalho global ciente das mudanças vindouras e preparada para o desafio."[63]

Essas considerações, bem como o reconhecimento de que grande parte dos funcionários atuais verão seus empregos se tornarem menos relevantes graças à tecnologia,[64] estão fazendo as empresas de ponta e, até mesmo, indústrias inteiras embarcarem em programas agressivos de requalificação. No setor de TI da Índia, analistas projetaram que cerca de 40% da força de trabalho necessitará de treinamento de novas habilidades conforme a tecnologia avança para áreas como realidade virtual, blockchain e tecnologia em nuvem, ao passo que a regulamentação e a globalização tornam o trabalho mais complexo e os empregos se tornam cada vez mais automatizados.[65] Embora, em 2019, o setor tenha contabilizado aproximadamente 800 mil profissionais com habilidades digitais, a Associação Nacional de Empresas de Software e Serviço da Índia (National Association of Software and Service Companies, ou NASSCOM, em inglês), que é a associação do comércio no setor, estima que, até 2023, as empresas necessitarão de 2,7 milhões de pessoas com essas habilidades.[66] Considerando que apenas uma porção dos graduados anuais em engenharia na Índia apresenta as habilidades adequadas, o setor começa a prever uma escassez de habilidades. Para lidar com isso, as empresas não terão outra alternativa senão requalificar grande parte de suas forças de trabalho.[67]

## 202 ALÉM DA EXCELÊNCIA

A NASSCOM lançou um enorme programa de requalificação chamado FutureSkills com o objetivo de requalificar 4 milhões de pessoas em uma série de áreas tecnológicas importantes até 2025.[68] Entre muitos outros elementos, o FutureSkills criou um currículo de cursos vinculados às habilidades de dezenas de funções específicas, tornando-o acessível a grandes empresas de TI na forma de um marketplace aberto. O objetivo do curso: "capacitar a descoberta, o aprendizado contínuo e o aprofundamento em dez tecnologias emergentes."[69] Em 2018, o primeiro-ministro da Índia, Narendra Modi, lançou formalmente a NASSCOM em um evento com líderes do setor de TI e representantes de todo o mundo.[70]

Entre seus pares, a Wipro tem sido especialmente agressiva na busca pela requalificação, com um papel de destaque na iniciativa FutureSkills, da NASSCOM.[71] Apesar de ter programas de treinamento de última tecnologia, a Wipro foi incapaz de encontrar talentos digitais suficientes para atender à crescente demanda por disrupções digitais de rápida evolução. Os funcionários mais jovens não responderam bem às instruções tradicionais dadas em sala de aula; eles desejavam experiências de treinamento mais flexíveis e que oferecessem resultados rápidos. A organização lançou um programa ambicioso para requalificar sua força de trabalho entre as unidades operacionais. No entanto, as equipes operacionais buscavam funcionários com experiência em projetos relevantes nessas novas habilidades. Enquanto milhares de funcionários aprendiam novas habilidades, surgiu um desequilíbrio, com muitos funcionários treinados em determinadas habilidades e poucos em outras. As equipes operacionais da Wipro desejavam uma pipeline confiável de funcionários requalificados de maneira relevante e com boa experiência em projetos práticos.

A Wipro precisava de uma nova abordagem, uma mais dinâmica, para encontrar e corresponder talentos digitais dentro de um prazo que permitisse à empresa executar projetos de curto prazo, ao mesmo tempo que construiria sua base de talentos em longo prazo. A empresa reimaginou seu programa de requalificação com o objetivo de criar uma força de trabalho com habilidades aprofundadas em diversas áreas, além de uma boa experiência prática. O novo programa implementou uma metodologia com quatro passos, oferecendo cursos de treinamento em diversos canais, possibilitando o aprendizado por meio de atividades práticas, certificando funcionários com base em avaliações e desafios de programação e cristalizando o aprendizado por meio do fornecimento de uma experiência de projeto em tempo real.

No projeto desse novo programa, primeiro a Wipro mapeou suas habilidades necessárias para cada cargo, criando um inventário de habilidades futuras. A empresa, então, identificou quais habilidades e comportamentos o programa de requalificação deveria priorizar, focando treinar aquelas de alto valor e usadas em altos volumes. Ao usar algoritmos de IA, a Wipro combinou funcionários com necessidades de habilidades e, ao reconhecer que também precisaria tornar a requalificação atrativa para os funcionários, a empresa permitiu que eles construíssem competências importantes por meio de uma estrutura gamificada e programas digitais imersivos. Alavancando uma plataforma de crowdsourcing, o novo programa forneceu experiência prática de projetos ao vivo, motivando os funcionários, fomentando um mindset de crescimento e embutindo-os em um ecossistema de aprendizagem mais amplo. Os esforços para alcançar um design de programa sério e eficaz valeram a pena. Em março de 2020, esse programa teve um papel significativo em ajudar a empresa a preencher 75% de suas demandas por talentos com candidatos internos.[72]

A Wipro não está sozinha na revelação de programas ambiciosos de requalificação. Desde a criação do cargo de chefe digital em 2014, a L'Oréal lançou uma iniciativa digital de requalificação cujo objetivo era criar uma base de especialidade digital entre as diferentes funções. Até 2018, cerca de 2 mil especialistas apoiavam programas digitais em toda a empresa, e mais de 21 mil funcionários receberam a requalificação digital.[73] A AT&T investiu US$1 bilhão em uma iniciativa com o objetivo de retreinar 100 mil funcionários em habilidades de alta demanda até 2020.[74] O programa inclui uma plataforma online que os funcionários podem utilizar para pesquisar vários empregos, seus níveis salariais e as habilidades necessárias, bem como uma ferramenta que avalia as habilidades atuais dos funcionários e diagnosticam quais habilidades eles precisam trabalhar para alcançar os objetivos desejados. Em parceria com instituições educacionais, a AT&T oferece pequenos cursos e programas de certificação online.[75] Depois de um ano, o programa permitiu que a AT&T preenchesse mais de 40% de seus cargos vagos com funcionários atuais.[76] Um ex-gerente de projetos se tornou um scrum master sênior por meio do programa.[77] Outro mudou de operações de rede para ciência de dados.[78] Empresas como Google, Accenture e Cognizant também desenvol-

## 204 ALÉM DA EXCELÊNCIA

veram programas de requalificação de última tecnologia. Em 2020, fábricas norte-americanas esperavam gastar um valor superior a US$26 bilhões com a requalificação de funcionários atuais e de novos funcionários.[79]

Esses exemplos evocam algumas das melhores práticas estratégicas que as empresas de ponta estão seguindo ao desenvolver programas de requalificação. Mas essas empresas de ponta também estão levando em consideração as dimensões emocionais do treinamento em novas habilidades e comportamentos. Conforme elas passam a adotar culturas digitais e formas ágeis de trabalho, o ritmo do aprendizado aumenta. Os funcionários amiúde aprendem novas habilidades e comportamentos antes de terem tempo de dominar habilidades e comportamentos anteriores. Percebendo que esse processo pode confundir e, até mesmo, frustrar funcionários, as empresas de ponta desenvolvem culturas de aprendizado, dando aos funcionários espaços seguros de aprendizado no trabalho (por exemplo, oferecendo-lhes descanso suficiente para aprender algo novo), entregando conhecimento da forma mais confortável possível e ajudando-os a administrar as emoções vivenciadas. Elas reconhecem, ainda, que nem todo funcionário poderá se transformar em um "novo talento".

### Conselhos para Líderes

Nos capítulos anteriores, focamos o aspecto técnico do negócio global do século XXI: propostas de valor possibilitadas pelo meio digital, ecossistemas digitais, Indústria 4.0 — fábricas equipadas, arquiteturas de dados e plataformas tecnológicas. Mas, como observou a chamada de um artigo apresentado como parte da reunião anual do Fórum Econômico Mundial, "o talento, e não a tecnologia, é a chave para o sucesso em um futuro digital".[80] Da mesma forma, nossos colegas têm argumentado que as empresas "biônicas" do futuro com alto uso de tecnologia obterão sua maior força do "desencadeamento da criatividade humana", no sentido de que "máquinas são apenas possibilitadoras".[81] Eles estão certos. As empresas globais não podem esperar executar muitas das estratégias deste livro a menos que tenham pessoas com as habilidades e os comportamentos relevantes para isso. E, como vimos neste capítulo, elas não serão capazes de acessar esse talento se não forem além da administração de talentos tradicional, atraindo, inspirando e requalificando as pessoas de novas maneiras.

Além de garantir às empresas uma oferta regular de pessoas com habilidades e comportamentos sob demanda, as táticas aqui descritas concederão uma gama de benefícios adicionais a essas empresas. Como a Gallup descobriu, organizações que investem no desenvolvimento de seu pessoal são mais lucrativas do que outras e retêm mais funcionários.[82] A introdução de um propósito pode impactar a produtividade e reduzir os custos de mão de obra, uma vez que os funcionários que encontram propósito no trabalho tendem a trabalhar durante mais tempo e passar mais tempo em seus empregos.[83] De fato, considerando o ritmo cada vez mais rápido dos negócios, comunicar e embutir o negócio com propósito e valores também permite que as empresas orientem novos funcionários mais rapidamente. Seguir as táticas descritas neste capítulo pode, em muitos casos, levar a um aumento do engajamento do funcionário, trazendo consigo os diversos benefícios desse maior envolvimento. Quando as empresas prosperam com talentos, elas costumam descobrir que seu pessoal está comprometido com o sucesso da organização, e não apenas com o próprio sucesso.

Se você acha assustadora a ideia de ir além da administração de talentos tradicional, saiba que não está sozinho. Uma pesquisa de opinião realizada pela Conference Board descobriu que a atração e a retenção de talentos era a principal "questão do momento" global a preocupar os CEOs em 2020.[84] Você pode começar a tarefa de reimaginar sua estratégia de administração de pessoas levando em conta as seguintes questões:

- Considerando as mudanças esperadas em seu negócio ao longo dos próximos três a cinco anos, de quais tipos de habilidades você imagina que precisará — e qual é a quantidade necessária? Acredita que sua tática atual de administração de talentos será suficiente?
- Quais tipos de talentos não tradicionais podem ser bons para sua empresa? Você tem um plano para atrair esses indivíduos? Qual é a mistura certa de talentos temporários, permanentes e virtuais para seu negócio?
- Você já pensou seriamente sobre o propósito de sua empresa? Caso ela tenha um, você foi além do propósito superficial em busca de uma razão de ser que faça sentido para sua força de trabalho? Como pode aprofundar seu comprometimento com esse propósito?

# 206 ALÉM DA EXCELÊNCIA

- Como você pode conduzir melhorias na cultura de sua empresa, prestando atenção a valores e comportamentos como colaboração, agilidade, aprendizado contínuo e diversidade?
- Avalie suas necessidades de talento e a oferta de grandes talentos dentro de sua indústria. Você tem algum argumento econômico para investir em uma significativa iniciativa de requalificação para seus funcionários atuais?
- Considerando a magnitude das mudanças exigidas, você preparou os líderes e gerentes, informando-os sobre os novos papéis que eles assumirão na atração, na motivação e na requalificação de talentos?

Ao se fazer essas perguntas, lembre-se de que as empresas de ponta que pesquisamos não só adotaram uma série de táticas inovadoras, como seus líderes também mudaram seus mindsets sobre talento, comprometendo-se a colocar as pessoas em primeiro lugar e trabalhando extensivamente para que isso se tornasse realidade. Como uma medida da seriedade desses líderes e gerentes, essas empresas não se enganaram ao pensar que poderiam substituir todas as suas práticas atuais de administração de talentos nem tentaram fazer isso com um único movimento ousado. Em vez disso, adicionaram novas camadas de táticas ao longo dos anos, fazendo disso apenas mais uma de uma série de transformações realizada em toda a empresa e de forma contínua. Certa vez, Peter Drucker previu que "a única habilidade que será importante no século XXI é a habilidade de aprender novas habilidades. Todo o restante se tornará obsoleto ao longo do tempo".[85] Revendo os capítulos que escrevemos até então, os empreendimentos bem-sucedidos do século XXI precisarão implementar mais uma metaestratégia para aplicar as primeiras oito estratégias presentes neste livro. Conforme veremos no capítulo seguinte, a transformação contínua é uma estratégia que as empresas de ponta estão se apressando para desenvolver e implementar.

## Insights Importantes

- Nos próximos anos, as empresas devem adotar medidas para prosperar por meio de seus talentos, colocando as pessoas e suas necessidades em primeiro lugar em vez de considerá-las um recurso a ser explorado.

## PROSPERE COM TALENTO    207

- Criar uma pipeline estável de grandes talentos atualmente significa ir além das táticas tradicionais (feiras de carreiras, programas de extensão de campi e contratações laterais) e aplicar muito mais criatividade e mente aberta em quem selecionar, onde procurar e como deixar o candidato interessado.

- Há muito tempo, as empresas têm motivado sua força de trabalho ao focar incentivos extrínsecos, como aumentos salariais e bonificações. Tais incentivos ainda são relevantes para os novos talentos, mas as empresas de ponta também estão trabalhando duro para garantir que o trabalho em si seja significativo.

- Atrair e motivar funcionários jovens e talentosos não será suficiente para que a maioria das empresas atenda às suas necessidades de talentos. As empresas devem tomar medidas para ensinar à sua força de trabalho atual novas habilidades e comportamentos, algo que algumas pessoas têm chamado de *requalificação*.

# CAPÍTULO 9
# ADOTE A TRANSFORMAÇÃO CONTÍNUA

*Tradicionalmente, os líderes abordaram a transformação organizacional como uma proposta episódica e individual. Eles mobilizavam as pessoas pela transformação e, ao término desta, todos voltavam aos negócios como de costume. Isso não será mais suficiente. Para competir e vender em ambientes de negócios voláteis e em rápida evolução, as empresas globais devem ser versadas em buscar múltiplas transformações de forma contínua. Elas devem adotar a transformação contínua como norma operacional.*

Em nossa era de mudanças rápidas, revolucionárias e abertas, você não pode ir *além* só uma ou duas vezes. As três forças disruptivas descritas neste livro estão se desdobrando simultaneamente, fazendo as empresas confrontarem mudanças no mercado, expectativas em evolução dos clientes e ações dos concorrentes — a volatilidade só se torna maior graças à Covid-19, a tsunamis e a outros tipos de choques. Para alcançar uma vantagem e sustentá-la ao longo do tempo, você precisará buscar muitas ou todas as oito estratégias que cobrimos até então, executando-as de forma diligente e eficiente. Cada estratégia requer intervenções top-down e mobilizações de recursos, e você deve integrar as estratégias umas com as outras de maneira inteligente, permitindo interdependências. Ademais, será preciso manter um ritmo regular de transformação, estabelecendo prioridades entre as estratégias, pivotando rapidamente entre iniciativas de mudanças e concebendo o processo geral como algo holístico, contínuo e em evolução. Em outras palavras, a transformação deve se tornar uma proposta *contínua*, uma parte essencial da operação de seu negócio. Como observou o presidente da Tata, N. Chandrasekaran, "a inovação e a mudança precisam estar profundamente embutidas no DNA da empresa".[1]

## 210 ALÉM DA EXCELÊNCIA

A transformação contínua pode parecer cansativa, talvez até impossível ou não recomendada. Iniciativas tradicionais de transformação são eventos discretos e individuais na vida de uma organização quando, ao longo de um período de doze a dezoito meses, os líderes elaboram um plano para alcançar um objetivo claro, e a organização o executa com disciplina até o objetivo ser conquistado. Em seguida, os líderes desmontam as equipes de transformação e infraestrutura, fazendo com que a empresa volte aos negócios como sempre. Por mais direta que seja essa abordagem, elas passam por muitas dificuldades ao abordá-la. Segundo alguns relatos, até 70% dos esforços transformacionais dos negócios fracassam em alcançar seus objetivos.[2] Assim, como as empresas podem buscar iniciativas de mudanças sobrepostas de forma contínua e serem bem-sucedidas?

Algumas empresas de ponta estão reimaginando as abordagens de transformação e obtendo resultados excepcionais. Em 2014, quando Satya Nadella tornou-se CEO da Microsoft, a empresa estava em ótimas condições, com boa receita, margens operacionais quase em 35% e US$76 bilhões em dinheiro e investimentos de curto prazo.[3] Mesmo assim, o preço das ações da empresa passava por uma estagnação, sua capitalização de mercado mantinha-se em US$314 bilhões e sua perspectiva de futuro era incerta.[4] Embora os negócios tradicionais da Microsoft tivessem um bom desempenho, a empresa perdeu a oportunidade de se aproveitar de todas as grandes tendências tecnológicas da última década, incluindo aparelhos móveis, ferramentas de buscas e redes sociais. Ela estava prestes a perder outra dessas tendências — a tecnologia em nuvem —, uma vez que a concorrência estava muito mais avançada nessa área. Por trás desse atraso, residia uma clássica dinâmica do dilema do inovador. Muito embora os líderes da Microsoft identificassem novas tendências no horizonte, assim como qualquer outro líder, uma cultura insular, arrogante e internamente competitiva — além da obsessão dos líderes da empresa com sua tradicional galinha dos ovos de ouro, o sistema operacional Windows — impedia a empresa de entrar em outros mercados de forma agressiva. Funcionários e líderes da empresa ficavam receosos, defendiam a área que dominavam e resistiam às novas ideias e iniciativas.[5] "A empresa estava doente", escreveu Nadella em seu livro lançado em 2017, *Aperte o F5*. "Os funcionários estavam cansados e frustrados. Eles estavam cheios de perder e serem deixados para trás apesar de seus grandes planos e suas ótimas ideias."[6] A Microsoft precisava mudar e, sob a direção de Nadella, um engenheiro de carreira na empresa, ela mudou. Ao longo dos anos seguintes, a empresa passou por uma considerável mudança, que incluiu novas missão, visão e estratégia. Em vez de se manter obcecada por PCs, a empresa focou o desenvolvimento de ofertas voltadas para a nuvem e aparelhos móveis, com a missão, articulada por Nadella em 2015, de fortalecer "todas as pessoas e todas as organizações do planeta a conseguir mais" e com a visão "tecnologia móvel e em nuvem em primeiro lugar" [*mobile-first*, *cloud-first*, no original em inglês].[7] Na prática, isso atualizou a estratégia da empresa de apoiar o tipo de propostas de valor digitais descritas no Capítulo 2. Os investimentos migraram do Windows para a Azure (o serviço em nuvem da Microsoft) e seus apps de negócios e IA. Com o tempo, o Windows se fundiu com a organização do Office. A Microsoft não estava mais no negócio de proteger seu sistema operacional. Em 2017, a estratégia e a visão evoluíram, com uma nova ênfase na IA (articuladas como "nuvem inteligente, vantagem inteligente") no lugar da antiga ênfase em dispositivos móveis. Conforme declarado pela empresa em seu relatório anual: "Nossa estratégia é construir os melhores serviços de plataformas e produtividade disponíveis no mercado para uma nuvem e vantagem inteligentes, infundidos com a inteligência artificial ('IA')."[8]

O pivot da Microsoft rumo à nuvem e à IA não ocorreu como uma única e dramática ruptura com o passado. Em vez disso, ela abrangia uma série de transformações drásticas realizadas em paralelo e de forma contínua ao longo dos anos. A Microsoft criou um portfólio dinâmico de iniciativas de transformação que evoluíram com o tempo, enquanto algumas eram concluídas, outras continuaram e ainda outras eram lançadas. Essas iniciativas eram variadas e ambiciosas em igual medida. Para fortalecer os funcionários, a empresa saiu de uma cultura competitiva e adversária para uma com foco na colaboração, no crescimento e desenvolvimento individual e na busca do propósito social (Capítulo 8). Em vez de ser uma empresa com um pessoal "sabe-tudo", como disse Nadella, a Microsoft buscou pessoas com personalidades capazes de "aprender sobre tudo".[9] Ao mesmo tempo, a empresa se reorganizou para se tornar mais responsiva e colaborativa com os clientes (Capítulo 7). Ela adotou os dados, adicionando uma série de métricas para reforçar seu novo foco no cliente (Capítulo 6). Externamente, a empresa abandonou as rivalidades com os concorrentes e uniu forças com eles em um ecossistema colaborativo

## 212 ALÉM DA EXCELÊNCIA

(Capítulo 4), tornando-se a casa do maior número de contribuidores de código aberto do mundo e forjando relacionamentos com empresas que incluem suas arquirrivais, como Apple, Google (Android) e Salesforce.[10] Como dito por Nadella, "nós, especialmente aqueles que oferecem serviços de plataforma, temos a incumbência de realizar parcerias amplas para solucionar as dificuldades de nossos clientes".[11]

Coletivamente, essas e outras iniciativas mexeram com toda a organização, representando o que um jornalista chamou de "Nadellaissance" [Nadellazação, em tradução livre].[12] A empresa tem aumentado muito seus negócios de serviços e plataforma em nuvem, ao mesmo tempo que tem reduzido bilhões de custos e feito aquisições importantes, como GitHub e LinkedIn. Por trás dos bastidores, a Microsoft tem se tornado mais dinâmica e empreendedora, acabando com os sufocantes silos de produto e liderança, implementando processos ágeis de trabalho em suas funções de engenharia e acelerando sua competência de levar as ofertas ao mercado. Os resultados financeiros da Microsoft foram extraordinários. Desde 2014, o retorno aos acionistas total tem superado o índice S&P 500 em 60%, e a capitalização de mercado subiu de US$300 bilhões para mais de US$1,6 trilhão (valor de julho de 2020),[13] tornando Nadella o primeiro CEO da história da Microsoft a gerar mais de US$1 trilhão em capitalização de mercado.

O caso da Microsoft sugere que as histórias de mudanças bem-sucedidas da atualidade não são uma corrida como as mudanças do passado. Elas são um triatlo sem fim. Conclua um estágio e você se verá, na mesma hora, em outro completamente diferente, marcando uma experiência intensa de mudanças quase constantes. Em 2020, a Microsoft já estava há seis anos passando por transformações, e sua jornada ainda não havia acabado. Vencer em um concurso de resistência como esse significa construir um tipo fundamentalmente novo de capacidade de transformação dentro da organização. Inspirados pela história da Microsoft, bem como por pesquisas sobre programas de transformação em mais de cem empresas, desenvolvemos uma abordagem que pode ser utilizada para aumentar suas chances de sucesso na transformação contínua.

As empresas que estão indo *além* estão adotando um modelo de transformação contínua que descrevemos como "Cabeça, Coração e Mãos" da transformação.[14] O modelo convida as empresas a lidarem com três tarefas distintas: (1) imaginar o futuro desejado pela empresa e como alcançá-lo ("cabeça"); (2) motivar e fortalecer a força de trabalho por trás dos esforços contínuos de transformação ("coração"); e (3) construir a competência de executar e inovar com agilidade ("mãos"). Para se sair bem na transformação contínua, as empresas de ponta estão rigorosamente atendendo a esses três elementos (algo que, tradicionalmente, poucas empresas têm feito). Nossa pesquisa, no entanto, revela que elas estão indo muito além, fazendo ajustes poderosos nas três tarefas que reimaginam coletivamente a transformação em uma era de volatilidade.

Em especial, empresas de ponta estão melhorando drasticamente a atenção que dão ao coração, visando ajudar os funcionários a evitar a fadiga da transformação, ampliando sua abordagem da cabeça para elucidar um caminho de longo prazo até a mudança e construindo novos músculos para que as mãos façam mais de forma mais ágil. Ao atender a esses três elementos e realizar essas adaptações, é possível transformar os esforços transformacionais de sua empresa, fortalecendo e encorajando seu empreendimento para ir — e permanecer — além da excelência.

## Coloque o Coração da Transformação no Centro

O sucesso das transformações tem dependido da habilidade dos líderes em motivar e fortalecer seu pessoal para tornar a mudança real. Infelizmente, muitas empresas negligenciaram isso. Nossa pesquisa descobriu que as empresas focaram as mãos duas vezes mais do que focaram o coração, enquanto este recebeu apenas um terço do foco oferecido à cabeça.[15] A maioria das empresas tendia a tratar seu pessoal como meios para um fim quando lidavam com mudanças — ou, ainda pior, tratava-o como algum tipo de dano colateral. Um estudo realizado com duzentos executivos descobriu que a maioria estava liderando ou liderou uma iniciativa de mudança, mas a metade relatou não ter pensado em como seu pessoal se sentia a respeito dela.[16] Isso é vergonhoso, além de ser, possivelmente, uma das maiores razões pelas quais as empresas têm passado por dificuldades em implementar transformações bem-sucedidas. Em nosso estudo, "entre as empresas com um alto desempenho de longo prazo, a alta pontuação do coração apareceu duas vezes mais".[17]

# 214 ALÉM DA EXCELÊNCIA

> As empresas não podem ignorar seu pessoal se desejam obter sucesso por meio da transformação contínua — elas precisam fazer de seus funcionários o foco central.

As pessoas só sustentarão a transformação com o tempo, acompanhando as diversas iniciativas e abraçando mudanças contínuas dentro do portfólio de iniciativas, caso sejam apaixonadas por realizar mudanças. Elas devem mergulhar de cabeça na transformação, e não vê-la como outra iniciativa corporativa qualquer. Na verdade, devem se tornar o coração pulsante a dar vida à transformação. Para garantir que a força de trabalho sinta essa paixão persistente pela mudança, os líderes devem tomar uma série de medidas para fortalecer e motivar suas forças de trabalho. Utilizar quatro diferentes *alavancas de ativação* é algo particularmente importante.

## Alavanca de Ativação #1: Propósito

Os funcionários ficarão mais entusiasmados a respeito da transformação ao compreender profundamente o porquê de realizá-la. Para uma competência de transformação contínua, as empresas de ponta devem se preocupar em conectar de forma explícita os esforços de mudança com o propósito da empresa. O propósito sempre foi importante para a transformação, mas passa a se tornar crucial quando essa mudança se torna contínua. O propósito fornece "alinhamento, clareza, orientação e energia muito necessários", servindo para relacionar "vários esforços de transformação de forma a ser algo lógico e acessível a todos".[18] Satya Nadella tornou a contar em seu livro como o propósito teve um papel fundamental na transformação contínua da Microsoft. Ao se tornar CEO, Nadella convidou a empresa a redescobrir sua "alma", segundo suas palavras, seu propósito ou sua razão central de ser.[19] Ele passou meses questionando os funcionários sobre o propósito da empresa. "Para minha primeira pergunta, a razão da existência da Microsoft, a mensagem foi alta e clara. Nós existimos para construir produtos que fortalecem os outros. Esse é o significado que buscamos infundir em nosso trabalho."[20]

Em seu e-mail redigido em julho de 2014 e destinado a toda a empresa, Nadella convidou a Microsoft a "redescobrir nossa alma — nossa essência única" e definiu uma missão atrelada a esse propósito: "Reinventaremos a produtividade para fortalecer todas as pessoas e organizações do mundo, permitindo que façam e conquistem mais."[21] A resposta dos funcionários foi esmagadora. Ele recebeu respostas de toda a empresa, dizendo que "a linguagem de fortalecer todos no planeta para que conquistem mais os motivou de forma pessoal, e eles puderam ver como aplicar isso a seu trabalho diário, qualquer que fosse o funcionário: um programador, um designer, um publicitário ou um técnico de atendimento ao cliente".[22]

Para oferecer tudo de si aos esforços de transformação contínua, para acompanhar esses esforços durante momentos desafiadores e para buscar uma mudança aberta, as pessoas precisam entender o sentido final da mudança. Mas não apenas *entender* — eles precisam sentir isso no âmago, todos os dias, ao trabalhar (um imperativo que discutimos no Capítulo 1). Os esforços de transformação precisam de significado, e cabe aos líderes moldar esse significado ao descobrir e comunicar o propósito profundo da empresa.

### Alavanca de Ativação #2: Cultura

Atualmente, muitas empresas se satisfazem ao buscar o propósito de maneira indiferente ou incompleta — esse é o *propósito superficial*. Essas empresas fracassam em tornar tangível e atraente, tanto para funcionários quanto para clientes, a razão de ser da empresa.[23] Como também é compreendido pelas empresas de ponta, você não pode simplesmente articular seu propósito com palavras e esperar que isso surta algum efeito. As pessoas precisam *viver* o propósito cotidianamente, o que, por sua vez, significa que a cultura deve mudar, para suscitar e apoiar o propósito. Ademais, a cultura deve liberar e fortalecer as pessoas, para que estas tenham atitudes de apoio com relação aos esforços transformacionais. Por mais entusiasmadas que elas estejam sobre o destino final da empresa, sua paixão por mudanças desaparecerá se a cultura empresarial impedi-las de tomar uma atitude em suporte aos objetivos e às estratégias da empresa. Em nossa pesquisa, as empresas que enfatizaram a cultura durante transformações digitais eram cinco vezes mais propensas a alcançar um desempenho sólido ou excepcional do que aquelas que não a enfatizaram. Simplificando: não há transformação digital sem uma cultura digital.[24]

Ao orientar essa mudança da Microsoft, Nadella compreendeu a importância da cultura e seu íntimo relacionamento com o propósito. Influenciado pelo livro de Carol Dweck, *Mindset: A nova psicologia do sucesso*, ele transformou a cultura da Microsoft de uma cultura de competição e conflito para uma de crescimento pessoal ou, nas palavras dele, de "aprendizado dinâmico" arraigado em um mindset de crescimento. "Tudo é possível para uma empresa", disse ele, "quando sua cultura se baseia em escutar, aprender e usar paixões e talentos individuais a favor da missão da empresa".[25] Para Nadella e a Microsoft, uma cultura de aprendizado dinâmico lidaria com uma série de expressões, incluindo uma curiosidade obsessiva a respeito dos clientes e das necessidades deles, a diversidade e a inclusão internas e a colaboração em toda a organização, algo que Nadella chamou de "Uma Microsoft". "Falei sobre isso em todas as oportunidades que tive", relembrou. "E eu buscava oportunidades de mudar nossas práticas e nossos comportamentos para tornar o mindset de crescimento vivo e real."[26]

Um lugar em que a cultura e o propósito da Microsoft ganharam vida foi nos grandes hackathons organizados por ela nos últimos anos, durante o One Week, o evento anual da empresa. A administração de desempenho e a estrutura organizacional da empresa também sofreram alterações para refletir o ideal de mindset de crescimento,[27] além de a empresa ter buscado fortalecer pessoas para crescerem por meio de políticas de recursos humanos que promovem um ambiente de trabalho positivo e acolhedor, que atraem grandes e diversos talentos e que fornecem ferramentas e tecnologias capazes de melhorar a colaboração entre os funcionários. O próprio Nadella trabalhou incansavelmente para fomentar um mindset de crescimento, comunicando à empresa os livros interessantes que descobria, deixando os líderes cientes de quando se afastavam da cultura e conversando e ouvindo os funcionários.[28] Ele também tem pressionado os líderes a viver a cultura e fortalecer suas equipes para que também adotem um mindset de crescimento.[29] Com o tempo, a cultura imaginada por Nadella virou realidade e alimentou a habilidade da empresa de buscar a transformação contínua. Como o chefe de marketing da Microsoft disse, "saímos de uma cultura de sabichões para uma cultura de pessoas capazes de aprender. Tudo o que fazemos tem sua raiz em um mindset de crescimento".[30]

## Alavanca de Ativação #3: Empatia

A transformação tradicional costuma ser um desafio para os funcionários. As transformações contínuas são ainda mais desafiadoras, já que agora as empresas pedem para que seu pessoal tome a iniciativa, vá além e corra mais rápido do que antes, só que de forma contínua. Mesmo que os funcionários não percam seus cargos, eles ainda pas.. irão por momentos de estresse ao verem os colegas partirem, ao mudarem seu modo de operar e ao serem, possivelmente, realocados em um novo cargo dentro da organização. As empresas de ponta demonstram empatia pelos funcionários, antecipando os desafios que as transformações representarão para eles e ajudando a força de trabalho a se adaptar. Satya Nadella, por exemplo, falou amiúde sobre empatia. Em seu livro *Aperte o F5*, ele comentou: "Sou apaixonado por colocar a empatia no centro de tudo o que faço — desde os produtos que lançamos e os novos mercados que adentramos até os funcionários, os clientes e os parceiros com os quais colaboramos."[31] Nessa mesma veia, as empresas de ponta não só oferecem a ajuda usual aos funcionários em momentos de transição para novos cargos e carreiras fora da empresa, como também lhes fornecem coaching, diversos tipos de treinamentos vocacionais e assistência com planejamento financeiro. Ao facilitar um pouco a vida dos funcionários, essas medidas mostram-lhe que a empresa se importa com o bem-estar deles e que eles são mais do que um recurso descartável.

Um bom exemplo é a empresa de tecnologia finlandesa Nokia, que perdeu a revolução dos smartphones e, em decorrência disso, teve significativas consequências financeiras em termos de receita, perdas e capitalização de mercado. Com isso, a Nokia passou por uma série de grandes transformações que essencialmente recriaram a empresa. Ao longo de vários anos, a empresa restruturou e vendeu seu negócio central de celulares para a Microsoft e adotou a infraestrutura de redes como seu novo negócio central, adquirindo o restante da metade de sua joint venture com a Siemens em 2013 e, em seguida, finalizando a aquisição da Alcatel-Lucent em 2016. A empresa também vendeu seu negócio de software de mapeamento e fortaleceu seu negócio de inovação e reinvenção. Essas mudanças a ajudaram a se estabilizar, lançando-a em uma nova fase de reconsolidação e integração de 2015 a 2019. Para muitos funcionários, no entanto, as mudanças representaram um enorme desafio. Enquanto a empresa estava reduzindo suas áreas de atuação, alguns funcionários continuavam em seus cargos, sabendo que seu tempo na empresa logo chegaria ao fim, enquanto aqueles que permaneceram assistiam aos outros irem embora. Conforme a empresa integrava novos negócios, os funcionários precisavam enfrentar incertezas sobre a forma que suas funções, muitas vezes temporárias, assumiriam.

## 218 ALÉM DA EXCELÊNCIA

Ainda assim, por mais estressante que a transição estivesse sendo para os funcionários, a Nokia os apoiou de maneiras que muitas empresas que passam por transformações não fazem. Os líderes prezavam pela transparência, dando às equipes os avisos prévios de demissões com maior antecedência possível, para que os funcionários pudessem se preparar. Para ajudá-los a migrarem para outras carreiras, a empresa forneceu apoio por meio de um amplo programa chamado Bridge.[32] O objetivo do programa era um só: maximizar o número de funcionários que sabia qual seria o próximo passo após o término do contrato com a empresa. Por meio do Bridge, os funcionários localizavam novos cargos dentro da Nokia e recebiam acesso a coaching, ajuda com currículos, networking, auxílio financeiro para o treinamento de novas habilidades e assim por diante. Aqueles em busca de empreender poderiam se inscrever para receber dinheiro como uma startup ou atuar como incubadoras. Uma característica especial do Bridge era a flexibilidade: conforme os planos para o futuro dos funcionários evoluíam, eles podiam acessar diferentes partes do programa, como bem entendessem.[33] Eles também podiam obter financiamento para alcançar objetivos individuais, como atuar em um voluntariado.[34] Para a Nokia, o Bridge não era apenas altruísta, mas um bom negócio. Ao tratar os funcionários bem, a empresa podia manter a moral deles, garantindo que continuassem a se esforçar. Para garantir que o Bridge atendesse às necessidades dos funcionários, a empresa atribuiu gerentes locais, que também estavam prontos para sair da empresa, para coordená-lo.[35]

Tudo dito, a empresa demitiu 18 mil funcionários durante essa fase de renovação, mas, graças ao Bridge, quase dois terços destes já haviam determinado o próximo passo de suas carreiras antes de sair da empresa.[36] O financiamento do Bridge ajudou os funcionários a fundar mil novos negócios.[37] Ao entrar em contato com alguns funcionários cerca de dezoito meses após saírem da empresa, a Nokia descobriu que a grande maioria — 67% dos participantes em geral (e 85% dentro da Finlândia) — tinha sentimentos positivos a respeito do tratamento recebido durante o programa.[38] A empresa também teve bons resultados. Graças ao Bridge, ela evitou quedas no engajamento, na produtividade e na qualidade. Em alguns casos, houve até melhora da qualidade. Enquanto isso, os gastos da Nokia no Bridge representaram apenas uma pequena porcentagem (4%) dos custos totais de restruturação ao longo do período 2011–2013.[39] Em comparação com 2012, as vendas da Nokia aumentaram quase 10%, e suas margens aumentaram em quase 12% em 2015. O retorno total anual aos acionistas aumentou mais de 50% durante esse mesmo período.[40]

Em 2015–2016, quando demitiram ex-funcionários da Nokia, que passaram a fazer parte da Microsoft após a aquisição do negócio de celulares daquela por esta, a Microsoft escolheu uma abordagem empática semelhante. Sob um programa chamado Polku, a Microsoft complementou o programa de cortes com a oferta de dinheiro de startups e outros recursos para ex--funcionários da Nokia na Finlândia que tivessem interesse em fundar novas empresas.[41] Graças a esse e outros esforços coordenados pelo governo finlandês, quase todos (cerca de 90%) os funcionários atingidos pela demissão garantiram um novo emprego.[42] Como relatou o diretor do Polku: "Foi muito reconfortante ver tantos ex-colegas encontrarem novos trabalhos por meio do Polku. O programa foi muito elogiado pelos participantes, assim como pelos agentes externos."[43]

### Alavanca de Ativação #4: Liderança

Como vimos, o envolvimento pessoal de Nadella foi crucial para a habilidade da Microsoft de sustentar uma transformação contínua e aberta. Nadella serviu como curador do propósito ou da razão de ser que provocou a ascensão da cultura atual. Para garantir que os outros líderes da empresa apoiassem a habilidade transformacional dela, a Microsoft implementou um modelo de liderança transformacional com três pilares: "crie clareza", "gere energia" e "entregue sucesso". Assim como em outras empresas de ponta, vimos líderes ajudarem a construir uma capacidade de transformação contínua por meio de suas missões pessoais de motivação e fortalecimento de funcionários, bem como pela garantia de que os outros líderes da organização fariam o mesmo. As empresas que estudamos implementaram uma série de táticas específicas para mobilizar os líderes por trás da transformação, incluindo uma melhoria na função de treinamento e de processos de avaliação de desempenho.

### Torne a Cabeça da Transformação Mais Expansiva

Com uma transformação tradicional, o caminho a seguir é direto. Os líderes identificam uma única mudança operacional que precisa ser realizada pela

## 220 ALÉM DA EXCELÊNCIA

empresa e alocam recursos antes da mudança pelos próximos três a quatro anos. A transformação contínua é muito mais complexa e exige muito mais esforços dos líderes para estabelecer e transmitir um programa de mudança. Não é mais suficiente articular um objetivo operacional estreito — "cortar custos em 10%" ou "melhorar a qualidade em 10%" — e deixar que a organização vá atrás de realizá-lo.

Com as iniciativas de mudança sobrepondo, impactando e alterando umas às outras, empresas e líderes devem, fundamentalmente, restabelecer suas ambições e as ambições organizacionais. Eles devem articular uma compreensão muito mais ampla sobre onde querem chegar em longo prazo e sobre o que priorizarão e focarão para alcançar esse estado desejado.

Para enfrentar a primeira tarefa, os líderes pintam um quadro claro e inspirador de tudo o que a empresa pode e irá se tornar com um grande e combinado esforço. Esse quadro deve ter sua raiz no propósito de longo prazo da empresa e abranger as oito estratégias descritas neste livro. Os líderes devem promover essa visão de transformação internamente, argumentando para a força de trabalho de forma inspiradora em favor da mudança e garantindo que os principais líderes comprem a ideia. Ao longo do tempo, os líderes também devem verificar anualmente a visão criada, atualizando-a e modificando-a conforme as condições externas mudam, alguns esforços transformacionais terminam e outros começam.

Na Microsoft, Satya Nadella estabeleceu o rascunho geral do estado desejado da empresa em um longo e-mail redigido em 2014. Enquanto a Microsoft, tradicionalmente, tem focado o fornecimento de "dispositivos e serviços" para seus clientes, Nadella proclamou que ela se tornaria "a empresa de plataforma e produtividade para um mundo com foco em dispositivos móveis e tecnologia em nuvem. Nós reinventaremos a produtividade para fortalecer cada indivíduo e empresa do planeta, para que estes possam fazer mais e conquistar mais". Ao adotar essa fórmula, Nadella prosseguiu com a visão centrada em todos os stakeholders, algo que discutimos no Capítulo 1, em vez de focar exclusiva ou principalmente os acionistas. O e-mail seguiu explicando o que significaria a reinvenção da produtividade — não só permitir que indivíduos e negócios criem, mas armá-los com ferramentas inteligentes que são "mais preditivas, pessoais e úteis". A empresa entregaria experiências que "esquentariam o trabalho e as experiências de vida digitais das formas mais pessoais, inteligentes, abertas e empoderadas possível". Para fazer dessa visão uma realidade, a empresa reimaginaria sua cultura, tornando-a mais dinâmica, focada no cliente e eficiente, permitindo que cada funcionário da Microsoft possa aprender e crescer. "Precisamos ter a coragem para nos transformarmos como indivíduos. Devemos nos perguntar quais ideias podemos tornar realidade."[44]

Por mais inspiradora que uma visão completa do futuro possa ser, os funcionários ficarão sobrecarregados se os líderes tentarem transformar tudo de uma só vez. No estabelecimento de um programa de transformação contínua, os líderes devem articular prioridades claras entre as oito estratégias com base nas necessidades do empreendimento, decidindo o que a empresa fará agora e o que pode aguardar. Essas prioridades devem emergir, conforme sugerimos em outro momento deste livro, de uma análise das competências atuais da empresa. Quais transformações específicas são mais urgentes se a empresa deve criar um valor duradouro diante das inconstantes expectativas dos clientes, tendências de mercado ou ações dos concorrentes? Típicas situações-limite incluem a simplificação da empresa e seus produtos, a inovação do modelo de negócios, a construção de liderança e talento e o desenvolvimento de produtos e serviços digitais. No caso da Microsoft, a empresa focou, inicialmente, o crescimento do negócio de tecnologia em nuvem e o desenvolvimento da cultura que sustentaria esse crescimento. Essa cultura também ajudou a empresa a se tornar mais ágil e a força de trabalho, enxuta. Conforme essas alterações eram aplicadas, a empresa passou a investir no crescimento, adquirindo novas empresas (LinkedIn e GitHub) e expandindo sua divisão de pesquisa em IA. Mais recentemente, a Microsoft iniciou os esforços para se tornar mais sustentável.

Quando as empresas mapeiam as prioridades, elas devem criar um portfólio de iniciativas, assim como a Microsoft, e reconhecer que esse portfólio evoluirá com o tempo. As empresas devem integrar a gerência desse portfólio com o modelo operacional da companhia, assim como fez a Nike, empresa de roupas e calçados. Durante meados dos anos 2010, os líderes na Nike se preocupavam com o fato de a marca estar perdendo vantagem frente aos consumidores. A fatia de mercado da empresa no lucrativo mercado norte-americano estava diminuindo, e as vendas de varejo, que tradicionalmente representavam

## 222 ALÉM DA EXCELÊNCIA

a maior parte das vendas da Nike, sofreram com a disrupção causada pela Amazon, que dominava o varejo de roupas online.

Em 2016, determinada a mudar as diversas faces de sua marca e sua cadeia de suprimentos, a Nike elaborou planos para uma ampla transformação construída explicitamente com base na adoção de tecnologias digitais. Para ajudar a organização a executar essa estratégia, a Nike criou uma estrutura de governança e estabeleceu uma instituição dentro da empresa, o escritório de transformação digital, para construir e administrar um portfólio de iniciativas de transformações digitais. A empresa delegou a coordenação do portfólio ao chefe da transformação digital e chefe do setor digital, além de apontar um comitê de direção composto de executivos seniores. Para garantir que a transformação digital se tornasse parte do modelo operacional da empresa, a Nike vinculou essas iniciativas ao processo de desenvolvimento anual da estratégia da empresa. Todos os anos, os líderes determinavam as competências digitais de que a Nike precisava para alcançar suas estratégias anuais, elaborar orçamentos, coordenar gastos e permitir que os esforços rendam frutos em seus negócios, ao lado de outras iniciativas estratégicas. Além de permitir que os líderes monitorassem o progresso de iniciativas digitais, esse processo também garantiu que as pessoas, os dados, a infraestrutura e os orçamentos estariam alinhados entre todos os esforços de transformação e os negócios da Nike.

Nos últimos anos, a Nike manteve entre oito e dez iniciativas de transformação corporativa em seu portfólio em todos os momentos, todas elas em diferentes estágios de maturidade. Os líderes reavaliaram as iniciativas constantemente e mudaram as prioridades de acordo com as demandas dos negócios da Nike e as alterações das condições externas. Juntas, essas iniciativas conduziram mudanças drásticas no empreendimento, permitindo à Nike melhorar a experiência do consumidor por meio da digitalização da experiência de varejo (Capítulo 2), revolucionando a própria cadeia de suprimentos e fabricação de produtos.

Com o popular app da Nike, os consumidores agora podem acessar o programa de assinatura da empresa e obter uma série de benefícios, incluindo treinamentos personalizados e ofertas exclusivas. Os apps de corrida e treinamento rastreiam o desempenho dos consumidores, oferecendo um coaching personalizado, acesso a treinos gratuitos e muito mais. No entanto, os apps vão muito além de uma mera experiência digital. As lojas-conceito House of

Innovation (inauguradas em Nova York e em Xangai em 2018, com planos de abrir outra loja em Paris no momento em que este livro foi escrito)[45] são integradas ao app da Nike, permitindo que os consumidores leiam os códigos de barra e vejam se a loja tem a cor e o tamanho desejados, além de uma forma de pagamento mais rápida ao sair. Como a Nike acabou por descobrir, suas lojas-conceito inspiraram muitos consumidores a baixar e usar o app, oferecendo à empresa acesso a um maior pool de dados de usuário, ao mesmo tempo que cria engajamento com eles, diferenciando a marca Nike da concorrência.[46]

Por meio dos dados de usuários coletados (Capítulo 6), a Nike pode melhorar a experiência de compra digital para seus consumidores. "Com o aprendizado de máquina e IA, somos capazes de fazer com que toda experiência digital na Nike seja única e pessoal", disse um executivo da empresa.[47] Os dados dos consumidores também ajudam a fomentar o Express Lane ["Via Expressa", em tradução livre], um processo de cadeia de suprimentos que permite à Nike responder de forma mais rápida e flexível às necessidades dos consumidores. Dados em tempo real permitem que a Nike faça o reabastecimento de produtos em alta demanda mais rapidamente, além de atualizar os produtos com base no feedback dos consumidores. Ao usar uma rápida prototipagem e impressão 3D (Capítulo 5), o Express Lane faz com que a Nike reduza o tempo necessário para desenvolver novos produtos e levá-los até as lojas, passando de meses para apenas dez dias.[48] O Express Lane, por sua vez, contribui para a Consumer Direct Offense Strategy ["Estratégia de Ataque Direto ao Consumidor", em tradução livre] da Nike, criada para aumentar a responsividade em dezenas de cidades espalhadas em dez países, locais que representam, em conjunto, mais de 80% do crescimento esperado da empresa para 2020.[49] As equipes localizadas nessas cidades (Capítulo 7) ficam atentas à demanda do mercado, contando com o Express Lane — e, por sua vez, com os dados gerados pelos apps da Nike — para criar novos produtos que serão amados pelos consumidores.

O portfólio de iniciativas transformacionais produziu resultados impressionantes. Entre 2016 e 2019, a receita aumentou de US\$32,4 bilhões para US\$39,1 bilhões. Em 2019, as plataformas de inovação da Nike representavam quase todo o seu crescimento incremental. Os investidores ficaram felizes: o retorno aos acionistas total da Nike desde 2016 tem superado de forma significativa o índice S&P 500.[50]

## 224 ALÉM DA EXCELÊNCIA

Tais resultados só foram alcançados pela Nike por meio do estabelecimento e de ajustes preventivos de prioridades transformacionais, antes mesmo que qualquer grande desafio, revés ou evento cisne negro exigisse algo do tipo. Uma pesquisa conduzida por nossos colegas do BCG descobriu que empresas que adotam as transformações produzem melhores resultados, superando aquelas que apenas reagem aos eventos em 3% no retorno aos acionistas.[51] As transformações preventivas também apresentam uma execução menos custosa e acontecem mais rapidamente se comparadas com as transformações reativas. Não obstante, a grande maioria das empresas não busca as transformações preventivas.[52] As empresas globais podem, portanto, obter vantagens ao fazer o que a Nike fez como parte da cabeça da transformação: criar e transmitir uma visão abrangente e de longo prazo, fundindo a transformação com o modelo operacional da empresa e criando prioridades claras. Os líderes devem continuar alerta aos primeiros sinais e elaborar mecanismos para avaliações regulares de iniciativas de transformações, priorizando-as conforme necessário. As empresas também dever ter o cuidado de controlar a narrativa para investidores e funcionários, conforme as mudanças no portfólio de transformação se fazem necessárias.

### Construa um Par de Mãos Mais Ágil

Quando os líderes estabelecem uma plataforma clara de mudanças, os esforços transformacionais têm uma probabilidade muito maior de darem certo. Mas as empresas seriam descuidadas em negligenciar a execução desses esforços, aquilo que chamamos de "mãos da transformação". A execução era relativamente simples nas transformações tradicionais. As competências necessárias para a execução eram claras desde o início; então a empresa realizava treinamentos para uma iniciativa específica e descansava antes da execução seguinte. Nos ambientes voláteis em que as empresas da modernidade operam, líderes e equipes não podem antever todas as exigências de execução desde o início. Eles precisam ser capazes de inovar e se adaptar conforme prosseguem, pivotando entre diversas áreas de mudança.

Para se reinventar de forma perpétua, o empreendimento deve ser capaz de executar estratégias proativamente, deve inserir a criatividade e a inovação dentro do sistema. Nas empresas que estudamos, os líderes equiparam a organização para a transformação contínua ao atender a três áreas específicas: (1) formas ágeis de trabalho, (2) novas competências e (3) fortes modelos de governança.

Conforme vimos no Capítulo 7, a transição para formas ágeis de trabalho é, por si só, uma das principais transformações que as empresas devem fazer para ir além no século XXI. A metodologia ágil figurou de maneira central no modelo original de cabeça-coração-mãos do BCG, como um meio para tornar a transformação tradicional o mais contínua e eficaz possível, considerando a crescente volatilidade. No entanto, a adoção da metodologia ágil se torna ainda mais importante para empresas que desejam adotar a transformação contínua. À medida que a empresa se torna mais ágil, as equipes estarão preparadas para identificar rapidamente lacunas de recursos e outras dificuldades no processo transformacional mais amplo, além de elaborar as soluções mais apropriadas. Os principais elementos dos métodos ágeis, incluindo equipes transfuncionais e colocalizadas, sprints, produtos viáveis mínimos, tomada de decisões fortalecida e aprendizado de ciclo rápido, podem ajudar as equipes a inovar rapidamente para prosseguir com os esforços de mudança. As ferramentas digitais utilizadas pelas equipes ágeis e focadas no cliente, da mesma forma, podem melhorar a transformação ao fomentar uma maior colaboração e mais rápida dispersão de ideias. Em geral, a metodologia ágil é responsável por inserir intensidade e velocidade na execução, o que permite às empresas energizar a realização de diversas iniciativas de mudança.

A transformação da Microsoft também foi energizada pela metodologia ágil. "Todas as equipes da Microsoft devem encontrar formas de simplificar e se mover rapidamente e de forma mais eficiente", declarou Nadella em sua carta de 2014 para a empresa. "Aumentaremos a fluidez de informações e ideias ao tomar medidas para achatar a hierarquia organizacional e desenvolver processos mais enxutos de negócios."[53] Algumas partes da empresa já adotavam a metodologia ágil há anos, sobretudo a divisão de desenvolvimento administrada por Nadella anteriormente.[54] Como relatou um visitante da divisão de desenvolvimento em 2015, "todos com os quais conversamos — inclusive nas conversas sem roteiros com os desenvolvedores — estão vivendo, pensando, falando e agindo com os valores ágeis. Não é apenas *usar* a metodologia ágil; é *fazer parte* dela. Existe um difuso *mindset* ágil no qual

# 226 ALÉM DA EXCELÊNCIA

o respeito, a valorização e o envolvimento daqueles que trabalham atendendo às necessidades dos clientes encontram-se no centro".[55] Agora as virtudes da metodologia ágil seriam uma realidade em toda a empresa, facilitando os esforços de mudança da organização. Nadella pediu aos líderes seniores para "avaliar oportunidades de seguir com os processos de inovação e simplificar suas operações e formas de trabalho".[56]

Além da adoção da metodologia ágil, as empresas de ponta precisam ir além do modelo original cabeça-coração-mãos e incluir a transformação no modelo operacional e na liderança da organização. Em especial, elas devem criar modelos de governança que capacitem líderes e membros do conselho a analisar o progresso e continuar levando-o adiante. Esses modelos incluem escritórios dedicados à transformação para conduzir, monitorar, apoiar e comunicar tudo relacionado a esta, bem como para um envolvimento contínuo da parte dos principais líderes. Como vimos anteriormente, a Nike integrou a transformação em seu processo de planejamento estratégico anual e estabeleceu um escritório de transformação digital para liderar e monitorar as mudanças. A empresa também criou um comitê de direção digital que incluía executivos que respondiam diretamente ao CEO da empresa. Do mesmo modo, a Microsoft colocou ênfase na liderança transformacional, concebendo-a como um dos cinco principais elementos que a ajudariam a energizar a força de trabalho por trás das mudanças.

As empresas de ponta aprimoram ainda mais a execução das iniciativas de mudanças contínuas ao garantirem que a organização apresente as competências necessárias para operar de novas formas, incluindo ferramentas, especialidades, processos, habilidades e comportamentos (confira o Capítulo 7). Ao planejar transformações, os líderes dessas empresas se posicionam um passo à frente, começando a construir competências para uma transformação futura mesmo antes de finalizar a transformação atual. Para sua transformação, a Adobe escolheu não depender primariamente da contratação de novos talentos, mas da requalificação de seus funcionários. A Adobe cresceu drasticamente nos últimos cinco anos, tanto por meio de contratações quanto aquisições orgânicas, e a empresa continua a garantir um forte pipeline de talentos. Para somar aos seus programas de desenvolvimento de líderes criados internamente, a empresa fez uma parceria com a Haas School of Business, na Universidade da Califórnia, em Berkeley, a fim de criar um novo programa de treinamento para líderes dedicado a ajudá-los a desenvolver as novas habilidades de que precisarão para conduzir a mudança.

## Conselhos para Líderes

A mudança no século XXI não é algo que se faz de vez em quando, reativamente, de modo desconectado. Ao se dedicar a fazer da mudança em sua empresa uma preocupação constante — até mesmo uma obsessão — e parte integral de seu modelo operacional, você acelerará drasticamente a habilidade do empreendimento de competir, crescer e vencer nos anos seguintes. Em vez de sentir-se cercado pelas três forças que afetam os mercados, você as dominará e usará a onda de oportunidade que elas apresentam. Muito embora alguns choques, como a pandemia de Covid-19, possam, por vezes, deixá-lo desconfortável, por fim você sobreviverá melhor e retornará mais rápido do que seus pares. Em vez de visualizar sua empresa como um titã preso pelo próprio sucesso passado, o mundo lá fora o verá como um resiliente e relevante líder de inovação. A transformação da Microsoft foi tão bem-sucedida que, atualmente, outras empresas não a enxergam apenas como uma líder em nuvem, IA e outras tecnologias, mas como uma líder da transformação. As outras empresas batem na porta da Microsoft buscando aprender sobre sua reviravolta e como evoluir os próprios empreendimentos para se tornarem igualmente bem-sucedidas na era digital.

Assim como para muitos líderes, pode ser mais fácil para você focar um elemento em particular de nosso modelo, a cabeça, esboçando uma visão do futuro e determinando as prioridades de mudança da organização. Mas negligencie os outros dois elementos por sua conta e risco. Como descobrimos em nossa pesquisa, as empresas que buscam transformações tradicionais e que passaram a adotar todos os três elementos tinham uma probabilidade muito maior de que suas iniciativas fossem bem-sucedidas durante um maior período. Praticamente todas essas empresas (96%) alcançaram uma melhoria sustentável de desempenho, uma taxa quase três vezes maior do que as empresas que não se envolveram em todos esses três elementos.[57] Resultados semelhantes devem ser observados nas empresas que buscam a transformação contínua.

# 228 ALÉM DA EXCELÊNCIA

Para iniciar a transição rumo à transformação contínua, leve em consideração as transformacionais que você tentou realizar nos últimos anos, tanto as bem-sucedidas quanto as malsucedidas. Reflita sobre as seguintes questões:[58]

- Seu pessoal teme a jornada de transformação ou a veem como algo motivador e fortalecedor? Caso tenham medo dessa ideia, vocês quase certamente não estão adotando um mindset de transformação contínua.

- Ao pensar no coração, sempre muito importante, você coloca toda sua atenção nele, atendendo aos quatro elementos — propósito, cultura, empatia e liderança? Em caso de resposta positiva, você tem certeza de que suas ações fazem sentido para sua força de trabalho?

- Ao pensar na cabeça, você estabelece uma visão para o futuro da empresa, desenvolve um portfólio dinâmico de iniciativas de transformação, comunica uma forte argumentação em favor da mudança e alinha toda sua equipe de liderança?

- Ao pensar nas mãos, você já adotou a metodologia ágil inteiramente? Está construindo as competências internas certas e de forma proativa? Você tem o sistema de governança e os mecanismos adequados em mãos?

- Pessoalmente, você está liderando com a cabeça, o coração e as mãos? Qual parte você acha mais natural e qual parte é a mais difícil? Quais são as duas ou três medidas que pode tomar a partir de agora para garantir um melhor equilíbrio?

Iniciativas de mudança tradicionais e individuais parecem confusas, assustadoras e dolorosas para os funcionários e os líderes. As pessoas mal podem esperar pela conclusão da iniciativa de mudança para que possam voltar ao trabalho como de costume. A história muda quando a mudança se torna permanente e parte do tecido da vida cotidiana de uma empresa e quando a cabeça, o coração e as mãos da transformação são completamente desenvolvidos.

Pense no que poderia acontecer com sua empresa se os líderes transfixassem os funcionários com uma visão sedutora do que todos podem fazer trabalhando juntos, separando o processo de mudança em partes gerenciáveis e conectando-os com o modelo operacional da empresa. Pense no que poderia acontecer com sua empresa se os líderes inspirassem os funcionários ao conectar a mudança com a razão de ser do empreendimento e se os energizassem ainda mais ao tornar a cultura empresarial mais empoderadora, cuidando deles quando se sentissem deslocados e alocando líderes em toda a empresa para fortalecer a força de trabalho. E, finalmente, pense no que poderia acontecer se os líderes reduzissem a burocracia e tornassem o trabalho muito mais produtivo e colaborativo por meio de equipes ágeis, melhores competências, administração de mudanças e governança. Juntando todos esses elementos, essas medidas revolucionariam a experiência de mudança da força de trabalho, fazendo dela algo empolgante, realizador e intensamente significativo. Quem *não* desejaria ajudar a transformar uma empresa tradicional sufocante em uma líder de mercado inovadora, finalmente capaz de entregar valor para *todos* os stakeholders? E quem não gostaria de contribuir com todos os poderes intelectuais e criativos para alcançar essa realização?

Tornar a transformação não apenas um hábito, mas uma forma revigorante de viver e trabalhar em sua organização depende de seu pessoal e de você. Ao trabalhar com cabeça, coração e mãos, você possibilita que seu pessoal não só sobreviva, mas prospere conforme move o empreendimento de forma implacável rumo ao futuro. No fim, ir além da excelência não envolve alcançar um destino específico, mas adotar a transcendência, a reinvenção e a evolução como um mindset e um estado de ser permanentes. As excelentes organizações do século XX mudaram quando e se precisaram. Elas mudaram para viver. As organizações que vão além da excelência vivem para mudar. Ao buscar um propósito que vá além do valor ao acionista, os líderes e os funcionários descobrem que o trabalho é mais enriquecedor quando eles buscam se desenvolver, aumentando o valor gerado por eles para o empreendimento e os stakeholders perpetuamente. As organizações que vão além da excelência aproveitam todo o potencial do ambiente empresarial mais volátil e menos previsível de nosso século. Em vez de perceber isso como uma ameaça e recuar por medo, elas abraçam essas circunstâncias como uma oportunidade para tornar a empresa mais daquilo que deveria ser: produtiva, compassiva e útil para a humanidade.

Então, o que *você* está esperando? Escolha suas prioridades e comece a reinventar sua empresa para o século XXI. A maior jornada que você e seu pessoal vivenciarão está prestes a começar — a jornada além da excelência.

# 230 ALÉM DA EXCELÊNCIA

## Insights Importantes

- A transformação deve se tornar uma proposta *contínua*, parte essencial da operação de seu negócio. Conforme observou o presidente da Tata, N. Chandrasekaran, "a inovação e a mudança precisam estar profundamente embutidas no DNA da empresa".

- Vencer em um concurso de resistência como esse significa construir um tipo fundamentalmente novo de capacidade de transformação dentro de sua organização. Inspirados pela história da Microsoft, bem como por pesquisas sobre programas de transformação em mais de cem empresas, desenvolvemos uma abordagem que pode ser utilizada – uma adaptação do modelo transformacional de cabeça-coração-mãos do BCG – para aumentar suas chances de sucesso na transformação contínua.

- As empresas não podem apenas atender ao seu pessoal (o coração das melhores práticas de transformação tradicional) na esperança de serem bem-sucedidas com a transformação contínua. Elas precisam fazer do coração o foco central ao atender ao propósito, à cultura, à empatia e à liderança da empresa.

- Com as iniciativas de mudança sobrepondo, impactando e alterando umas às outras, empresas e líderes devem fundamentalmente restabelecer suas ambições e as ambições organizacionais. Eles devem articular uma compreensão muito mais ampla sobre aonde querem chegar em longo prazo e sobre o que priorizarão e focarão para alcançar esse estado desejado.

- As melhores práticas da transformação tradicional dizem que as empresas devem cultivar de forma proativa as formas ágeis de trabalho (as mãos da transformação tradicional). Para executar a transformação contínua, as empresas devem apostar com tudo na metodologia ágil e construir um par de mãos ainda mais ágil, por meio do cultivo de novas competências e da adoção de fortes modelos de governança.

# ALÉM DA EXCELÊNCIA EM LIDERANÇA

E ntão aqui estão: as nove estratégias necessárias para construir um novo modelo de operação de negócios para as empresas globais, um modelo que não apenas fará com que elas sobrevivam, mas que prosperem em uma era de tensão social, nacionalismo econômico e revolução tecnológica. Essas estratégias nivelam o campo de jogo para as grandes empresas tradicionais, dando a empresas tão diversas quanto John Deere, Whirlpool, Microsoft, TCS e ING (para citar algumas) as ferramentas necessárias para prosperar e crescer. As empresas que implementam nossas nove estratégias ganham a habilidade de se manterem resilientes diante de condições de mercado imprevisíveis e em rápida mudança, ocupando uma posição de sucesso duradouro. Mas nós ainda precisamos tratar de uma importante questão: o que nossa era significa para a liderança? Digamos que você é o novo CEO de uma empresa global, ou que acabou de ser nomeado pelo comitê de seleção do conselho a se tornar um, ou, ainda, que tenha o sonho de ser nomeado algum dia. Quais traços ou qual mindset de liderança você precisará ter para ser bem-sucedido? Qual é a melhor forma de abordar a liderança para ter um forte legado de crescimento, sucesso financeiro e impacto social significativo?

Nós queríamos poder oferecer uma estrutura simples capaz de abranger tudo o que você precisará fazer, mas isso banalizaria a tarefa em suas mãos, além de contradizer tudo o que aprendemos com os diversos líderes que contribuíram para *Além da Excelência*. Em vez disso, encerraremos este livro oferecendo algumas reflexões baseadas nas diversas entrevistas que tivemos com líderes que estavam, de uma forma ou de outra, movendo-se rapidamente para ir além da excelência. Essas conversas sugerem que, para ir além da excelência em liderança, são necessários seis imperativos fundamentais.

## 232  ALÉM DA EXCELÊNCIA

Primeiro, os líderes devem *liderar com convicção para impactar a sociedade positivamente*. Conforme vimos no Capítulo 1, os stakeholders estão exigindo mais das empresas. Se eles desejam que essas empresas prosperem, os líderes devem abandonar as estratégias tradicionais, baseadas apenas em maximizar os retornos aos acionistas, e subir o nível: a habilidade de impactar *todos* os stakeholders de maneira positiva. Com a pandemia e o pandemônio decorrente dela a serem enfrentados, os funcionários e os clientes estão cada vez mais desesperados por obter algum significado e desejam acompanhar organizações que são inspiradas e guiadas por um propósito. Eles também olham com ceticismo para empresas que adotaram um propósito no passado, mas que se mantiveram no propósito superficial — pôsteres, slogans e nada mais. Funcionários e clientes estão buscando — e desejando — líderes que compreendam sua necessidade humana por um sentido e que estejam tomando as ações necessárias para beneficiar a sociedade de maneira profunda.

Reflita seriamente sobre como você e sua empresa podem se envolver para lidar com problemas sociais e ambientais. Para entregar um impacto social completo, precisará levar as coisas para o lado pessoal. Não basta apenas acreditar no TSI — é preciso tornar-se o chefe do setor de iniciativas de propósito de sua empresa. Como nos disse o CEO eleito da Siemens, Dr. Roland Busch: "O líder precisa definir o que a empresa representa, algo que vai além da última grande tecnologia, e ele precisa entregar algo significativo para a empresa." Em especial, o CEO deve preparar os líderes e os gerentes operacionais. Caso contrário, haverá uma desconexão, e as unidades empresariais buscarão fazer negócios como de costume.[1] Satya Nadella também foi enfático ao comentar: "A coisa mais útil que fiz foi nos ancorar no sentido de propósito, missão e identidade. Há uma razão para existirmos."[2]

Segundo, os líderes devem *pivotar de um mindset de controle e comando para uma abordagem mais colaborativa e ágil*. Durante séculos, a liderança tem, em grande parte, presumido alguma forma de controle e comando. Os líderes têm estabelecido a direção, comandando seu pessoal rumo a ela e instilando um conjunto de controles para garantir que lhe obedeçam. Essa orientação permanece profundamente arraigada na psique, na experiência e na prática de muitos líderes da atualidade. Uma vez que ir além da excelência exige velocidade em um mundo volátil, os líderes devem romper com o passado e assumir uma abordagem muito mais aberta e colaborativa. Em vez de tentarem exercer con-

## ALÉM DA EXCELÊNCIA EM LIDERANÇA 233

trole em todos os momentos, os líderes devem focar o alinhamento e a autonomia do pessoal. Eles devem fortalecer e treinar, buscando ritmo, e não perfeição. A liderança além da excelência exige que os líderes sejam modelos das formas ágeis de trabalho para os outros funcionários da organização.

O presidente e diretor-executivo do grupo Natura &Co, Roberto Marques, nos apontou que nenhum líder pode esperar ter todas as respostas em um mundo que muda tão rapidamente quanto o nosso. Em vez disso, os líderes precisam recrutar outros com capacidade de desenvolver soluções, amplificando e expandindo seus esforços, em vez de direcioná-los. "É preciso fortalecer as equipes", disse ele, "compreendendo que haverá pessoas no negócio e em diferentes funções que terão as respostas certas e saberão mais do que você".[3] Como ele comentou, atualmente a liderança presume ter a autoconsciência necessária para reconhecer que você nem sequer sabe o que não sabe e a humildade necessária para ouvir os outros. Os líderes precisam se comunicar bem: "Entrar em contato com a organização de modo que seja possível receber informações de volta o ajudará a fazer as escolhas certas e a corrigir o caminho quando necessário."[4]

Terceiro, os líderes devem *guiar suas empresas para se tornarem mais abertas a seus parceiros — pequenos e grandes, no mesmo setor ou além — do que no passado.* Há muito tempo, as empresas têm buscado entregar valor aos clientes por meio da implementação de estratégias limitadas quase que exclusivamente à própria empresa. Relacionamentos entre empresas eram formais, e as parcerias com clientes e concorrentes eram raras. Os líderes viam suas empresas como algo operando dentro de um sistema fechado, com os concorrentes do lado de fora. Não era incomum ver cartazes nas fábricas estimulando seus funcionários a vencer o *inimigo* — o principal concorrente.

Conforme vimos ao longo deste livro, especialmente no Capítulo 4, as empresas da atualidade estão cada vez mais entregando valor por meio de parcerias em ecossistemas abertos de empresas em diferentes setores, tamanhos e regiões geográficas que podem incluir, ainda, concorrentes. Como comentou o presidente da Tata Group (e ex-CEO da Tata Consultancy Services), N. Chandrasekaran, o poder nos mercados "está migrando das empresas para os ecossistemas".[5] Cada empresa deve decidir quais papéis desempenhar em seus ecossistemas para criar um equilíbrio favorável entre o valor gerado e o obtido por ela. Os líderes da atualidade não devem apenas adotar esse novo e radical mindset, obtendo ideias e talentos além da empresa e buscando parcerias de maneira constante, visando entregar um maior valor. Eles devem, também, ajudar seu pessoal a fazer o mesmo. Roberto Marques, da Natura, observou que uma comunicação aberta e constante entre um ecossistema mais amplo (que, no caso da Natura, inclui dezenas de milhares de funcionários e milhões de consultantes de vendas diretas) é "o oxigênio para que a organização continue a evoluir".[6]

Quarto, os líderes devem *elevar e embutir um mindset de aprendizado contínuo*. Ir além da excelência é desafiar muitas premissas implícitas e explícitas sobre o que é necessário para ser bem-sucedido e prosperar. Os líderes devem desaprender as formas antigas de ver, pensar e agir em favor de algo novo, e devem fazer isso continuamente. Como alguns de nossos colegas têm apontado, a capacidade de aprendizado contínuo sustentará a habilidade de competir da empresa (e do indivíduo).[7] Como um líder, você deve estar preparado para passar muito mais tempo e gastar muito mais energia aprendendo do que no passado. Com a rápida evolução de tecnologias, clientes e condições externas, não dá para depender de suas premissas atuais sobre seu negócio. Conforme refletiu N. Chandrasekaran, "toda empresa precisa se perguntar: 'Com base na perspectiva do meu produto ou serviço, qual é minha nova cadeia de valor? Em qual ecossistema me encaixo?' A menos que você tenha clareza sobre isso, não poderá montar uma boa estratégia".[8] Os líderes devem ser um exemplo, para o restante da força de trabalho, da flexibilidade intelectual e do dinamismo que os funcionários também precisarão ter durante suas carreiras, conforme passam pelo processo de requalificação.

Como relatou o Dr. Busch, da Siemens, manter-se antenado e em constante aprendizado é a única forma de se atualizar sobre a tecnologia. Ele tem uma boa razão para viajar uma ou duas vezes por ano da Alemanha até a Costa Oeste dos Estados Unidos para se encontrar com grandes empresas de TI, bem como com startups, apenas para compreender melhor suas atividades. Ele encoraja que os gerentes intermediários da empresa façam o mesmo. "Eu realmente me importo com isso", disse ele, "e espero que os diferentes níveis de gerência abaixo de mim estejam me imitando, dizendo: 'Ah, se esse cara faz isso, então tenho que fazer o mesmo'". Em certa ocasião, Busch levou seus líderes centrais até um workshop de dois dias em São Francisco, para que se encontrassem com empresas de tecnologia. "Conversamos sobre o desenvolvimento de tecnologias e como eles veem a Siemens e nosso ecossistema, quais são suas falhas e como podemos melhorá-lo. Foi mesmo uma reunião que nos fez dar um giro de 360 graus. Foi incrível." Busch adicionou, ainda, que o aprendizado, em sua visão, não abrange apenas a tecnologia, mas também o crescimento pessoal. Os líderes devem "permanecer curiosos e aprender pelo resto da vida. Se desistir disso, então você já perdeu".

Quinto, os líderes devem *adotar a liderança transformadora*. Como vimos, a transformação contínua precisa se tornar o padrão empresarial em nossa era de mudanças e disrupção. O risco, claro, é de que as pessoas em organizações testando tal evolução contínua e sem fim fiquem cansadas e sobrecarregadas. Para evitar esses problemas e apoiar a capacidade da empresa de prosperar sob a mudança constante, cada líder deve se tornar um líder transformador, adotando uma abordagem holística e humanizada que implica envolver-se com cabeça, coração e mãos simultaneamente. Os líderes devem fornecer uma clareza de direção, buscando um processo iterativo em que fazem um balanço sobre as disrupções enfrentadas pela empresa, imaginar um futuro com as nove estratégias e alinhar a organização para embarcar na jornada (cabeça). Eles devem motivar e inspirar as equipes a se comportarem de maneira mais confiante, com o melhor desempenho possível, demonstrando cuidado, empatia, escuta ativa, e o fortalecimento e o treinamento de todos (coração). Finalmente, os líderes devem mobilizar suas organizações na abordagem mais aberta e colaborativa de execução e inovação com agilidade descrita anteriormente, encorajando práticas que fomentam a criatividade e a agilidade (como colocalização, reuniões stand-up diárias, trabalho em sprints e aprendizagem de ciclo rápido) e enfatizando a necessidade de investimento e desenvolvimento em competências necessárias, tanto humanas quanto digitais (mãos). Satya Nadella, da Microsoft, incorporou um modelo de liderança de cabeça-coração-mãos na empresa, descrevendo, respectivamente, como é importante para os líderes "trazer clareza", "gerar energia" e "entregar sucesso".

Sexto, os líderes no século XXI devem *desenvolver uma nova habilidade de navegar em meio à ambiguidade, à tensão e ao paradoxo*. Se pensarmos nas três forças disruptivas, nas nove estratégias e nas formas específicas pelas quais as empresas que estudamos têm abordado e implementado essas estratégias, veremos que elas confrontam os líderes com uma série de paradoxos significativos. Os líderes, por um lado, devem guiar suas organizações para aprender, repensar e experimentar, enquanto por *outro* lado devem sustentar suas organizações

## 236 ALÉM DA EXCELÊNCIA

nos elementos do negócio que são estáveis e imutáveis. Eles devem competir de maneira feroz com seus pares *e* colaborar com eles como nunca fizeram no passado. Eles devem pressionar suas empresas para que sejam, *ao mesmo tempo*, globais e locais. Eles devem cultivar a fluidez *e* a estabilidade da organização. A *excelência*, no século XX, significava ir com tudo em um elemento de um sistema binário e ser excelente nisso. Para ir *além da excelência*, os líderes devem se sentir confortáveis em lidar com ambos os elementos do sistema binário, bem como em ajudar seu pessoal a se sentir confortável.

Quando os líderes vão além da excelência, eles encorajam suas empresas a assumirem seus destinos e a dominarem nosso ambiente corporativo global volátil, em vez de permanecerem aprisionadas por ele. Em vez de simplesmente ampliar o negócio atual, as empresas ampliam seus horizontes e se lançam corajosamente em espaços competitivos completamente novos. Cada um dos líderes consultados neste livro — Chandrasekaran, Marques, Busch e Nadella — exemplificam uma liderança além da excelência. Cada um comandou sua empresa a executar algumas das nove estratégias, entregando alguns dos melhores retornos aos acionistas entre seus pares, ao mesmo tempo que criavam uma organização resiliente e socialmente responsável, além de verdadeiros ímãs de jovens talentos. Cada um transformou sua empresa de modo fundamental: Chandrasekaran tornou a TCS mais ágil, inovadora e empreendedora; Marques fez a Natura construir um modelo operacional único, movido por relacionamentos, com base na ideia de redes colaborativas; Busch está auxiliando sua organização a adaptar sua cultura forte, focada em processos internos e conduzida pela tecnologia, para torná-la mais aberta e sensível às questões globais e aos mercados locais; e Nadella reagrupou a Microsoft sob um ousado e novo propósito.

Qual legado *você* deixará? Enquanto busca as nove estratégias para construir novas formas de vantagem competitiva, estimule seu pessoal a buscar um impacto social mais amplo, bem como melhores retornos aos acionistas. Torne-se mais colaborativo e menos diretivo. Trate os outros dentro de seu espaço como colaboradores e concorrentes. Seja um exemplo de um mindset de crescimento. Torne-se um líder transformador. Adote a ambiguidade, a tensão e o paradoxo. A jornada além da excelência é incrivelmente realizadora e enriquecedora para todos os envolvidos, e tudo isso começa com você.

# NOTAS

## Introdução: A Excelência Não É Mais o Suficiente

1. Marc Bitzer (ex-COO e atual CEO da Whirlpool), entrevista com a equipe de pesquisa do Boston Consulting Group, 15 de junho de 2017.
2. Podemos pensar no retorno total aos acionistas (RTA) como constituído por três componentes primários: (1) crescimento do lucro, (2) crescimento do preço das ações e (3) retorno do dinheiro aos acionistas. Para uma discussão mais completa, conferir Gerry Hansell et al., "The Dynamics of TSR Turnarounds", BCG, 15 de julho de 2014, baixado no dia 6 de abril de 2020, em https://www. bcg.com/publications/2014/value-creation-strategy-dyamics-tsr- turnarounds.aspx.
3. Scott D. Anthony et al., "2018 Corporate Longevity Forecast: Creative Destruction Is Accelerating", Innosight, último acesso em 10 de dezembro de 2019, https://www.innosight.com/insight/creative-destruction/.
4. Martin Reeves e Lisanne Püschel, "Die Another Day: What Leaders Can Do About the Shrinking Life Expectancy of Corporations", BCG, 2 de dezembro de 2015, https://www.bcg.com/publications/2015/strategy-die-another-day-what-leaders-can-do-about-the- shrinking-life-expectancy--of-corporations.aspx.
5. John D. Stoll, "CEO Tenure Is Getting Shorter. Maybe That's a Good Thing", *The Wall Street Journal*, 4 de outubro de 2018, https://www.wsj.com/articles/ceo-tenure-is-getting- shorter-maybe--thats-a-good-thing-1538664764; Lauren Silva Laughlin, "Many C.E.O. Tenures Are Getting Shorter", *The New York Times*, 23 de outubro de 2018, https://www.nytimes.com/2018/10/23/business/dealbook/ceo-tenure-kimberly-clark.html.
6. Hans-Paul Bürkner, Martin Reeves, Hen Lotan e Kevin Whitaker, "A Bad Time to Be Average", BCG, 22 de julho de 2019, https://www.bcg.com/publications/2019/bad-time-to- be-average.aspx.
7. Prospecto de IPO da TCS, junho de 2004, 67, http://www.cmlinks.com/pub/dp/dp5400.pdf.
8. Jochelle Mendonca, "TCS Restructures Its Business Units to Focus on Long-term Strategy", *Economic Times*, última atualização em 22 de outubro de 2018, https://economictimes. indiatimes.com/tech/ites/tcs-restructures-its-business-units-to-focus-on-long-term-strategy/articleshow/66309922.cms.
9. "Blazing a Trail", Tata, último acesso em 2 de abril de 2020, https://www.tata.com/newsroom/titan-diversity-blazing-a-trail.
10. Capitalização de mercado de US$115 bilhões até 30 de dezembro de 2019. Todos os números derivam do banco de dados ValueScience, do BCG, último acesso em 30 de dezembro de 2019.
11. N. Shivapriya, "How N. Chandrasekaran's Second Term at TCS Will Be Different from His First", *Economic Times*, 4 de setembro de 2014, https://economictimes.indiatimes.com/tech/ites/how-n--chandrasekarans-second-term-at-tcs-will-be-different-from-his-first/ articleshow/41650912.cms.
12. Paul Laudicina, "Globalization Is Dead: What Now?" *World Economic Forum*, 20 de janeiro de 2016, https://www.weforum.org/agenda/2016/01/globalization-is-dead-what-now/.
13. "2019 Edelman Trust Barometer Reveals 'My Employer' Is the Most Trusted Institution", Edelman, 20 de janeiro de 2019, https://www.edelman.com/news-awards/2019-edelman-trust-barometer-reveals-my-employer-most-trusted-institution.

# 238 NOTAS

14. Veja, por exemplo, *The Great Convergence: Information Technology and the New Globalization* (Cambridge: Belknap, 2016).
15. "Enquanto quase toda economia enfrenta resistência, os países mais pobres enfrentam os piores desafios graças à sua fragilidade, ao seu isolamento geográfico e à sua pobreza arraigada", disse a vice-presidente do setor de crescimento, finanças e instituições equitativos do World Bank Group, Ceyla Pazarbasioglu (World Bank, "Global Growth to Weaken to 2.6% in 2019, Substantial Risks Seen", press release, 4 de junho 4 de 2019, https://www.worldbank.org/en/ news/press-release/2019/06/04/ global-growth-to-weaken-to-26-in-2019-substantial-risks-seen).
16. Erdal Yalcin, Gabriel Felbermayr e Marina Steininger, "Global Impact of a Protectionist U.S. Trade Policy", ifo Institute, outubro de 2017, 29–30, https://www.ifo.de/DocDL/ifo_ Forschungsberichte_89_2017_Yalcin_etal_US_TradePolicy.pdf.
17. Vanessa Gunnella e Lucia Quaglietti, "The Economic Implications of Rising Protectionism: A Euro Area and Global Perspective", *ECB Economic Bulletin* 3 (2019), https://www.ecb.europa.eu/ pub/economic-bulletin/articles/2019/html/ecb.ebart201903_01~e589a502e5.en.html#toc3.
18. Emma Cosgrove, "'Economic Nationalism' Is a Growing Challenge for Manufacturers, Survey Says", Supply Chain Dive, 13 de novembro de 2018, https://www.supplychaindive.com/news/ economic-nationalism-risk-for-manufacturers/542137/.
19. Valores compilados pelo banco de dados TeleGeography, novembro de 2019, último acesso em 12 de dezembro de 2019.
20. BCG Henderson Institute: Center for Macroeconomics, análise proprietária, 2019.
21. Luke Kawa, "Traders Are Wagering the VIX Hits Triple Digits on Tuesday", Bloomberg, 9 de março de 2020, https://www.bloomberg.com/news/articles/2020-03-09/traders-are-wagering-the-vix-hits-triple-digits-on-tuesday.
22. "Vix-Index", CBOE, último acesso em 5 de junho de 2020, http://www.cboe.com/products/ vix-index-volatility/vix-options-and-futures/vix-index/vix-historical-data#.
23. "Business Roundtable Redefines the Purpose of a Corporation to Promote 'An Economy That Serves All Americans'", Business Roundtable, 19 de agosto de 2019, https://www. businessroundtable.org/business-roundtable-redefines-the-purpose-oforporation-to- promote-an-economy--that-serves-all-americans.

## Capítulo 1: Faça o Bem, Cresça Além

1. Douglas Beal et al., "Total Societal Impact: A New Lens for Strategy", BCG, 25 de outubro de 2017, https://www.bcg.com/publications/2017/total-societal-impact-new-lens-strategy.aspx; Douglas Beal et al., "Insights on Total Societal Impact from Five Industries", BCG, 25 de outubro de 2017, https://www.bcg.com/publications/2017/corporate-development-finance-strategy-insights-total--societal-impact-five-industries.aspx.
2. Andrea Álvares (chefe de marketing, sustentabilidade e inovação na Natura), entrevista com a equipe de pesquisa do BCG, 18 de março de 2020.
3. "About Us", Natura, último acesso em 29 de março de 2020, https://www.naturabrasil.com/pages/ about-us; "Cosmetics & Relationships", Natura, último acesso em 29 de março de 2020, https:// www.naturabrasil.fr/en-us/our-values/our-essence.
4. Como Seabra contou: "Com dezesseis anos, ouvi esta citação de Platão: 'O um é o todo; o todo é o um.' Isso foi uma revelação para mim. Essa noção de ser parte do todo nunca me abandonou". Michael Silverstein e Rune Jacobsen, "Take Giant Leaps (Because You're Not Going to Win with Timid Steps)", BCG, 7 de outubro de 2015, https://www.bcg.com/publications/2015/marketing--sales-consumer-products-take-giant-leaps-not-going-win- timid-steps.aspx.
5. "Natura &Co", Natura Co., 2018, https://naturaeco.com/report_2018_en.pdf.

6. "Natura: Multi-Level Sales for Multi-Level Impact", Business Call to Action, último acesso em 29 de março de 2020, https://www.businesscalltoaction.org/sites/default/files/resources/bcta_casestudy_natura_web.pdf.
7. "Natura &Co", 37.
8. "Natura: Multi-Level Sales for Multi-Level Impact"; "Natura &Co", 57.
9. Geoffrey Jones, "The Growth Opportunity That Lies Next Door", *Harvard Business Review*, julho–agosto de 2012, https://hbr.org/2012/07/the-growth-opportunity-that-lies-next-door.
10. Keyvan Macedo (gerente de sustentabilidade da Natura Cosméticos SA), entrevista com a equipe do BCG, 20 de março de 2019.
11. Luciana Hashiba, "Innovation in Well-Being", Management Exchange, 18 de maio de 2012, https://www.managementexchange.com/story/innovation-in-well-being.
12. "Our Engagements", Natura, último acesso em 1 de abril de 2020, https://www.naturabrasil.fr/en-us/our-values/sustainable-development.
13. "Natura Presents Campaign with New Positioning of the Brand: The World Is More Beautiful with You", Cosméticos BR, 12 de fevereiro de 2019, https://www.cosmeticosbr.com.br/ conteudo/en/natura-presents-today-a-campaign-with-new-positioning-of-the-brand-the- world-is-more-beautiful-with-you/.
14. Pesquisa do BCG; Andres Schipani, "Beauty Company Natura Balances Profitability and Sustainability", *Financial Times*, 4 de dezembro de 2019, https://www.ft.com/content/4795bbe2-e469-11e9-b8e0-026e07cbe5b4.
15. "Impact Case Study: Natura's Commitment to Ethical BioTrade", Union for Ethical BioTrade, último acesso em 1 de abril de 2020, https://static1.squarespace.com/static/58bfcaf22994 ca-36885f063e/t/5d1a1b3ecff76800013e65d2/1561992003982/Natura-impact+study-julho+2019.pdf; Guilherme Leal, "Exploiting Rainforest Riches While Conserving Them", *Telegraph*, 10 de junho de 2019, https://www.telegraph.co.uk/business/how-to-be-green/exploiting-and-conserving-rainforest-riches/.
16. Keyvan Macedo, entrevista com a equipe do BCG, 20 de março de 2019.
17. "Natura's Carbon Neutral Programme | Global", United Nations, último acesso em 31 de março de 2020, https://unfccc.int/climate-action/momentum-for-change/climate-neutral-now/natura.
18. Andrea Álvares, entrevista com a equipe de pesquisa do BCG, 18 de março de 2020.
19. Hashiba, "Innovation in Well-Being", https://www.managementexchange.com/story/innovation-in-well-being.
20. Andrea Álvares, entrevista com a equipe de pesquisa do BCG, 18 de março de 2020.
21. "About Us", Natura, último acesso em 29 de março de 2020, https://www.naturabrasil.com/pages/about-us.
22. "Care About the Planet", Natura, último acesso em 19 de abril de 2020, https://www. naturabrasil.com/pages/care-about-the-planet-a-sustainable-timeline.
23. Keyvan Macedo, entrevista com a equipe do BCG, 20 de março de 2019.
24. Dado obtido de investing.com, último acesso em 15 de janeiro de 2020.
25. Katharine Earley, "More Than Half of All Businesses Ignore UN's Sustainable Development Goals", *Guardian*, 30 de setembro de 2016, https://www.theguardian.com/sustainable- business/2016/sep/30/businesses-ignore-un-sustainable-development-goals-survey.
26. Scott Tong, "How Shareholders Jumped to First in Line for Profits", MarketPlace, 14 de junho de 2016, https://www.marketplace.org/2016/06/14/profit-shareholder-value/.
27. Tony O'Malley, "Business for Good: How Fujitsu Believes CSR Is Essential for Business Success", Business & Finance, último acesso em 29 de março de 2020, https://businessand finance.com/business-for-good-fujitsu/.
28. Roberto Marques (presidente e diretor-executivo do grupo Natura &Co), entrevista com a equipe do BCG, 10 de março de 2020.

## 240 NOTAS

29. Governance & Sustainability Institute, "Flash Report: 86% of S&P 500 Index® Companies Publish Sustainability / Responsibility Reports in 2018", press release, 17 de maio de 2019, https://www.ga-institute.com/press-releases/article/flash-report-86-of-sp-500-indexR- companies-publish-sustainability-responsibility-reports-in-20.html.
30. Análise do BCG baseada no relatório anual da MSCI (2018), Crunchbase, S&P investor fact book (2019) e estimativa da Vigeo Eiris (2017).
31. Alana L. Griffin, Michael J. Biles e Tyler J. Highful, "Institutional Investors Petition the SEC to Require ESG Disclosures", American Bar Association, 16 de janeiro de 2019, https://www.americanbar.org/groups/business_law/publications/blt/2019/01/investors/.
32. "China Mandates ESG Disclosures for Listed Companies and Bond Issuers", Latham & Watkins, 6 de fevereiro de 2018, https://www.globalelr.com/2018/02/china-mandates-esg-disclosures-for-listed-companies-and-bond-issuers/.
33. "CGS Survey Reveals 'Sustainability' Is Driving Demand and Customer Loyalty", *CGS*, último acesso em 30 de março de 2020, https://www.cgsinc.com/en/infographics/CGS-Survey-Reveals-Sustainability-Is-Driving-Demand-and-Customer-Loyalty; "Study: 81% of Consumers Say They Will Make Personal Sacrifices to Address Social, Environmental Issues", Sustainable Brands, último acesso em 31 de março de 2020, https://sustainablebrands.com/read/stakeholder-trends-and-insights/study-81-of-consumerssay-they-will-make-personal- sacrifices-to-address-social-environmental-issues.
34. "Sustainability Futures", *The Future Laboratory*, 6, 13, https://www.thefuturelaboratory.com/hubfs/Sustainability%20Futures%20Report.pdf.
35. "Americans Willing to Buy or Boycott Companies Based on Corporate Values, According to New Research by Cone Communications", Cone, 16 de maio de 2017, https://www. conecomm.com/news-blog/2017/5/15/americans-willing-to-buy-or-boycott-companies- based-on-corporate-values--according-to-new-research-by-cone-com munications.
36. "Performance with Purpose: Sustainability Report 2017", PepsiCo, 2, https://www.pepsico.com/docs/album/sustainability-report/2017-csr/pepsico_2017_csr.pdf.
37. "Performance with Purpose", PepsiCo, 1.
38. "Performance with Purpose", PepsiCo, 3; "Indra K. Nooyi on Performance with Purpose", BCG, 14 de janeiro de 2010, https://www.bcg.com/en-in/publications/2010/indra-nooyi- performance--purpose.aspx.
39. "Performance with Purpose", PepsiCo, 3.
40. "Performance with Purpose", PepsiCo, 3–4; "Helping to Build a More Sustainable Food System: PepsiCo Sustainability Report 2018", PepsiCo, 8, https://www.pepsico.com/docs/album/sustainability-report/2018-csr/pepsico_2018_csr.pdf.
41. "Helping to Build a More Sustainable Food System", PepsiCo, 3.
42. "Performance with Purpose", PepsiCo, 3.
43. "Helping to Build a More Sustainable Food System", PepsiCo, 3.
44. "World of Business Must Play Part in Achieving SDGs, Ban Says", Nações Unidas, 20 de janeiro de 2016, https://www.un.org/sustainabledevelopment/blog/2016/01/world-of-business-must-play-part-in-achieving-sdgs-ban-says/.
45. De acordo com a lei, empresas indianas que ultrapassam certo valor de patrimônio líquido, vendas ou lucro devem dedicar 2% de seus lucros ao financiamento de atividades de desenvolvimento que beneficiem a sociedade. Confira Stephen Kurczy, "Forcing Firms to Do Good Could Have a Negative Impact", Columbia Business School, 13 de novembro de 2018, https://www8.gsb.columbia.edu/articles/ideas-work/forcing-firms-do-good-could-have-negative-impact.
46. Lee Ann Head, "Getting and Keeping A-List Employees: A Bonus Benefit of Sustainability Efforts", Shelton Group, 6 de setembro de 2013, https://sheltongrp.com/posts/getting-and-keeping-a-list-employees-a-bonus-benefit-of-sustainability-efforts/.

47. Susan Warfel, "ESG Investing Survey Reveals 3 Social Goals Investors Value over Profits", *Investor's Business Daily*, 20 de novembro de 2019, https://www.investors.com/research/esg-investing-survey-reveals-social-goals-investors-value-over-profits/.
48. "Sustainable Investing's Competitive Advantages", Morgan Stanley, 6 de agosto de 2019, https://www.morganstanley.com/ideas/sustainable-investing-competitive-advantages.
49. Nicolas Rabener, "ESG Investing: Too Good to Be True?" Enterprising Investor, 14 de janeiro de 2019, https://blogs.cfainstitute.org/investor/2019/01/14/esg-factor-investing-too-good-to-be-true/.
50. Gordon L. Clark, Andreas Feiner e Michael Viehs, "From the Stockholder to the Stakeholder", Smith School of Enterprise and the Environment, setembro de 2014, https://www.smithschool.ox.ac.uk/publications/reports/SSEE_Arabesque_Paper_16Sept14.pdf.
51. "A Fundamental Reshaping of Finance", BlackRock, último acesso em 31 de março de 2020, https://www.blackrock.com/corporate/investor-relations/larry-fink-ceo-letter.
52. Análise do BCG liderada por Vinay Shandal (diretor e parceiro administrativo, líder global em investimento sustentável).
53. Para um tratamento completo do TSI, conferir Beal et al., "Total Societal Impact". O presente capítulo se baseia nos conceitos e na linguagem apresentados neste artigo.
54. Beal et al., "Total Societal Impact".
55. Ajay Banga, "Contributing to a Sustainable and Inclusive Future", Mastercard, 20 de agosto de 2019, https://www.mastercardcenter.org/insights/doing-well-by-doing-good-with-Ajay-Banga.
56. Tara Nathan, entrevista com a equipe do BCG, 13 de dezembro de 2019.
57. Mohammed Badi et al., "Global Payments 2018: Reimagining the Customer Experience", BCG, 6, 9, https://image-src.bcg.com/Images/BCG-Global-Payments-2018-Oct-2018_tcm9-205095.pdf.
58. "The Private Sector Is Becoming a Major Catalyst for Sustainability", Mastercard Center for Inclusive Growth, 22 de agosto de 2018, https://www.mastercardcenter.org/insights/private-sector-becoming-major-catalyst-sustainability.
59. Tara Nathan, entrevista com a equipe do BCG, 13 de dezembro de 2019.
60. Ryan Erenhouse, "Financial Inclusion Commitment: Reach 500 Million People by 2020", Mastercard, https://newsroom.mastercard.com/news-briefs/financial-inclusion-commitment-reach-500-million-people-by-2020/; "Doing Well by Doing Good: Corporate Report 2018", Mastercard, 3, https://www.mastercard.us/content/dam/mccom/global/aboutus/Sustainability/mastercard-sustainability-report-2018.pdf.
61. "How Mobile Payments Can Help Keep Children in School", Mastercard Center for Inclusive Growth, 10 de junho de 2019, https://www.mastercardcenter.org/insights/how-mobile-payments-can-help-keep-children-in-school.
62. Jake Bright, "Mastercard Launches 2KUZE Agtech Platform in East Africa", TechCrunch, 18 de janeiro de 2017, https://techcrunch.com/2017/01/18/mastercard-launches-2kuze-agtech-platform-in-east-africa/.
63. "SASSA MasterCard Debit Card Grows Financial Inclusion in South Africa", Mastercard, press release, 13 de novembro de 2013, https://newsroom.mastercard.com/press-releases/sassa-mastercard-debit-card-grows-financial-inclusion-in-south-africa/; Cath Everett, "Technology for Social Good—Mastercard", Diginomica, 10 de agosto de 2017, https://diginomica.com/technology-social-good-mastercard.
64. Pesquisa do BCG.
65. Tara Nathan, entrevista com a equipe do BCG, 13 de dezembro de 2019.
66. "Mastercard Incorporating", Great Places to Work, último acesso em 31 de março de 2020, https://www.greatplacetowork.com/certified-company/1001388.
67. Análise do BCG com base no banco de dados do Capital IQ.
68. "Businessperson of the Year", *Fortune*, 2019, https://fortune.com/businessperson-of-the-year/2019/ajay-banga/.

# 242 NOTAS

69. Tara Nathan, entrevista com a equipe do BCG, 13 de dezembro de 2019.
70. "The OMRON Principles", Omron, 2019, último acesso em 1 de abril de 2020,https://www. omron.com/global/en/assets/file/ir/irlib/ar19e/OMRON_Integrated_Report_2019_en_Vision. pdf.
71. Seiji Takeda (executivo e diretor de estratégia de negócios na principal unidade de estratégia global da Omron), entrevista com a equipe do BCG, 8 de novembro de 2019; "Working for the Benefit of Society: The Corporate Philosophy Driving Omron's Value Creation", Omron, último acesso em 1 de abril de 2020, https://www.omron.com/global/en/assets/file/ir/irlib/ar14e/ar14_02.pdf; "The OMRON Principles", 5.
72. "Automated Railway Ticket Gate System Named IEEE Milestone", Omron, 27 de novembro de 2007, https://www.omron.com/global/en/media/press/2007/11/c1127.html.
73. "Automated Railway Ticket Gate System".
74. "Enhancing Lifestyles in Japan", Omron, último acesso em 1 de abril de 2020, https://www. omron.com/global/en/about/corporate/history/ayumi/innovation/#history1964; "History of Omron's Blood Pressure Monitor", Omron, último acesso em 2 de abril de 2020, https://www. omronhealthcare.com.hk/en/article/ins.php?index_am1_id=7&index_id=25.
75. "Communities", Anglo American, último acesso em 1 de abril de 2020, https://www. angloamerican.com/sustainability/communities.
76. Froydis Cameron-Johansson, entrevista com a equipe de pesquisa do BCG, 14 de novembro de 2019.
77. Daniel Gleeson, "Anglo American's FutureSmart Mining on Its Way to Tangible Technology Results", International Mining (blog), 7 de junho de 2019, https://im-mining.com/2019/06/07/ anglo-americans-futuresmart-mining-way-tangible-technology-results/.
78. Froydis Cameron-Johansson, entrevista com a equipe de pesquisa do BCG, 14 de novembro de 2019.
79. Paul Polman, entrevista a Christiane Amanpour, PBS, exibida em 3 de março de 2020, http:// www.pbs.org/wnet/amanpour-and-company/video/bill-mckibben-impact-fossil-fuel-divestment-efforts-r1eszd-2/.
80. Mary Sigmond, "93% Of CEOs Believe Business Should Create Positive Impact Beyond Profit", YPO, último acesso em 1 de abril de 2020, https://www.ypo.org/2019/01/93-of-ceos-believe-business-should-create-positive-impact-beyond-profit/; "2019 YPO Global Leadership Survey", YPO, 2019, https://www.ypo.org/global-leadership-survey/.
81. "The US Walking the Walk of a Circular Economy", ING, 5 de fevereiro de 2019, https://www. ing.com/Newsroom/News/The-US-walking-the-walk-of-a-circular-economy.htm.
82. "United Nations Global Compact Progress Report", United Nations Global Compact, 2017, https://d306pr3pise04h.cloudfront.net/docs/publications%2FUN+Impact+Brochure_Concept-FINAL.pdf.
83. Franklin Foer, "It's Time to Regulate the Internet", *Atlantic*, 21 de março de 2018, https://www. theatlantic.com/technology/archive/2018/03/its-time-to-regulate-the-internet/556097/.
84. Confira "What Empowerment Means to Us", Microsoft, último acesso em 1 de abril de 2020, https://news.microsoft.com/empowerment/.
85. Brad Smith, "Microsoft Will Be Carbon Negative by 2030", Microsoft, 16 de janeiro de 2020, https://blogs.microsoft.com/blog/2020/01/16/microsoft-will-be-carbonnegative-by-2030/.
86. Para maiores orientações, confira Beal et al., "Insights on Total Societal Impact".
87. Elisha Goldstein, "What Is the Investment That Never Fails?" Mindfulness & Psychotherapy with Elisha Goldstein, PhD (blog), última atualização em 26 de abril de 2011, https://blogs.psychcentral.com/mindfulness/2011/04/what-is-the-investment-that-never-fails/.

# NOTAS 243

## Capítulo 2: Use Stream, Não Transporte

1. Nick Ismail, "Servitisation: How Technology Is Making Service the New Product", Information Age, 28 de março de 2018, https://www.information-age.com/servitisation-technology-service-new-product-123471260/.
2. Russell Stokes, entrevistas com o autor, 5 de outubro de 2017, 19 de fevereiro de 2018 e 12 de junho de 2019.
3. Marc Bitzer, entrevista com o autor, 15 de junho de 2017.
4. Análise do BCG baseada em dados da UNCTAD.
5. Amy Watson, "Netflix—Statistics & Facts", Statista, 6 de fevereiro de 2020, https://www.statista.com/topics/842/netflix/.
6. "Netflix Is Now Available Around the World", Netflix, 6 de janeiro de 2016, https://media.netflix.com/en/press-releases/netflix-is-now-available-around-the-world; Watson, "Netflix".
7. "Shared Micromobility in the U.S.: 2018", National Association of City Transportation Officials, último acesso em 13 de dezembro de 2019, https://nacto.org/shared-micromobility-2018/.
8. "The Sharing Economy", PricewaterhouseCoopers, 2015, https://www.pwc.fr/fr/assets/files/pdf/2015/05/pwc_etude_sharing_economy.pdf.
9. Thales S. Teixeira, *Unlocking the Customer Value Chain* (Nova York: Currency, 2019), 251.
10. Keith Naughton e David Welch, "Why Carmakers Want You to Stop Buying Cars, Someday", Bloomberg, 11 de julho de 2019, https://www.bloomberg.com/news/articles/2019-07-12/why-carmakers-want-you-to-stop-buying-cars-someday-quicktake.
11. Jack Ewing, Liz Alderman e Ben Dooley, "Renault and Nissan Need Each Other to Thrive in Future, 2 Leaders Say", *The New York Times*, 21 de julho de 2019, https://www.nytimes.com/2019/07/21/business/renault-nissan-alliance.html.
12. BCG Henderson Institute: Center for Macroeconomics, análise proprietária interna, último acesso em julho de 2019; "The Great Mobility Tech Race: Winning the Battle for Future Profits", Boston Consulting Group, 11 de janeiro de 2018. Essa análise foi realizada antes da crise de Covid-19. No momento em que este livro foi escrito, a crise continua. Suspeitamos que a mudança para serviços automotivos entregues digitalmente só acelerará após a estabilização da indústria.
13. Mike Colias e Nick Kostov, "After Defeat in Europe, GM Is Picking Its Battles", *The Wall Street Journal*, 1 de abril de 2017, https://www.wsj.com/articles/gm-signs-off-on-its-retreat-from-europe-1501573108?mod=e2tw.
14. General Motors, "General Motors Accelerates Transformation", news release, 26 de novembro de 2018, https://investor.gm.com/news-releases/news-release-details/general-motors-accelerates-transformation; David Goldman, "GM Is Reinventing Itself. It's Cutting 15% of Its Salaried Workers and Shutting 5 Plants in North America", CNN, 26 de novembro de 2018, https://edition.cnn.com/2018/11/26/business/gm-oshawa-plant/index.html.
15. "GM and Lyft to Shape the Future of Mobility", General Motors, 4 de janeiro de 2016, https://media.gm.com/media/us/en/gm/news.detail.html/content/Pages/news/us/en/2016/Jan/0104-lyft.html; "GM to Acquire Cruise Automation to Accelerate Autonomous Vehicle Development", General Motors, 11 de março de 2016, https://media.gm.com/media/us/en/gm/home.detail.html/content/Pages/news/us/en/2016/mar/0311-cruise.html.
16. "GM Advances Self-Driving Vehicle Deployment with Acquisition of LIDAR Developer", General Motors, 9 de outubro de 2017, https://media.gm.com/media/us/en/gm/news.detail.html/content/Pages/news/us/en/2017/oct/1009-lidar1.html.
17. Andrew J. Hawkins, "GM's Cruise Will Get $2.75 Billion from Honda to Build a New Self-Driving Car", Verge, 3 de outubro de 2018, https://www.theverge.com/2018/10/3/17931786/gm-cruise-honda-investment-self-driving-car.

244 **NOTAS**

18. Em veículos autônomos, a GM esperava margens entre 20% e 30%: Mike Colias e Heather Somerville, "Cruise, GM's Driverless-Car Unit, Delays Robot-Taxi Service", *The Wall Street Journal*, 24 de julho de 2019, https://www.wsj.com/articles/gm-s-driverless-car-unit-cruise-delays-robot-taxi-service-11563971401.
19. Andrew J. Hawkins, "Waymo Strikes a Deal with Nissan-Renault to Bring Driverless Cars to Japan and France", Verge, 20 de junho de 2019, https://www.theverge.com/2019/6/20/18692764/waymo-nissan-renault-self-driving-car-japan-france.
20. Philips, "New Study Demonstrates Significant Clinical Workflow and Staff Experience Benefits of Philips' Azurion Image-Guided Therapy Platform", news release, 14 de novembro de 2017, https://www.philips.com/a-w/about/news/archive/standard/news/press/2017/20171114-new-study-demonstrates-significant-benefits-of-philips-azurion.html.
21. "Reducing Procedure Time in Image-Guided Therapy with Philips Azurion", Philips, último acesso em 27 de dezembro de 2019, https://www.philips.com/a-w/about/news/archive/case- studies/20180824-reducing-procedure-time-in-image-guided-therapy-with-philips-azurion.html.
22. "Reduction of Procedure Time by 17% with Philips Azurion in an Independently Verified Study", Philips, novembro de 2017, 7, https://www.usa.philips.com/c-dam/b2bhc/master/ landing-pages/azurion/philips-nieuwegein-case-study.pdf.
23. "Reduction of Procedure Time", 7.
24. "Reducing Procedure Time in Image-Guided Therapy".
25. "With Azurion, Performance and Superior Care Become One", Philips, último acesso em 27 de dezembro de 2019, https://www.usa.philips.com/healthcare/resources/landing/azurion.
26. "Reduction of Procedure Time", 8.
27. "Aiming for Zero", Philips, último acesso em 13 de janeiro de 2020, https://www.usa.philips.com/c-dam/b2bhc/master/landing-pages/aiming-for-zero/Infographic_remote_services_ final.pdf.
28. "Five Ways in Which Healthcare Innovation Has Changed over the Past 15 Years", Philips, 2 de abril de 2019, https://www.philips.com/a-w/about/news/archive/blogs/innovation-matters/20190402-five-ways-in-which-healthcare-innovation-has-changed-over-the-past-15-years.html.
29. Elizabeth Cairns, "Philips Uses Its Intelligence for Outcomes-Based Incomes", Evaluate, 25 de abril de 2018, https://www.evaluate.com/vantage/articles/interviews/philips-uses-its-intelligence-outcomes-based-incomes.
30. "Value-Based Care: Turning Healthcare Theory into a Dynamic and Patient-Focused Reality", Philips, position paper, abril de 2019, 8, https://www.philips.com/c-dam/ corporate/newscenter/global/whitepaper/20200128_Value-based_care_position_paper_FINAL.pdf; "Transforming Healthcare to a Value-Based Payment system", *The Washington Post*, https://www.washingtonpost.com/sf/brand-connect/philips/transforming-healthcare/.
31. Frans van Houten e Abhijit Bhattacharya, "Company Update and Performance Roadmap", (apresentação aos investidores, documentos internos da Philips), slide 21, https://www. philips.com/corporate/resources/quarterlyresults/2016/Capital_Markets_Day/01_VanHouten_Bhattacharya_Company_update_and_performance_roadmap.pdf; "Royal Philips Third Quarter 2019 Results", Philips, 28 de outubro de 2019, 8, https://www.results.philips.com/publications/q319/downloads/files/en/philips-third-quarter-results-2019- presentation.pdf.
32. Van Houten e Bhattacharya, "Company Update", slide 16.
33. "Jeroen Tas on the Importance of Long-Term Relationships", Philips, 1 de abril de 2019, https://www.philips.com/a-w/about/news/archive/standard/news/articles/2019/20190401- jeroen-tas-on--the-importance-of-long-term-relationships.html.
34. "Jeroen Tas".
35. Andrew Ross, "Digital Transformation in Manufacturing Is Driven by Customers", Information Age, 4 de maio de 2018, https://www.information-age.com/digital-transformation-manufacturing-cu ners-123471810/.

## NOTAS 245

36. "Power by the Hour", Rolls-Royce, último acesso em 28 de dezembro de 2019, https://www.rolls--royce.com/media/our-stories/discover/2017/totalcare.aspx.
37. "Power by the Hour".
38. "Power by the Hour".
39. "Rolls-Royce Opens New Airline Aircraft Availability Centre — Supporting Its 'On Time, Every Time' Vision", Rolls-Royce, press release, 6 de junho de 2017, https://www.rolls-royce.com/media/press-releases/2017/06-06-2017-rr-opens-new-airline-aircraft-availability- centre.aspx.
40. Website da empresa, press releases; http://www.mro-network.com/engines-engine- systems/rolls--royce-opens-new-service-center-airline-support, https://www.rolls-royce.com/sustainability/performance/sustainability-stories/totalcare.aspx. "Rolls-Royce and Microsoft Collaborate to Create New Digital Capabilities", Microsoft, último acesso em 13 de janeiro de 2020; Anna-Maria Ihle, "Encouraging Rolls-Royce Power Systems to Create an Innovation Culture", SAP, 24 de agosto de 2018, https://news.sap.com/2018/08/rolls-royce-power-systems-innovation-culture/.
41. Ian Sheppard, "Rolls-Royce Launches 'IntelligentEngine' Concept", AIN Online, 5 de fevereiro de 2018, https://www.ainonline.com/aviation-news/air-transport/2018-02-05/rolls-royce-launches-intelligentengine-concept.
42. "R² Data Labs Ecosystem", Rolls-Royce, último acesso em 9 de janeiro de 2019, https://www.rolls-royce.com/products-and-services/ecosystem.aspx.
43. Sheppard, "Rolls-Royce Launches".
44. "Digital Innovations for a Sustainable World", Schneider Electric, 2019, https://www.se.com/ww/en/assets/564/document/124836/annual-report-2019-en.pdf.
45. Marco Annunziata, "Digital-Industrial Revolution: Ready to Run After Very Slow Start, New Survey Shows", *Forbes*, 28 de fevereiro de 2019, https://www.forbes.com/sites/ marcoannunziata/2019/02/28/digital-industrial-revolution-ready-to-run-after-very-slow- start-new-survey-shows/#770250d777dd.
46. Madeleine Johnson, "Starbucks' Digital Flywheel Program Will Use Artificial Intelligence", Zacks, 31 de julho de 2017, https://www.zacks.com/stock/news/270022/starbucks-digital- flywheel-program-will-use-artificial-intelligence?cid=CS-NASDAQ-FT-270022.
47. Kevin R. Johnson, divulgação do balanço do Q2 de 2017 da Starbucks Corporations, 27 de abril de 2017.
48. Kevin R. Johnson, divulgação do balanço do Q2 de 2017 da Starbucks Corporations, 27 de abril de 2017.
49. Howard Schultz, divulgação do balanço do Q3 de 2016 da Starbucks Corporations, 21 de julho de 2016.
50. Tim Hardwick, "Apple Pay Overtakes Starbucks as Most Popular Mobile Payment Platform in the US", Mac Rumors, 23 de outubro de 2019, https://www.macrumors.com/2019/10/23/apple-pay-overtakes-starbucks-in-us/.
51. Amanda Mull, "The Future of Marketing Is Bespoke Everything", *Atlantic*, 11 de junho de 2019, https://www.theatlantic.com/health/archive/2019/06/special-orders-dont-upset-us/591367/.
52. Mull, "The Future of Marketing".
53. Katrina Lake, "Stitch Fix's CEO on Selling Personal Style to the Mass Market". *Harvard Business Review*, maio–junho de 2018, https://hbr.org/2018/05/stitch-fixs-ceo-on-selling-personal-style-to-the-mass-market.
54. "Stitch Fix Annual Report, 2019", Stitch Fix, 2 de outubro de 2019, https://investors. stitchfix.com/static-files/96389147-1dbe-444a-b2cf-880a1bf7f99f.
55. Para o perfil, devo ao artigo "L'Oréal Unveils Perso, an AI-Powered At-Home System For Skincare and Cosmetics", L'Oréal, press release, 5 de janeiro de 2020, https:// www.lorealusa.com/media/press-releases/2020/ces2020.

**246  NOTAS**

56. "L'Oréal Unveils Perso", L'Oréal.
57. Mull, "The Future of Marketing".
58. Ellen Byron, "We Now Live in a World with Customized Shampoo", *The Wall Street Journal*, 17 de abril de 2019, https://www.wsj.com/articles/we-now-live-in-a-world-with-customized- shampoo-11555506316; "Introducing Gx", Gatorade, último acesso em 13 de janeiro de 2020, https://www.gatorade.com/gx/.
59. Chantal Tode, "Burger King Builds Mobile Platform to Quickly Scale Up in Payments", Retail Dive, último acesso em 29 de dezembro de 2019, https://www.retaildive.com/ex/mobilecommercedaily/burger-king-builds-mobile-platform-to-quickly-scale-up-in-payments.
60. Nick Babich, "The Next Level User Experience of Tesla's Car Dashboard", Adobe Blog, 24 de outubro de 2017, https://theblog.adobe.com/the-next-level-user-experience-of-teslas-car-dashboard/.
61. Babich, "The Next Level User Experience".
62. Jason Udy, "Tesla Model S Software Update Increases Personalization", *Motor Trend*, 22 de setembro de 2014, https://www.motortrend.com/news/tesla-model-s-software-update-increases-personalization/.
63. Udy, "Tesla Model S Software".
64. Udy, "Tesla Model S Software".
65. Fred Lambert, "Tesla Reveals How It Will Use Camera Inside Model 3 to Personalize In-Car Experience", Electrek, 24 de julho de 2019, https://electrek.co/2019/07/24/tesla-use-camera-inside-cars-personalize-in-car-experience/.
66. Fred Lambert, "Tesla Vehicles Can Now Diagnose Themselves and Even Preorder Parts for Service", Electrek, 6 de maio de 2019, https://electrek.co/2019/05/06/tesla-diagnose-pre-order-parts-service/.
67. "Advancing Automotive Service", Tesla, último acesso em 29 de dezembro de 2019, https:// www.tesla.com/service.
68. Jacob Kastrenakes, "Spotify Is Personalizing More Playlists to Individual Users", Verge, 26 de março de 2019, https://www.theverge.com/2019/3/26/18282549/spotify-personalized-playlists-curation-more-songs.
69. Sarah Perez, "Spotify Expands Personalization to Its Programmed Playlists", Techcrunch, 26 de março de 2019, https://techcrunch.com/2019/03/26/spotify-expands-personali zation--to-its-programmed-playlists/; Monica Mercuri, "Spotify Reports First Quarterly Operating Profit, Reaches 96 Million Paid Subscribers", *Forbes*, 6 de fevereiro de 2019, https://www.forbes.com/sites/monicamercuri/2019/02/06/spotify-reports-first-quarterly-operating-profit-reaches-96-million-paid-subscribers/#61bde1ed5dc9.
70. Matt Burgess, "This Is How Netflix's Secret Recommendation System Works", *Wired*, 18 de agosto de 2018, https://www.wired.co.uk/article/netflix-data-personalisation- watching; Sameer Chhabra, "Netflix Says 80 Percent of Watched Content Is Based on Algorithmic Recommendations", Mobile Syrup, 22 de agosto de 2017, https://mobilesyrup.com/2017/08/22/80-percent-netflix-shows-discovered-recommendation/.
71. Chhabra, "Netflix Says 80 percent of Watched Content".
72. Nicole Nguyen, "Netflix Wants to Change the Way You Chill", Buzzfeed, 13 de dezembro de 2018, https://www.buzzfeednews.com/article/nicolenguyen/netflix-recommendation-algorithm-explained-binge-watching.
73. Tom Gerken, "Fortnite: 'Millions Attend' Virtual Marshmello Concert", BBC, 4 de fevereiro de 2019, https://www.bbc.com/news/blogs-trending-47116429.
74. Tec 2 News Staff, "Pokemon Go Earns $950 Million in 2016, Breaks Records: Report", Tech 2, 17 de janeiro de 2017, https://www.firstpost.com/tech/gaming/pokemon-go-earns- 950-million--in-2016-breaks-records-report-3724949.html.
75. "NBA", *Fast Company,* último acesso em 29 de dezembro de 2019, https://www.fast company.com/company/nba.

## Capítulo 3: Refine Seu Jogo Global

1. Eva Dou, "Xiaomi Overtakes Samsung in China Smartphone Market", *The Wall Street Journal*, 4 de agosto de 2014, https://blogs.wsj.com/digits/2014/08/04/xiaomi-overtakes-samsung-in-china-smartphone-market/?mod=article_inline.
2. Análise do BCG baseada em uma pesquisa extensiva de fontes secundárias e relatórios anuais.
3. Kenny Chee,"China Phone Maker Xiaomi Setting Up International Headquarters in Singapore", *Straight Times*, 19 de fevereiro de 2014, https://www.straitstimes.com/business/china-phone-maker-xiaomi-setting-up-international-headquarters-in-singapore; Savannah Dowling, "The Rise and Global Expansion of Xiaomi", Crunchbase, 12 de fevereiro de 2018, https://news.crunchbase.com/news/rise-global-expansion-xiaomi/.
4. Daniel Tay, "Launch of Xiaomi's Redmi Note in Singapore Sees 5,000 Phones Sold Within 42 Seconds, Breaking Last Record", TechinAsia, 7 de julho de 2014, https://www.techinasia.com/launch-xiaomi-redmi-note-singapore-42-seconds-record.
5. Dowling, "The Rise and Global Expansion of Xiaomi".
6. Anand Daniel, "[Podcast] Manu Kumar Jain on Scaling Xiaomi and Disrupting the Indian Electronics Space", *Your Story*, 20 de setembro de 2019, https://yourstory.com/2019/09/accel-podcast-manu-kumar-jain-jabong-xiaomi-anand-daniel.
7. Team Counterpoint, "India Smartphone Market Share: By Quarter", *Counterpoint*, 27 de novembro de 2019, https://www.counterpointresearch.com/india-smartphoneshare/.
8. Uptin Saiidi, "The 'Apple of China' Expanded into 80 New Markets in Four Years. Here's How Xiaomi Grew So Rapidly", CNBC, última atualização em 10 de setembro de 2019, https://www.cnbc.com/2019/09/09/xiaomi-how-the-apple-of-china-grew-rapidly-into- 80-new-markets.html.
9. Komal Sri-Kumar, "Hot Emerging Markets May Be in for a Shock", Bloomberg, 27 de março de 2019, https://www.bloomberg.com/opinion/articles/2019-03-27/emerging-markets-are-hot-but-face-a-shock.
10. Martin Fackler, "Putting the We Back in Wii", *The New York Times*, 8 de junho de 2007; "Europe Gets Wii Last", Nintendo World Report, 15 de setembro de 2006, http://www.nintendoworldreport.com/pr/12069/europe-gets-wii-last.
11. Sameer Desai, "Nintendo Wii and DS to Launch in India on Setembro 30", Rediff, 16 de setembro de 2008, https://www.rediff.com/getahead/2008/sep/16wii.htm; Siliconera staff, "Wii Launches in South Korea on Abril 26 with Even Cheaper Virtual Console Games", *Siliconera*, 14 de abril de 2008, https://www.siliconera.com/wii-launches-in-south-korea- on-abril-26-with-even-cheaper-virtual-console-games/; Matt Martin, "Wii to Release in Taiwan July 12", Games Industry, 26 de junho de 2008, https://www.gamesindustry.biz/ articles/wii-to-release-in-taiwan-julho-12; "Wii", Wayback Machine, 12 de dezembro de 2009, https://web.archive.org/web/20100306012826/http://www.nintendo.com.hk/wii_console.htm.
12. Tech2 News staff, "Pokemon Go Earns $950 Million in 2016, Breaks Records: Report", Tech2, 17 de janeiro de 2017, https://www.firstpost.com/tech/gaming/pokemon-go-earns- 950-million-in-2016-breaks-records-report-3724949.html; Alina Bradford, "Here Are All the Countries Where Pokemon Go Is Available", Cnet, 24 de janeiro de 2017, https://www.cnet.com/how-to/pokemon-go-where-its-available-now-and-coming-soon/.
13. Louis Brennan, "How Netflix Expanded to 190 Countries in 7 Years", *Harvard Business Review*, última atualização em 12 de outubro de 2018, https://hbr.org/2018/10/how-netflix-expanded-to-190-countries-in-7-years.
14. "Emerging Markets Powering Airbnb's Global Growth", Airbnb, último acesso em 3 de janeiro de 2020, https://press.airbnb.com/wp-content/uploads/sites/4/2019/02/Final_-Emerging-Markets-Powering-Airbnbs-Global-Growth-.pdf; Shawn Tully, "Why Hotel Giant Marriott Is on an Expansion Binge as It Fends Off Airbnb", *Fortune*, 14 de junho de 2017, https://fortune.

## 248 NOTAS

com/2017/06/14/marriott-arne-sorenson-starwood-acquisition- airbnb/; "Number of Marriott International Hotel Rooms Worldwide from 2009 to 2018", Statista, 20 de março de 2019, https://www.statista.com/statistics/247304/number-of-marriott-international-hotel-rooms-worldwide/.

15. James Brumley, "If Fitbit Finds a Willing Suitor, It Should Take the Offer", Motley Fool, 28 de setembro de 2019, https://www.fool.com/investing/2019/09/28/if-fitbit-finds-a-willing-suitor--it-should-take-th.aspx; Robert Hof, "How Fitbit Survived as a Hardware Startup", *Forbes*, 4 de fevereiro de 2014, https://www.forbes.com/sites/roberthof/2014/02/04/how-fitbit-survived-as-a-hardware-startup/#204121341934.

16. "FY 2017 Earnings Deck", Fitbit, fevereiro de 2018, https://s2.q4cdn.com/857130097/files/doc_financials/2017/Q4/Q4'17-Earnings-Presentation.pdf.

17. Para saber mais sobre a Fitbit e algumas de suas parcerias, confira Simon Mainwaring, "Purpose at Work: How Fitbit's Giveback Is Strengthening Its Business", *Forbes*, 12 de fevereiro de 2019, https://www.forbes.com/sites/simonmainwaring/2019/02/12/purpose-at-work-how-fitbits-giveback-is-strengthening-its-business/#11fac05058d2.

18. "Fitbit Authorized Retailers", Fitbit, último acesso em 3 de janeiro de 2020, https://www.fitbit.com/content/assets/legal-pages/FITBIT%20AUTHORIZED%20RETAILERS%20Q2%202016.pdf.

19. Matt Swider, "Fitbit OS 3.0 Is Giving the Ionic and Versa Smartwatches New Powers", Tech Radar, 17 de dezembro de 2018, https://www.techradar.com/in/news/fitbit-os-3-0-new-versa-ionic-features.

20. Chaim Gartenberg, "Google Buys Fitbit for $2.1 Billion", Verge, 1 de novembro de 2019, https://www.theverge.com/2019/11/1/20943318/google-fitbit-acquisition-fitness-tracker-announcement.

21. Ela realizou exportações sempre que surgiam oportunidades desde os anos 1970.

22. "The World's Favourite Indian", *Bajaj Auto Limited* (12° Relatório Anual) 2018–2019, 9.

23. "The World's Favourite Indian", *Bajaj Auto Limited* (12° Relatório Anual) 2018–2019, 18.

24. "The World's Favourite Indian", *Bajaj Auto Limited* (12° Relatório Anual) 2018–2019, 10, 18–19.

25. Pesquisa do BCG; Tom Brennan, "Alibaba.com Opens Platform to US Sellers", Alizila.com, 23 de julho de 2019, https://www.alizila.com/alibaba-com-opens-platform-to-us-sellers/.

26. Gene Marks, "Is Now the Time to Start Selling on Alibaba?" *Inc.*, 25 de julho de 2019, https://www.inc.com/gene-marks/is-now-time-to-start-selling-on-alibaba.html.

27. Confira o site da Tmall global, https://merchant.tmall.hk/.

28. François Candelon, Fangqi Yang e Daniel Wu, "Are China's Digital Companies Ready to Go Global?" BCG Henderson Institute, 22 de maio de 2019, https://www.bcg.com/ publications/2019/china-digital-companies-ready-go-global.aspx.

29. John Detrixhe, "Americans Are Splurging on Personal Loans Thanks to Fintech Startups", Quartz, 24 de juiho de 2018, https://qz.com/1334899/personal-loans-are-surging-in-the-us- fueled-by--fintech-startups/; Wendy Weng, "Despite Rapid Digitisation of Payments in China, Credit Card Usage Will Reach New Heights by 2020", Asian Banker, 28 de fevereiro de 2019, www.theasian-banker.com/updates-and-articles/despite-rapid-digitisation-of-payments- in-china-credit-card-u-sage-will-reach-new-heights-by-2020; "Allied Wallet Adds WeChat Pay with 900 Million Active Users", Mobile Payments Today, 12 de outubro de 2018, https://www.mobilepaymentstoday.com/news/allied-wallet-adds-wechat-pay-with-900-million- active-users/; Kate Rooney, "Fintechs Help Boost US Personal Loan Surge to a Record $138 Billion", CNBC, 21 de fevereiro de 2019, https://www.cnbc.com/2019/02/21/personal-loans-surge-to-a-record-138-billion-in-us-as-fintechs-lead--new-lending-charge.html.

30. Jonathan Kandell, "Can Citi Return to Its Pre-crisis Glory?" Institutional Investor, 8 de janeiro de 2018, https://www.institutionalinvestor.com/article/b15ywlgddl683f/can-citi-return-to-its-pre-crisis-glory.

31. Mas repare que, em 2009, a empresa tinha aproximadamente 300 mil funcionários, enquanto, no final de 2016, tinha 241 mil funcionários, entre funcionários de meio período e período integral.

# NOTAS 249

"Strong, Steadfast, Sustainable", HSBC Holdings plc, Relatórios anuais de 2009, 10, 12, https://www.hsbc.com/-/files/hsbc/investors/investing-in-hsbc/all-reporting/group/2009/hsbc2009ara0.pdf; "Annual Report and Accounts 2016", HSBC Holdings plc, 8, 150, https://www.hsbc.com/-/files/hsbc/investors/investing-in-hsbc/all-reporting/group/2016/annual-results/hsbc-holdings-plc/170221-annual-report-and-accounts-2016.pdf.

32. Bruce Sterling, "Banks Thrilled to Be Free of Customers", *Wired*, 27 de julho de 2016, https://www.wired.com/beyond-the-beyond/2016/07/banks-thrilled-free-cus tomers/.

33. Martin Arnold e Camilla Hall, "Big Banks Giving Up on Their Global Ambitions", *Financial Times*, 19 de outubro de 2014, https://www.ft.com/content/95bed102-5641-11e4-bbd6-00144feab7de.

34. Para saber mais sobre o recuo da Citibank do Japão, confira Stephen Harner, "Citibank to Quit Japan's Retail Market: Another QE Casualty", *Forbes*, 19 de agosto de 2014, https://www.forbes.com/sites/stephenharner/2014/08/19/another-qe-casualty-citibank-to-quit-japans-retail-market/#f8dd5bf67bb1; entrevista informal com ex-chefe de negócios globais sênior na Citibank.

35. Kevin Lim, "Singapore's UOB to Launch Digital Bank in Thailand", *Nikkei Asian Review*, 14 de fevereiro de 2019, https://asia.nikkei.com/Business/Companies/Singapore-s-UOB-to-launch-digital-bank-in-Thailand.

36. Jessica Lin, "UOB Is Going After Asean's Millennials with a Digital Bank Called TMRW — and Its Biggest Draw Could Be a Game That Levels-Up with Savings", Business Insider Singapore, 14 de fevereiro de 2019, https://www.businessinsider.sg/uob-isgoing-after-aseans-millennials-with-a-digital-bank-called-tmrw-and-its-biggest-draw-could-be-a-game-that-levels-up-with-savings/.

37. Lin, "UOB Is Going After Asean's Millennials".

38. Lin, "UOB Is Going After Asean's Millennials".

39. Jonathan Wheatley, "Does Investing in Emerging Markets Still Make Sense?", *Financial Times*, 15 de julho de 2019, https://www.ft.com/content/0bd159f2-937b-11e9-aea1-2b1d33ac3271.

40. Análise do BCG utilizando dados do banco de dados do Economist Intelligence Unit (EIU).

41. Análise do BCG utilizando dados do banco de dados do Economist Intelligence Unit (EIU).

42. Análise do BCG utilizando dados do banco de dados do Economist Intelligence Unit (EIU).

43. Bernard Marr, "The Amazing Ways Chinese Face Recognition Company Megvii (Face++) Uses AI and Machine Vision", *Forbes*, 24 de maio de 2019, https://www.forbes.com/sites/bernardmarr/2019/05/24/the-amazing-ways-chinese-face-recognition-company-megvii-face-uses-ai-and-machine-vision/#58e4b7fd12c3.

44. "Ever Better and Cheaper, Face-Recognition Technology Is Spreading", *Economist*, 9 de setembro de 2017, https://www.economist.com/business/2017/09/09/ever-better-and-cheaper-face-recognition-technology-is-spreading.

45. Donald R. Lessard e Cate Reavis, "CEMEX: Globalization 'The CEMEX Way'", MIT Management Sloan School, revisado em 16 de novembro de 2016, https://mitsloan.mit.edu/LearningEdge/CaseDocs/09%2039%20cemex%20%20lessard.pdf.

46. "CEMEX Makes Significant Progress in Asset Disposal Program", Associated Press, 21 de março de 2019, https://apnews.com/1a037a1fe938441fa389bd5fe6b0cae7.

47. Reeba Zachariah, "Tata Steel to Divest Southeast Operations", *Times of India*, 21 de julho de 2018, https://timesofindia.indiatimes.com/business/india-business/tata-steel-to-divest-southeast-operations/articleshow/65075987.cms; Tata Steel, "Tata Steel Acquires Two Steel Rolling Mills in Vietnam", press release, 8 de março de 2007, https://www.tatasteel.com/media/newsroom/press-releases/india/2007/tata-steel-acquires-two-steel-rolling-mills-in-vietnam/.

48. Penny Macrae, "At 100, Tata Steel Aims to Double Output", Live Mint, última atualização em 26 de agosto de 2007, https://www.livemint.com/Home-Page/eCfuLf5DC4hP0uo HOHvrsM/At-100-Tata-Steel-aims-to-double-output.html.

## 250 NOTAS

49. Rosemary Marandi, "China's HBIS Buys Control of Tata Steel's Southeast Asia Business", *Nikkei Asian Review*, 29 de janeiro de 2019, https://asia.nikkei.com/Business/Business-deals/China-s-HBIS-buys-control-of-Tata-Steel-s-Southeast-Asia-business.

50. Silvia Antonioli, "Steel Firm SSI Hopes New Plant Will Help Bring UK Profit", Reuters, 13 de junho de 2013, https://www.reuters.com/article/ssi-uk-steel/steel-firm-ssi-hopes-new-plant-will-help-bring-uk-profit-idUSL5N0EP20T20130613.

51. Kritika Saxena, "After ThyssenKrupp Fall Out, Tata Steel in Talks with Three Companies to Sell European Operations", CNBC, última atualização em 28 de maio de 2019, https:// www. cnbctv18.com/infrastructure/after-thyssenkrupp-fall-out-tata-steel-in-talks-with-three- compa-nies-to-sell-european-operations-3492291.htm; "Tata Steel Cancels Pacts to Sell Southeast Asian Businesses to Hesteel Group", *Economic Times*, 7 de agosto de 2019, https://economictimes.india-times.com/industry/indl-goods/svs/steel/tata-steel-arm-snaps-pact-with- hbis-group-to-divest-ma-jority-stake-in-se-asia-biz/articleshow/70561112.cms.

52. Rakhi Mazumdar, "Tata Steel Rejigs India, Europe Operations", *Economic Times*, última atua-lização em 12 de agosto de 2019, https://economictimes.indiatimes.com/industry/ indl-goods/svs/steel/tata-steel-rejigs-india-europe-operations/articleshow/70636697.cms?from=mdr.

53. Mike Wittman (ex-vice-presidente da cadeia de suprimentos para o Mars Chocolate North America), entrevista com a equipe de pesquisa do BCG, 18 de julho de 2019; Douglas Yu, "Mars to Bring Maltesers to the US & Canada", Confectioner News, 13 de março de 2017, https:// www. confectionerynews.com/Article/2017/03/13/Mars-to-launch-Maltesers-in-the-US-Canada.

54. Mike Wittman, entrevista com a equipe de pesquisa do BCG, 18 de julho de 2019.

55. Masaaki Tsuya, entrevista com a equipe de pesquisa do BCG, 2 de novembro de 2019.

56. Dr. Horst Kayser, entrevista com a equipe do BCG, 2019.

57. Dr. Horst Kayser, entrevista com a equipe do BCG, 2019.

58. "Siemens Inks Deal with Alibaba to Launch Digital Products in China", Reuters, 9 de julho de 2018, https://www.reuters.com/article/us-siemens-alibaba/ siemens-inks-deal-with-alibaba-to--launch-digital-products-in-china-idUSKBN 1JZ22U; "Siemens China and Wuhan Sign Strategic Cooperation Agreement", Market Screener, 11 de novembro de 2019, https://www.marketscree-ner.com/news/Siemens-China-and-Wuhan-sign-strategic-cooperation-agreement--29563000/.

59. "Siemens in China", Siemens, último acesso em 6 de janeiro de 2020, https://new.siemens.com/cn/en/company/about/siemens-in-china.html.

60. Dr. Horst Kayser, entrevista com a equipe do BCG, 2019.

61. Análise baseada em dados encontrados nos relatórios anuais da Siemens entre os anos 2012–2019.

62. Para todo esse parágrafo, usamos a entrevista de Ouyang Cheng com a equipe de pesquisa do BCG, 22 de agosto de 2019.

63. Para saber mais sobre o assunto, confira Peter H. Diamandis, "Introducing the Augmented World of 2030", 6 de setembro de 2019, https://singularityhub.com/2019/09/06/introducing-the-augmented-world-of-2030/.

### Capítulo 4: Construa um Ecossistema

1. Esses números derivam de nossa pesquisa comparativa de mais de quarenta ecossistemas. Para saber mais sobre o tamanho e o escopo dos ecossistemas, confira Nikolaus Lang, Konrad von Szczepanski e Charline Wurzer, "The Emerging Art of Ecosystem Management", BCG Henderson Institute, 16 de janeiro de 2019, https://www.bcg.com/publications/2019/emerging-art-ecosystem--management.aspx.

2. Nicole Jao, "China's Mobile Payment Market Fourth Quarter Growth Dwindled", Technode, 28 de março de 2019, https://technode.com/2019/03/28/chinas-mobilepayment-market-fourth-quarter-growth-dwindled/.

# NOTAS 251

3. Evelyn Cheng, "How Ant Financial Grew Larger Than Goldman Sachs", CNBC, 8 de junho de 2018, https://www.cnbc.com/2018/06/08/how-ant-financial-grew-larger-than-goldman-sachs.html.

4. Pesquisa e análise do BCG com base em bancos de dados proprietários e sites de empresas.

5. "Ant Financial: How a Bug Took on the World", Asia Money, 26 de setembro de 2019, https://www.euromoney.com/article/b1h7mtyfd5d8lg/ant-financial-how-a-bugtook-on-the-world.

6. "Ant Financial: How a Bug Took on the World".

7. Pesquisa e análise do BCG com base em bancos de dados proprietários e sites de empresas.

8. Pesquisa do BCG; Rita Liao, "Alibaba's Alternative to the App Store Reaches 230M Daily Users", Techcrunch, 29 de janeiro de 2019, https://techcrunch.com/2019/01/29/alibaba-alipay-mini-programs-230m-users/.

9. Pesquisa do BCG; "Ant Financial: How a Bug Took on the World"; "Ant Financial", *Fast Company*, janeiro de 2020, https://www.fastcompany.com/company/ant-financial.

10. John Detrixhe, "China's Ant Financial, Thwarted in the US, Is Expanding Rapidly in Europe", Quartz, 15 de março de 2019; "Ant Is Worth 50% More Than Goldman with $150 Billion Valuation", Bloomberg, 10 de abril de 2018, http://www.bloomberg.com/news/articles/2018-04-11/ant-is-worth-50-more-than-goldman-with-150-billion-valuation.

11. Harvey Morris, "China's March to Be the World's First Cashless Society: China Daily Contributor", *Straittimes*, 8 de abril de 2019, https://www.straitstimes.com/asia/east-asia/chinas-março-to-be-the-worlds-first-cashless-society-china-daily-contributor.

12. Morris, "China's March to Be the World's First Cashless Society".

13. Donna Lu, "China Is Showing the Rest of the World How to Build a Cashless Society", New Scientist, 9 de janeiro de 2019, https://www.newscientist.com/article/mg24132120-100-china-is-showing--the-rest-of-the-world-how-to-build-a-cashless-society/#ixzz60rB4qQ63. Até 2019, uma série de países ao redor do mundo estava se afastando do antigo dinheiro em papel e adotando transações financeiras digitais. Um estudo na Malásia descobriu que uma quantidade significativa de consumidores — 70% — escolheria comprar em lojas que permitem o pagamento digital do que pagar com dinheiro físico (Harizah Kamel, "Malaysia Is Fast Becoming a Cashless Society", Malaysian Reserve, 20 de setembro de 2019, https://themalaysianreserve.com/2019/09/20/malaysia-is-fast-becoming-a-cashless-society/). Na Suécia, onde apenas um quinto das pessoas usam caixas eletrônicos para sacar dinheiro, milhares de pessoas implantaram chips de computadores nas mãos, permitindo que acessem um tipo completamente novo de conveniência. Com um único gesto da mão, elas podem pagar por suas compras de mercado ou comprar bilhetes para o transporte público (Liz Alderman, "Sweden's Push to Get Rid of Cash Has Some Saying, 'Not So Fast,'" *New York Times*, 21 de novembro de 2018, https://www.nytimes.com/2018/11/21/business/sweden-cashless-society.html; Maddy Savage, "Thousands of Swedes Are Inserting Microchips Under Their Skin", National Public Radio (*All Things Considered*), 22 de outubro de 2018, https://www.npr.org/2018/10/22/658808705/thousands-of-swedes-are-inserting-microchips-under-their-skin?t=1541532530852).

14. Michael Lyman, Ron Ref e Oliver Wright, "Cornerstone of Future Growth: Ecosystems", Accenture, 2018, https://www.accenture.com/_acnmedia/PDF-77/Accenture-Strategy-Ecosystems-Exec-Summary-May2018-POV.pdf#zoom=50.

15. Nikolaus Lang, Konrad von Szczepanski e Charline Wurzer, "The Emerging Art of Ecosystem Management", BCG Henderson Institute, 16 de janeiro de 2019, https://www.bcg.com/publications/2019/emerging-art-ecosystem-management.aspx. A seção seguinte do capítulo é uma adaptação desse artigo e se baseia fortemente em seu argumento e suas ilustrações.

16. "Together 2025+", Volkswagen AG, último acesso em 14 de janeiro de 2020, https://www.volkswagenag.com/en/group/strategy.html.

## 252 NOTAS

17. Andrew Krok, "VW Car-Net's Massive Updates Include 5 Free Years of Remote Access", CNET, 17 de setembro de 2019, https://www.cnet.com/roadshow/news/vw-car-net-overhaul-update-connectivity-remote-access/.
18. Análise do BCG sobre o ecossistema da Volkswagen com base no site da empresa, relatórios de imprensa e sites dos parceiros de ecossistema da empresa.
19. Lang, von Szczepanski e Wurzer, "The Emerging Art of Ecosystem Management".
20. "[Infographic] Get Smart: The Latest in What SmartThings Can Do for You", Samsung Newsroom, 30 de outubro de 2019, https://news.samsung.com/global/infographic-get-smart-the-latest-in-what-smartthings-can-do-for-you.
21. Amazon, "Amazon Introduces an Array of New Devices and Features to Help Make Your Home Simpler, Safer, and Smarter", press release, 25 de setembro de 2019, https://press.aboutamazon.com/news-releases/news-release-details/amazon-introduces-array-new-devices-and-features-help-make-your.
22. "AKQA & Dyson Launch a Connected Way to Clean with Dyson Link App", Little Black Boom, 18 de setembro de 2014, https://lbbonline.com/news/akqa-dyson-launch-a-connected--way-to-clean-with-dyson-link-app/; Tanya Powley, "Dyson Helps Launch Design Engineering School at Imperial College", *Financial Times*, 22 de março de 2015, https://www.ft.com/content/73b0b9ac-cf15-11e4-893d-00144feab7de.
23. John Markoff e Laura M. Holson, "Apple's Latest Opens a Developers' Playground", *New York Times*, 10 de julho de 2008, https://www.nytimes.com/2008/07/10/technology/personaltech/10apps.html. O valor de 5 milhões é uma projeção: Sarah Perez, "App Store to Reach 5 Million Apps by 2020, with Games Leading the Way", Techcrunch, 10 de agosto de 2016, https://techcrunch.com/2016/08/10/app-store-to-reach-5-million-apps-by-2020-with-games-leading-the-way/.
24. Kevin Kelleher, "Developer's $34 Billion Earnings from Apple's App Store Rose 28% in 2018", *Fortune*, 28 de janeiro de 2019, https://fortune.com/2019/01/28/apple-app-store-developer-earnings-2018/; Lauren Goode, "App Store 2.0", Verge, último acesso em 9 de fevereiro de 2020, https://www.theverge.com/2016/6/8/11880730/apple-app-store-subscription-update-phil-schiller-interview; "Apple Rings in New Era of Services Following Landmark Year", Apple, última atualização em 8 de janeiro de 2020, https://www.apple.com/newsroom/2020/01/apple-rings-in-new-era-of-services-following-landmark-year/.
25. Pesquisa do BCG.
26. Harriet Agnew, "Digital Health Start-Up Doctolib Raises €150m at a €1bn+ Valuation", *Financial Times*, 19 de março de 2019, https://www.ft.com/content/58ba164e-4a62-11e9-bbc9-6917dce3dc62; Romain Dillet, "Doctolib Grabs $20 Million for Its Booking Platform for Doctors", Techcrunch, 12 de outubro de 2015, https://techcrunch.com/2015/10/12/doctolib-grabs-20-million-for-its-booking-platform-for-doctors/.
27. Os parceiros estratégicos da Alexa ou fazem dispositivos com a Alexa embutida ou permitem que a Alexa seja um meio de acesso para sua plataforma.
28. Erika Malzberg, "Caterpillar and the Age of Smart Iron", Zuora, 22 de maio de 2017, https://www.zuora.com/2017/05/22/caterpillar-and-the-age-of-smart-iron/; Bob Woods, "Caterpillar's Autonomous Vehicles May Be Used by NASA to Mine the Moon and Build a Lunar Base", CNBC, 23 de outubro de 2019, https://www.cnbc.com/2019/10/23/caterpillar-and-nasa-developing-autonomous-vehicles-to-mine-the-moon.html.
29. Esta seção do capítulo é uma adaptação livre de Michael G. Jacobides, Nikolaus Lang, Nanne Louw e Konrad von Szczepanski, "What Does a Successful Ecosystem Look Like?" BCG, 26 de junho de 2019, https://www.bcg.com/publications/2019/what-does-successful-digital-ecosystem--look-like.aspx. A seção se baseia fortemente no argumento e nas ilustrações deste artigo.
30. É a segunda maior ferramenta de busca de acordo com o statcounter: "Everything You Need to Know About Baidu: The Largest Search Engine in China", Search Decoder, último acesso em 4 de

fevereiro de 2020, https://www.searchdecoder.com/largest-search-engine-in-china-baidu; "Baidu Announces Project Apollo, Opening Up Its Autonomous Driving Platform", GlobalNewswire, 18 de abril de 2017, https://www.globenewswire.com/news-release/2017/04/19/1018939/0/en/Baidu-Announces-Project-Apollo-Opening-Up-its-Autonomous-Driving-Platform.html.

31. Meng Jing, "Baidu Leads Tesla, Uber and Apple in Developing Self-Driving Cars", *South China Morning Post*, 18 de janeiro de 2018, https://www.scmp.com/tech/enter prises/article/2129559/baidu-leads-tesla-uber-and-apple-developing-self-driving-cars.

32. Kyle Wiggers, "Baidu's DuerOS Voice Platform Is Now on 400 Million Devices", Venture Beat, 2 de julho de 2019, https://venturebeat.com/2019/07/02/baidus-dueros-voice-platform-is-now-on-400-million-devices/.

33. Pesquisa e análise do BCG.

34. Kyle Wiggers, "Baidu's Autonomous Cars Have Driven More Than 1 Million Miles Across 13 Cities in China", Venture Beat, 2 de julho de 2019, https://venturebeat.com/2019/07/02/baidus-autonomous-cars-have-driven-more-than-1-million-miles-across-13-cities-in-china/.

35. Ryan Daws, "Shanghai Becomes the First Chinese City to License Self-Driving Cars to Carry Passengers", IoT News, 19 de setembro de 2019, https://www.iottechnews.com/news/2019/sep/19/shanghai-first-chinese-city-license-self-driving-cars-passengers/.

36. "Amazon Introduces the Alexa Fund: $100 Million in Investments to Fuel Voice Technology Innovation", Business Wire, 25 de junho de 2015, https://www.businesswire.com/news/home/20150625005704/en/Amazon-Introduces-Alexa-Fund-100-Million-Investments.

37. Chris Ziegler, "Nokia CEO Stephen Elop Rallies Troops in Brutally Honest 'Burning Platform' Memo? (Update: It's Real!)", Engadget, 8 de fevereiro de 2011, https:// www.engadget.com/2011/02/08/nokia-ceo-stephen-elop-rallies-troops-in-brutally-honest-burnin/.

38. Essas questões se baseiam no conselho prescrito em Lang, von Szczepanski e Wurzer, "The Emerging Art of Ecosystem Management".

## Capítulo 5: Seja Flexível

1. Análise do BCG baseada em dados extraídos de Oxford Economics e OECD.org.

2. N. Chandrasekaran (presidente da Tata Sons), entrevista com os autores, 14 de janeiro de 2020.

3. "TCS Hungary Townhall 2019", Tata Consultancy Services, último acesso em 20 de janeiro de 2020, https://www.mytcscareer.com/; "TCS Opens Fifth Delivery Centre in China", *Business Standard*, 20 de janeiro de 2013, https://www.business-standard.com/article/technology/tcs--opens-fifth-delivery-centre-in-china-110082200076_1.html; Tata Consultancy Services, "TCS Opens New Global Delivery Center in Argentina", press release, último acesso em 1 de janeiro de 2020, https://www.tcs.com/tcs-new-delivery-center-argentina; "Annual Report 2018–2019: Growth and Transformation with Business 4.0", Tata Consultancy Services, https://www.tcs.com/content/dam/tcs/investor-relations/financial-statements/2018-19/ar/annual-report-2018-2019.pdf.

4. "Tata Consultancy Services", Tata Consultancy Services, último acesso em 20 de janeiro de 2020, https://www.ibef.org/download/Tata_Consultancy_Services.pdf.

5. Pesquisa e análise do BCG baseadas em ValueScience, NASDAQ e NSE.

6. Pesquisa e análise do BCG baseadas no ValueScience do BCG e relatórios anuais; N. Chandrasekaran, entrevista com os autores, 14 de janeiro de 2020.

7. "Asia with Little Variation in the Share of World Footwear Exports", World Footwear, 14 de setembro de 2016, https://www.worldfootwear.com/news/asia-with-little-variation-in-the- share--of-world-footwear-exports/1882.html.

8. Mark Abraham et al., "The Next Level of Personalization in Retail", BCG, 4 de junho de 2019, https://www.bcg.com/publications/2019/next-level-personalization-retail.aspx.

## 254 NOTAS

9. Catrin Morgan et al., "Use of Three-Dimensional Printing in Preoperative Planning in Orthopaedic Trauma Surgery: A Systematic Review and Meta-analysis", *World Journal of Orthopedics* 11, n. 1 ( 18 de janeiro de 2020), http://dx.doi.org/10.5312/wjo.v11. i1.57.

10. "'ECU' Is a Three Letter Answer for All the Innovative Features in Your Car: Know How the Story Unfolded", Embitel, último acesso em 8 de março de 2020, https://www.embitel.com/blog/embedded-blog/automotive-control-units-development-innovations-mechanical- to-electronics; Jeff Desjardins, "How Many Millions of Lines of Code Does It Take?" Visual Capitalist, 8 de fevereiro de 2017, https://www.visualcapitalist.com/millions-lines-of-code/.

11. Emmanuel Lagarrigue, entrevista com a equipe do BCG, 30 de outubro de 2019.

12. Zach Stolzenberg, "Adidas: Racing to Supply Chain 4.0", Harvard Business School Digital Initiative, 12 de novembro de 2017, https://digital.hbs.edu/platform-rctom/submission/ adidas-racing-to-supply-chain-4-0/; Tansy Hoskins, "Robot Factories Could Threaten Jobs of Millions of Garment Workers", *Guardian*, 16 de julho de 2016, https://www. theguardian.com/sustainable-business/2016/jul/16/robot-factories-threaten-jobs-millions- garment-workers-south-east-asia-women; "Adidas's High-Tech Factory Brings Production Back to Germany", *Economist*, 14 de janeiro de 2017, https://www.economist.com/business/2017/01/14/adidass-high-tech-factory-brings-production-back-to-germany.

13. "Adidas' First Speedfactory Lands in Germany", Adidas, último acesso em 12 de fevereiro de 2020, https://www.adidas-group.com/en/media/news-archive/press-releases/2015/adidas-first-speedfactory-lands-germany/.

14. Sara Germano, "Adidas to Close Sneaker Factory in the U.S., Move Production to Asia", *The Wall Street Journal*, 11 de novembro de 2019, https://www.wsj.com/articles/adidas-to- close-sneaker--factory-in-the-u-s-move-production-to-asia-11573485445?mod=hp_lista_pos2.

15. Peter Rosenfeld, entrevista com a equipe do BCG, 19 de julho de 2019.

16. Peter Rosenfeld, entrevista com a equipe do BCG, 19 de julho de 2019.

17. Beau Jackson, "3D Bioprinting Center of Excellence Launched by Amber and Johnson & Johnson", 3D Printing Industry, 22 de fevereiro de 2018, https://3dprintingindustry.com/news/3d-bioprinting-center-excellence-launched-amber-johnson-johnson-129373/.

18. Corey Clarke, "Johnson & Johnson Partners with Bioprinters to Create 3D Printed Knee", 3D Printing Industry, 6 de janeiro de 2017, https://3dprintingindustry.com/news/johnson-johnson-partner-bioprinters-create-3d-printed-knee-102336/.

19. "Partner Up—Building a Global Manufacturing Network", Medical Device, 8 de maio de 2017, https://www.medicaldevice-developments.com/features/featurepartner-up-building-a-global-manufacturing-network-5846594/.

20. Peter Pham, "Vietnam's Trade War Balancing Act", *Forbes*, 29 de novembro de 2018, https://www.forbes.com/sites/peterpham/2018/11/29/vietnams-trade-war-balancing-act/# 63db28677b36. No setor de calçados, a fabricação chinesa caiu, enquanto a vietnamita aumentou, uma vez que as empresas têm buscado evitar o impacto da guerra comercial entre China e Estados Unidos e aproveitar o baixo custo de mão de obra do Vietnã. Nike, Puma e Adidas estão ajudando a conduzir essa tendência com suas estratégias de abastecimento.

21. Dados da empresa fornecidos ao BCG.

22. Hemani Sheth, "Samsung Invests $500 Million for New Smartphone Display Manufacturing Plant in India", *Hindu Business Line*, última atualização em 20 de janeiro de 2020, https:// www.thehindubusinessline.com/info-tech/samsung-invests-500-million-for-new-smartphone- display--manufacturing-plant-in-india/article30605865.ece.

23. "Samsung to Expand U.S. Operations, Open $380 Million Home Appliance Manufacturing Plant in South Carolina", Samsung Newsroom, 28 de junho de 2017, https://news.samsung.com/us/samsung-south-carolina-home-appliance-manufacturing-plant-investment-newberry/.

## NOTAS 255

24. Anil Chaudhry (presidente de zona e diretor administrativo, Índia, Schneider Electric), entrevista com a equipe do BCG, 12 de julho de 2019.
25. "MindSphere Application Centers", Siemens, último acesso em 19 de fevereiro de 2020, https://new.siemens.com/global/en/products/software/mindsphere/application- centers.html; Brian Buntz, "Siemens Exec Dishes on MindSphere Industrial IoT Platform", IOT Today, 7 de junho de 2019, https://www.iotworldtoday.com/2019/06/07/siemens-execdishes-on-mindsphere-industrial-iot-platform/.
26. Tomas Kellner, "Wind in the Cloud? How the Digital Wind Farm Will Make Wind Power 20 Percent More Efficient", GE Reports, 27 de setembro de 2015, https://www.ge.com/reports/post/119300678660/wind-in-the-cloud-how-the-digital-wind-farm-will-2/.
27. Markets and Markets, "Digital Twin Market Worth $35.8 Billion by 2025", press release, último acesso em 19 de fevereiro de 2020, https://www.marketsandmarkets.com/PressReleases/digital-t-win.asp.
28. "Industrial Digital Twins: Real Products Driving $1B in Loss Avoidance", GE Digital (blog), último acesso em 19 de fevereiro de 2020, https://www.ge.com/digital/blog/industrial-digital-twins-real-products-driving-1b-loss-avoidance.

### Capítulo 6: Deixe os Dados Trabalharem

1. Rich Miller, "Facebook Accelerates Its Data Center Expansion", Data Center Frontier, 19 de março de 2018, https://datacenterfrontier.com/facebooks-accelerates-data-center-expansion/.
2. Arindam Bhattacharya, "Digital Globalisation vs Geopolitical Globalisation: A Tale of Two Worlds", *Economic Times*, 18 de junho de 2017, https://economictimes.indiatimes.com/tech/internet/digital-globalisation-vs-geopolitical-globalisation-a-tale-of-two-worlds/ article-show/59173111.cms?from=mdr; Análise baseada em dados do TeleGeography, abril de 2019.
3. Análise do BCG baseada em dados do Gartner.
4. J. Clement, "Global Digital Population as of April 2020", Statista, 4 de junho de 2020, https://www.statista.com/statistics/617136/digital-population-worldwide/.
5. Análise do BCG baseada em dados do ITU. Para saber mais sobre o que implica um pacote de banda larga fixa, visite "ICT Price Basket Methodology", ITU, último acesso em 12 de março de 2020, https://www.itu.int/en/ITU-D/Statistics/Pages/definitions/pricemethodology.aspx.
6. "Internet of Things Forecast", Ericsson, último acesso em 9 de março de 2020, https://www.ericsson.com/en/mobility-report/internet-of-things-forecast.
7. Caroline Donnelly, "Public Cloud Competition Prompts 66% Drop in Prices Since 2013, Research Reveals", Computer Weekly, 12 de janeiro de 2016, https://www.computerweekly.com/news/4500270463/Public-cloud-competition-results-in-66-drop-in-prices-since-2013-research-reveals.
8. "Volume of Data/Information Created Worldwide from 2010 to 2025", Statista, 28 de fevereiro de 2020, https://www.statista.com/statistics/871513/worldwide-data-created/.
9. "The 2017 Global CVC Report", CB Insights, 2017, https://relayto.com/cdn/media/files/ZaqycE4xRtyhl7er5GgE_CB-Insights_CVC-Report-2017.pdf; Kathleen Walch, "Is Venture Capital Investment in AI Excessive?", *Forbes*, 5 de janeiro de 2020, https://www.forbes.com/sites/cognitiveworld/2020/01/05/is-venture-capital-investment-for-ai-companies-getting-out-of-control/#7c37438c7e05.
10. Ian Sherr, "Fortnite Reportedly Will Pull in an Epic $3 Billion Profit This Year", CNET, 27 de dezembro de 2018, https://www.cnet.com/news/fortnite-reportedly-will-pull-in-an- epic-3-billion-profit-this-year/. Para saber mais sobre Fortnite, confira também Akhilesh Ganti, "How Fortnite Makes Money", Investopedia, 20 de agosto de 2019, http://www. investopedia.com/tech/how-does-fortnite-make-money/; Felix Richter, "The Biggest Free-to-Play Cash Cows of 2019", Statista, 3 de janeiro de 2020, https://www.statista.com/chart/16687/top-10-free-to-play-

## 256 NOTAS

-games/; Rupert Neate, "Fortnite Company Epic Games Valued at Nearly $15bn After Cash Boost", *Guardian*, 28 de outubro de 2018, https://www.theguardian.com/games/2018/oct/28/fortnite-company-epic-games-valued-15bn.

11. Kayla Matthews, "Precision Farming: AI and Automation Are Transforming Agriculture", Data Center Frontier, 31 de outubro de 2019, https://datacenterfrontier.com/precision-farming-ai-and-automation-are-transforming-agriculture/.

12. Ofir Schlam, "4 Ways Big Data Analytics Are Transforming Agriculture", Future Farming, 15 de julho de 2019, https://www.futurefarming.com/Tools-data/Articles/2019/7/4-ways-big-data-analytics-are-transforming-agriculture-450440E/.

13. Bhaskar Chakravorti, "A Game Plan for Technology Companies to Actually Help Save the World", Conversation, 6 de novembro de 2018, https://theconversation.com/a-game-plan-for-technology-companies-to-actually-help-save-the-world-105007.

14. Cassie Perlman, "From Product to Platform: John Deere Revolutionizes Farming", *Harvard Business Review*, 25 de agosto de 2017, https://digital.hbs.edu/data-and-analysis/product-platform-john-deere-revolutionizes-farming/.

15. Perlman, "From Product to Platform".

16. Alejandro Sayago, entrevista com a equipe do BCG, 23 de outubro de 2019.

17. "S-Series Combines", John Deere, último acesso em 9 de março de 2020, https://www.deere.com/en/harvesting/s-series-combines/?panel=harvest.

18. Para saber mais, confira o site da John Deere, http://www.deere.com.

19. "John Deere Operations Center", John Deere, último acesso em 9 de março de 2020, https://www.deere.com/en/technology-products/precision-ag-technology/data-management/ operations-center/. A tecnologia ExactEmerge da empresa permite uma semeadura de alta precisão enquanto a máquina se move horizontalmente em velocidade recorde: https://www.deere.com/assets/publications/index.html?id=6f7a8a69.

20. Para mais informações, confira "S-Series Combines".

21. Adele Peters, "How John Deere's New AI Lab Is Designing Farm Equipment for a More Sustainable Future", *Fast Company*, 11 de setembro de 2017, https://www.fastcompany.com/40464024/how-john-deeres-new-ai-lab-is-designing-farm-equipment-for-more-sustainable-future.

22. Bernard Marr, "The Amazing Ways John Deere Uses AI and Machine Vision to Help Feed 10 Billion People", *Forbes*, 15 de março de 2019, https://www.forbes.com/sites/ bernardmarr/2019/03/15/the-amazing-ways-john-deere-uses-ai-and-machine-vision-to-help-feed-10-billion-people/#-2fa699232ae9.

23. Peters, "How John Deere's New AI Lab Is Designing Farm Equipment".

24. C. Williams, "Farm to Data Table: John Deere and Data in Precision Agriculture", Harvard Business School Digital Initiative, 12 de novembro de 2019, https://digital.hbs.edu/platform-digit/submission/farm-to-data-table-john-deere-and-data-in-precision-agriculture/.

25. Scott Ferguson, "John Deere Bets the Farm on AI, IoT", Light Reading, 12 de março de 2018, https://www.lightreading.com/enterprise-cloud/machine-learning-and-ai/john-deere-bets-the-farm-on-ai-iot/a/d-id/741284.

26. Para saber mais, confira o site da John Deere, http://www.deere.com.

27. Sharon O'Keeffe, "FarmConnect Initiated by John Deere, Claas and CNH Industral", *Farm Weekly*, 19 de novembro de 2019, https://www.farmweekly.com.au/story/6497351/machinery-companies-collaborate-on-data/.

28. O'Keeffe, "FarmConnect".

29. "Deere & Company Board Elects John May as CEO and Board Member", press release, 29 de agosto de 2019, https://www.prnewswire.com/news-releases/deere--company-board-elects- john--may-as-ceo-and-board-member-300909127.html.

30. Para esse parágrafo, devo ao artigo "L'Oréal Data-Driven Marketing & Digital Focus Continues to Boost Sales", Digital Media Solutions, 3 de dezembro de 2019, https://insights.digitalmediasolutions.com/articles/loreal-sees-record-sales-growth.
31. "L'Oréal Data-Driven Marketing & Digital Focus".
32. Rory Butler, "L'Oréal Powers Its R&D by Processing 50 Million Pieces of Data a Day", *Manufacturer*, 5 de novembro de 2019, https://www.themanufacturer.com/articles/loreal-powers-its-rd-by-processing-50-million-pieces-of-data-a-day/.
33. Butler, "L'Oréal Powers Its R&D".
34. "L'Oréal Data-Driven Marketing & Digital Focus".
35. "How Open Science and External Innovation Are Transforming Drug Development", Stat, último acesso em 10 de março de 2020, https://www.statnews.com/sponsor/2018/08/30/transforming-drug-development-allergan/.
36. "Biotechs Investments Disrupt Big Pharma Business Model", *BNP Paribas*, 11 de dezembro de 2019, https://group.bnpparibas/en/news/biotechs-investments-disrupt-big-pharma-business- model.
37. "Annual Report", GlaxoSmithKline, 2018, https://www.gsk.com/media/5347/strategic- report.pdf.
38. "GSK and 23andMe Sign Agreement to Leverage Genetic Insights for the Development of Novel Medicines", press release, 25 de julho de 2018, https://www.gsk.com/en-gb/ media/press-releases/gsk-and-23andme-sign-agreement-to-leverage-genetic-insights-for-the- development-of-novel-medicines/.
39. "Open Targets", Hyve, último acesso em 10 de março de 2020, https://thehyve.nl/solutions/open-targets/.
40. "About UK Biobank", Biobank, último acesso em 10 de março de 2020, https://www. ukbiobank.ac.uk/about-biobank-uk/.
41. "Siemens AG", *Encyclopaedia Britannica*, último acesso em 10 de março de 2020, https://www.britannica.com/topic/Siemens-AG.
42. "Siemens Sells Mobile Phone Biz to BenQ", *China Daily*, última atualização em 8 de junho de 2005, http://www.chinadaily.com.cn/english/doc/2005-06/08/content_449618.htm.
43. Dr. Horst Kayser, entrevista com a equipe do BCG, 17 de março de 2018; "History: Wind Power Pioneers", Siemens, último acesso em 10 de março de 2020, https://www. siemensgamesa.com/en-int/about-us/company-history.
44. Baseado em conversas informais com líderes da Siemens. Para informações adicionais, confira Eric Johnson, "A Big Brain for Power Plant Diagnostics", *Living Energy* 9 (dezembro de 2013): 65, https://assets.new.siemens.com/siemens/assets/api/uuid:dbfd4b0d225b592bd2 e6ded1c4210c-fe2e403a8d/version:1533824147/power-plant-diagnostics-rds-living-energy-9.pdf.
45. "Annual Report 2019", Siemens, 2019, https://assets.new.siemens.com/siemens/assets/api/uuid:59a-922d1-eca0-4e23-adef-64a05f0a8a61/siemens-ar2019.pdf; Georgina Prodhan, "Siemens Sees Scale, Data Privacy as Winners in Digital Race", Reuters, 15 de dezembro de 2017, https://www.reuters.com/article/us-siemens-digital/siemens-sees-scale-data-privacy-as-winners-in-digital-race-idUSKB-N1E90YY; "Siemens—Business Fact Sheets", Siemens, 2019, https://www.siemens.com/investor/pool/en/investor_relations/equity-story/Siemens-Business-Fact-Sheets.pdf.
46. Dr. Horst Kayser, entrevista com a equipe do BCG, 17 de março de 2018.
47. Schneider Electric, "Schneider Electric Launches Next Generation of EcoStruxure™, the Architecture and Platform for End-to-End IoT-Enabled Solutions at Scale", PR Newswire, 29 de novembro de 2016, https://www.prnewswire.com/news-releases/schneider-electric- launches-next-generation-of-ecostruxure-the-architecture-and-platform-for-end-to-end-iot- enabled-solutions--at-scale-300369412.html.
48. Schneider Electric, "Schneider Electric Launches".

# 258 NOTAS

49. "Ambitious Outlook. Positive Action. Full Accountability", Schneider Electric, 2018, https://www.se.com/ww/en/assets/564/document/69032/2018-annual-report.pdf; "Digital Innovations for a Sustainable World", Schneider Electric, 2019, https:// www.se.com/ww/en/assets/564/document/124836/annual-report-2019-en.pdf.

50. Schneider Electric, "Schneider Electric Launches New Digital Ecosystem to Drive Worldwide Economies of Scale for IoT Solutions", PR Newswire, 1 de abril de 2019, https://www. prnewswire.com/news-releases/schneider-electric-launches-new-digital-ecosystem-to-drive-worldwide-economies-of-scale-for-iot-solutions-300821811.html.

51. Herve Couriel, entrevista com a equipe do BCG, 25 de outubro de 2019.

52. Herve Couriel, entrevista com a equipe do BCG, 25 de outubro de 2019.

53. Herve Couriel, entrevista com a equipe do BCG, 25 de outubro de 2019.

54. "Where Problems Find Solutions", Schneider Electric Exchange, último acesso em 11 de março de 2020, https://exchange.se.com/.

55. Emmanuel Lagarrigue, entrevista com a equipe do BCG, 30 de outubro de 2019.

56. Herve Couriel, entrevista com a equipe do BCG, 25 de outubro de 2019.

57. De acordo com uma estimativa, o mercado global de logística valia cerca de US$4,7 bilhões em 2018: "The Global Logistics Market Reached a Value of US$ 4,730 Billion in 2018 and Will Continue to Rise by 4.9% by 2024", Business Wire, 3 de julho de 2019, https://www.businesswire.com/news/home/20190703005488/en/Global-Logistics-Market-Reached-4730-Billion-2018.

58. Para mais informações, por favor visite o site da empresa: http://www.flexport.com.

59. "How Gerber Gains End-to-End Supply Chain Visibility and Savings with Flexport", Flexport, último acesso em 11 de março de 2020, https://www.flexport.com/customers/ gerber/; "How American Metalcraft Serves Up Digital Transformation with Flexport", Flexport, último acesso em 11 de março de 2020, https://www.flexport.com/customers/ american-metalcraft/; "Leading Smart Travel Brand, Horizn Studios, Breathes New Life into a Centuries-Old Industry and Transforms Operations", Flexport, último acesso em 3 de abril de 2020, https://www.flexport.com/customers/horizn-studios/.

60. Alex Konrad, "Freight Startup Flexport Hits $3.2 Billion Valuation After $1 Billion Investment Led by SoftBank", *Forbes*, 21 de fevereiro de 2019, https://www.forbes.com/sites/alexkonrad/2019/02/21/flexport-raises-1-billion-softbank/#430462ac5650.

61. "Digitalisation in the Energy Industry: Adapt, or Be Disrupted", Shell, 5 de março de 2019, https://www.shell.com/business-customers/lubricants-for-business/news-and-media- releases/2019/digitalisation-in-the-energy-industry.html.

62. "Revolutionary Wireless Telematics", Machine Max, último acesso em 11 de março de 2020, https://machinemax.com/.

63. Dados obtidos do Global DataSphere do IDC, 2018.

64. Russell Stokes (vice-presidente de estratégia corporativa da Whirlpool), entrevista com o autor, 12 de junho de 2019.

65. Análise do BCG baseada em "Total Worldwide Software Revenue Market Share by Market", Gartner Report, abril de 2019.

66. "Mass Data Fragmentation: The Main Cause of 'Bad Data' and How to Take Control of It", Information Age, 17 de maio de 2019, https://www.information-age.com/mass-data-fragmentation-123482521/.

67. "AI and Data Irony — Ferrari Without Fuel?" Data Quest, 20 de novembro de 2019, https://www.dqindia.com/ai-data-irony-ferrari-without-fuel/.

68. Alan Cohen, "The Mass Data Fragmentation Cleanup", *Forbes*, 24 de outubro de 2018, https://www.forbes.com/sites/forbestechcouncil/2018/10/24/the-mass-data-fragmentation-cleanup/#55a48cfa67a9.

## NOTAS 259

### Capítulo 7: Seja Focado, Rápido e Plano

1. "ByteDance", gerado por PitchBook para Samridhi Agarwal, Boston Consulting Group Global, última atualização em 4 de março de 2020; "About Us", ByteDance, último acesso em 14 de março de 2020, https://job.bytedance.com/en/.
2. Li Mojia (diretor estratégico no Institute of Management Strategy, da ByteDance), entrevista com a equipe de pesquisa do BCG, 22 de agosto de 2019.
3. Esse parágrafo é baseado em uma pesquisa interna do BCG.
4. Para esse parágrafo, me baseei em Li Mojia, entrevista com a equipe de pesquisa do BCG, 22 de agosto de 2019.
5. O material desse parágrafo é baseado na pesquisa conduzida pelo Bruce Henderson Institute, do BCG.
6. Martin Danoesastro, "Nick Jue on Transforming ING Netherlands and Introducing an Agile Way of Working", BCG, 17 de julho de 2017, https://www.bcg.com/publications/2017/ technology-digital-financial-institutions-nick-jue-transforming-ing.aspx.
7. Análise do BCG baseada em dados de bancos centrais, sites corporativos e no relatório de 2018 do Economist Intelligence Unit sobre o varejo bancário global.
8. Katrina Cuthell, "Many Consumers Trust Technology Companies More Than Banks", Bain, 9 de janeiro de 2019, https://www.bain.com/insights/many-consumers-trust-technology-companies-more-than-banks-snap-chart/.
9. Erin Lyons, "RBS Takes Inspiration from Amazon and Uber as It Puts Focus on Customer Experience", Phvntom, 3 de outubro de 2018, https://phvntom.com/rbs-takes-inspiration-from-amazon-and-uber-as-it-puts-focus-on-customer-experience/.
10. Análise do BCG baseada em dados dos pools bancários do BCG, do banco de dados do Expand Fintech e Fintech Control Tower.
11. Apresentação do dia do investidor da ING (2019).
12. "'We Want to Be a Tech Company with a Banking License' — Ralph Hamers", ING, 8 de agosto de 2017, https://www.ing.com/Newsroom/News/We-want-to-be-a-tech-company-with-a-banking-license-Ralph-Hamers.htm.
13. Martin Danoesastro, "Nick Jue on Transforming ING Netherlands and Introducing an Agile Way of Working", BCG, 17 de julho de 2017, https://www.bcg.com/publications/2017/ technology-digital-financial-institutions-nick-jue-transforming-ing.aspx.
14. Para uma avaliação sóbria da estrutura matricial e suas desvantagens desde os anos 1990, confira Stanley M. Davis e Paul R. Lawrence, "Problems of Matrix Organizations", *Harvard Business Review*, maio de 1978, https://hbr.org/1978/05/problems-of-matrix-organizations; Christopher A. Bartlett e Sumantra Ghoshal, "Matrix Management: Not a Structure, a Frame of Mind", *Harvard Business Review*, julho–agosto de 1990, https://hbr.org/1990/07/matrix-management-not-a-structure-a-frame-of-mind.
15. As corporações globais atuais são importunadas pela burocracia ou, como nossos colegas no BCG têm chamado, pela *complicação*, definida como o "aumento no número de estruturas, processos, procedimentos, direitos de decisão, métricas, pontuações e comitês organizacionais impostos pela empresa para administrar a complexidade crescente de seu ambiente empresarial externo" (Reinhard Messenböck et al., "Simplify First—Then Digitize", BCG, 8 de agosto de 2019, https://www.bcg.com/capabilities/change-management/simplify-first- then-digitize.aspx).
16. Martin Danoesastro (diretor administrativo e parceiro sênior do escritório de Amsterdam do Boston Consulting Group), entrevista para a equipe do BCG, 16 de outubro de 2019.
17. Confira o relatório anual de 2014 da ING Group, 184, baixado em 19 de abril de 2020, em https://www.ing.com/web/file?uuid=9e4a52e6-1746-4a83-b31f-1c5978c8361c&owner=b03bc017-e0db-4b5d-abbf-003b12934429&contentid=33430.

## 260 NOTAS

18. Saabira Chaudhuri,"Outfoxed by Small-Batch Upstarts, Unilever Decides to Imitate Them", *The Wall Street Journal*, 2 de janeiro de 2018, https://www.wsj.com/articles/outfoxed-by-small-batch-upstarts-unilever-decides-to-imitate-them-1514910342.

19. "Making Sustainable Living Commonplace", Unilever (Annual Report and Accounts), relatório anual, 2017, p. 10, https://www.unilever.com/Images/ara-principle-risk-factors_tcm244-525944_en.pdf.

20. Sanjiv Mehta, entrevista com a equipe do BCG, 24 de julho de 2019; Ajita Shashidhar, "How HUL Got Its Mojo Back", *Business Today*, 12 de agosto de 2018, https://www.businesstoday.in/magazine/cover-story/how-hul-got-its-mojo-back/story/280535.html.

21. "Making Sustainable Living Commonplace", Unilever, 2017, 10.

22. Sanjiv Mehta, entrevista com a equipe do BCG, 24 de julho de 2019.

23. "Unilever Investor Event", Hindustan Unilever Limited, 4 de dezembro de 2018, 23, https://www.hul.co.in/Images/hul-presentation-to-investors_tcm1255-529129_en.pdf.

24. "Unilever Investor Event", Hindustan Unilever Limited, 21.

25. Nitin Paranjpe, entrevista com a equipe de pesquisa do BCG, 10 de julho de 2019.

26. Nitin Paranjpe, entrevista com os autores, 10 de julho de 2019.

27. "Making Sustainable Living Commonplace", Unilever, 2017.

28. "Making Sustainable Living Commonplace", Unilever (Annual Report and Accounts), 2016, p. 27, https://www.unilever.com/Images/unilever-annual- report-and-accounts-2016_tcm244-498880_en.pdf; "Purpose-Led, Future-Fit", Unilever (Annual Report and Accounts), 2019, https://www.unilever.com/Images/unilever-annual-report-and-accounts-2019_tcm244-547893_en.pdf.

29. Grant Freeland, "To Understand the Company of the Future, Head to a Jazz Club", *Forbes*, 23 de setembro de 2019, https://www.forbes.com/sites/grantfreeland/2019/09/23/to-understand-the-company-of-the-future-head-to-a-jazz-club/#6e825ab32785.

30. Darrell K. Rigby, Jeff Sutherland e Hirotaka Takeuchi, "Embracing Agile", *Harvard Business Review*, maio de 2016, https://hbr.org/2016/05/embracing-agile.

31. Para saber mais sobre a metodologia ágil, confira Michael Sherman et al., "Taking Agile Way Beyond Software", BCG, 19 de julho de 2017, https://www.bcg.com/publications/2017/technology-digital-organization-taking-agile-way-beyond-software.aspx.

32. Marco Nink, "To Be Agile, You Need Fewer Processes and Policies", Gallup, 18 de janeiro de 2019, https://www.gallup.com/workplace/246074/agile-need-fewer-processes-policies.aspx.

33. Análise do BCG baseada em dados encontrados nos relatórios anuais da ING entre os anos 2014–2019.

34. "Our Organisation", Buurtzorg, último acesso em 15 de março de 2020, https://www.buurtzorg.com/about-us/our-organisation/; "Buurtzorg: Revolutionising Home Care in the Netherlands", Center for Public Impact, 15 de novembro de 2018, https://www.centrefor publicimpact.org/case-study/buurtzorg-revolutionising-home-care-netherlands/.

35. "Our Organisation"; Sofia Widén, Malin Lidforss e William A. Haseltine, "Buurtzorg: A Neighborhood Model of Care: Interviews with Jos de Blok and Gertje van Roessel", Access Health International, abril de 2016; Stevan Ćirković, "Buurtzorg: Revolutionising Home Care in the Netherlands".

36. Jaap van Ede, "The Self-Steering and Care-Driven Teams of Buurtzorg", Business Improvement, 2014, https://www.business-improvement.eu/lead_change/Buurtzorg_autonomous_teams.php; Jef J.J. van den Hout e Orin C. Davis, *Team Flow: The Psychology of Optimal Collaboration* (Cham, Suíça: Springer: 2019), 80–81.

37. Widén, Lidforss e Haseltine, "Buurtzorg", 1.

38. "Buurtzorg's Healthcare Revolution: 14,000 Employees, 0 Managers, Sky-High Engagement", Corporate Rebels, último acesso em 15 de março de 2020, https://corporate-rebels.com/buurtzorg/.

39. Blake Morgan, "How Fidelity Creates Its Vision for Customer Experience", *Forbes*, 5 de abril de 2016, https://www.forbes.com/sites/blakemorgan/2016/04/05/how-fidelity-creates- amazing-customer-experiences/#3446ae7159c7; Robin Wigglesworth,"Fidelity's Search for the Technology of Tomorrow", *Financial Times*, 19 de outubro de 2019, https://www.ft.com/content/b90cbc8a-ef45-11e9-bfa4-b25f11f42901.

40. "Internal Auditing Around the World, Volume 15: Fidelity Investments", Protiviti, último acesso em 11 de junho de 2020, https://www.protiviti.com/US-en/insights/iaworld-fidelity-investments.

41. Para saber mais sobre plataformas, confira Allison Bailey et al., "Organizing for the Future with Tech, Talent, and Purpose", BCG, 16 de setembro de 2019, https://www.bcg.com/ publications/2019/organizing-future-tech-talent-purpose.aspx; Rich Hutchinson, Lionel Aré, Justin Rose e Allison Bailey, "The Bionic Company", BCG, 7 de novembro de 2019, https://www.bcg.com/publications/2019/bionic-company.aspx.

42. Roberto Marques, entrevista com a equipe de pesquisa do BCG, 10 de março de 2020.

43. Esse parágrafo se baseia em pesquisas e análises internas do BCG.

44. Mary Jo Kreitzer et al., "Buurtzorg Nederland: A Global Model of Social Innovation, Change, and Whole-Systems Healing", *Global Advances in Health and Medicine* 4, n. 1 (janeiro de 2015).

45. "What Is R² Data Labs?" Rolls-Royce, último acesso em 15 de março de 2020, https://www.rolls--royce.com/products-and-services/r2datalabs.aspx.

46. "R² Data Labs Ecosystem", Rolls-Royce, último acesso em 20 de março de 2020, https://www.rolls-royce.com/products-and-services/ecosystem.aspx.

47. Rich Hutchinson et al., "The Bionic Company", BCG, 7 de novembro de 2019, https:// www.bcg.com/publications/2019/bionic-company.aspx.

48. Jim Hemerling et al., "It's Not a Digital Transformation Without a Digital Culture", BCG, 13 de abril de 2018, https://www.bcg.com/publications/2018/not-digital-transformation- without-digital-culture.aspx.

49. Hemerling et al., "It's Not a Digital Transformation".

50. Deborah Lovich et al., "Agile Starts—or Stops—at the Top", BCG, 17 de maio de 2018, https:// www.bcg.com/publications/2018/agile-starts-or-stops-at-the-top.aspx.

51. Allison Bailey et al., "Organizing for the Future with Tech, Talent, and Purpose", BCG, 16 de setembro de 2019, https://www.bcg.com/publications/2019/organizing-future-tech-talent- purpose. aspx.

52. Bob Black, entrevista com a equipe do BCG, 13 de janeiro de 2020.

53. Lars Marquardt et al., "Blending Old and New Ways of Working to Drive Digital Value", BCG, 21 de outubro de 2019, https://www.bcg.com/publications/2019/blending-old-new- ways-working-g-drive-digital-value.aspx.

54. Martin Danoesastro, entrevista com a equipe do BCG, 16 de outubro de 2019.

## Capítulo 8: Prospere com Talento

1. "Unilever Opens €50m Leadership Development Facility", Unilever, 28 de junho de 2013, https:// www.unilever.com.sg/news/press-releases/2013/leadership- development-facility.html.

2. Stephen Remedios, "What Goes into Building a CEO Factory?", Management Innovation Exchange, 14 de julho de 2013, https://www.managementexchange.com/story/what-goes- building-ceo-factory; Sudhir Sitapati, "How Hindustan Unilever Became a CEO Factory and a Company with Good Middle-Class Values", Print, 5 de janeiro de 2020, https://theprint.in/pageturner/excerpt/how-hindustan-unilever-became-a-ceo-factory-and-company-with- middle-class-values/344917/.

3. Pesquisa e análise do BCG.

4. Angus Loten, "America's Got Talent, Just Not Enough in IT", *The Wall Street Journal*, 15 de outubro de 2019, https://www.wsj.com/articles/americas-got-talent-just-not-enough-in-it-11571168626.

# 262 NOTAS

5. "Future of Work", Korn Ferry, último acesso em 17 de março de 2020, https://www.korn ferry.com/challenges/future-of-work.

6. J. Puckett et al., "Fixing the Global Skills Mismatch", BCG, 15 de janeiro de 2020, https://www.bcg.com/publications/2020/fixing-global-skills-mismatch.aspx.

7. "How to Future-Proof Your Workforce", BCG, último acesso em 17 de março de 2020, https://www.bcg.com/featured-insights/how-to/workforce-of-the-future.aspx.

8. J. Puckett et al., "Fixing the Global Skills Mismatch", BCG, 15 de janeiro de 2020, https://www.bcg.com/publications/2020/fixing-global-skills-mismatch.aspx.

9. Rainer Strack et al., "Decoding Digital Talent", BCG, 15 de maio de 2019, https://www.bcg.com/publications/2019/decoding-digital-talent.aspx.

10. Shawn Achor et al., "9 Out of 10 People Are Willing to Earn Less Money to Do More-Meaningful Work", *Harvard Business Review*, 6 de novembro de 2018, https://hbr.org/2018/11/9-out-of-10-people-are-willing-to-earn-less-money-to-do-more-meaningful-work.

11. Para esse parágrafo, nos baseamos na entrevista de Leena Nair com a equipe do BCG, 17 de junho de 2019.

12. Kathleen Hogan, "When People Are the Priority, Everything Else Falls into Place", LinkedIn, 4 de junho de 2019, https://www.linkedin.com/pulse/when-people-priority-everything-else-falls-place-kathleen-hogan/.

13. Hogan, "When People Are the Priority".

14. Angus Loten, "'Talent War' at Home Prompts U.S. Employers to Take Another Look Abroad", *The Wall Street Journal*, 30 de maio de 2019, https://www.wsj.com/articles/talent-war-at-home-prompts-u-s-employers-to-take-another-look-abroad-11559257791.

15. "iCIMS Survey Finds Increased Acceptance of Tech Candidates with Non-Traditional Educations", Globe Newswire, 17 de setembro de 2018, https://www.globenewswire.com/news-release/2018/09/17/1571757/0/en/iCIMS-Survey-Finds-Increased-Acceptance-of-Tech-Candidates-with-Non-Traditional-Educations.html.

16. Rainer Strack et al., "How to Gain and Develop Digital Talent and Skills", BCG, 19 de julho de 2017, https://www.bcg.com/publications/2017/people-organization-technology-how-gain- develop-digital-talent-skills.aspx.

17. "Leap: A Modern Apprenticeship", Microsoft, último acesso em 17 de março de 2020, https://www.industryexplorers.com/.

18. Sue Shellenbarger, "Make Your Job Application Robot-Proof", *The Wall Street Journal*, 16 de dezembro de 2019, https://www.wsj.com/articles/make-your-job- application-robot-proof-11576492201; "Balancing the Risks, Rewards of People Analytics", *The Wall Street Journal*, 30 de maio de 2018, https://deloitte.wsj.com/cio/2018/05/30/balancing-the-risks-rewards-of-people-analytics/.

19. Ingrid Lunden, "GM Confirms Sidecar Acquisition as Auto Makers Take Tech Ambitions up a Gear", TechCrunch, 19 de janeiro de 2016, https://techcrunch.com/2016/01/19/whos-driving/.

20. Sandeep Soni, "Acqui-Hiring: The New Normal in Talent Acquisition", *Entrepreneur*, 20 de março de 2015, https://www.entrepreneur.com/article/248598.

21. "Wipro's Mantra: Acquire to Grow", M&A Critique, último acesso em 18 de março de 2020, https://mnacritique.mergersindia.com/wipro-technologies-growth-by-acquisition/.

22. "Wipro to Acquire US-Based ITI for USD 45 Million", *Economic Times*, 5 de janeiro de 2019, https://economictimes.indiatimes.com/tech/ites/wipro-to-acquire-us-based-iti-for-usd- 45-million/articleshow/69664283.cms?from=mdr.

23. Andrew Karpie, "Wipro Acquires Appirio for $500M to Reach for the Cloud, Leverage Power of the Crowd", Spend Matters, 21 de outubro de 2016, https://spendmatters.com/2016/10/21/wipro-acquires-appirio-500m-reach-cloud-leverage-power-crowd/; Chris Barbin, "One Year

Later: Appirio (A Wipro Company)", Appirio, 12 de dezembro de 2017, https://hub.appirio.com/cloud-powered-blog/one-year-later-appirio-a-wipro-company.

24. Wipro, "Wipro Digital to Enhance Digital Transformation Capability with Designit", press release, 9 de julho de 2015, https://www.wipro.com/en-IN/newsroom/press-releases/2015/wipro-digital-to-enhance-digital-transformation-capability-with-/.

25. Teressa Iezzi, "Unilever Looks to Forge New Partnerships with Startups with the Launch of the Foundry", *Fast Company*, 21 de maio de 2014, https://www.fastcompany.com/3030940/unilever-looks-to-forge-new-partnerships-with-startups-with-the-launch-of-the-foundry.

26. "Unilever's Platform for Partnering with Start-Ups to Accelerate Innovation on a Global Scale", Unilever Foundry, último acesso em 18 de março de 2020, https://www.theunilever foundry.com/.

27. "What Corporate Incubators and Accelerators Can Mean for Your Business", *Entrepreneur*, 15 de fevereiro de 2017, https://www.entrepreneur.com/article/287495.

28. "Here's How Large Firms Can Innovate by Collaborating with Startups", *Forbes*, 10 de maio de 2018, https://www.forbes.com/sites/iese/2018/05/10/heres-how-large-firms-can-innovate-by-collaborating-with-startups/#30a166de2241.

29. Judith Wallenstein et al., "The New Freelancers: Tapping Talent in the Gig Economy", BCG Henderson Institute, janeiro de 2019, http://image-src.bcg.com/Images/BCG-The-New-Freelancers-Jan-2019_tcm9-211593.pdf.

30. Judith Wallenstein et al., "The New Freelancers", 5.

31. Para esses valores e mais informação, confira http://www.tongal.com.

32. Tongal.com, último acesso em 19 de janeiro de 2020.

33. "Unilever Launches New AI-Powered Talent Marketplace", Unilever, 24 de junho de 2019, https://www.unilever.com/news/press-releases/2019/unilever-launches-ai-powered-talent-  marketplace. html.

34. Shaun Sutner, "New Kronos Headquarters Design Mirrors Reinvention Play", Search HR Software, 29 de maio de 2018, https://searchhrsoftware.techtarget.com/feature/New-Kronos-headquarters-design-mirrors-reinvention-play.

35. Para uma cobertura do escritório em Dublin da empresa, por exemplo, confira "First Look: From Gyms and Music Rooms to Baristas and Yoga… Inside LinkedIn's New €85m EMEA HQ Office in Dublin", *Independent*, 18 de setembro de 2017, https:// www.independent.ie/business/technology/first-look-from-gyms-and-music-rooms-to-baristas-and-yogainside-  linkedins-new-85m-emea-h-q-office-in-dublin-36142701.html.

36. Katie Jacobs, "Dogs in the Office: How Nestlé Makes It Work", *HR Magazine*, 11 de fevereiro de 2016, https://www.hrmagazine.co.uk/article-details/dogs-in-the-office-how- nestle-makes--it-work-1; Grace Newton, "Nestle in York Now Lets Staff Take Bring Their Dogs to Work", *Yorkshire Post*, 4 de abril de 2019, https://www.yorkshirepost.co.uk/news/nestle-in-york-now-lets-staff-take-bring-their-dogs-to-work-1-9691747.

37. Alexander Purdy (ex-funcionário da John Deere), entrevista com a equipe do BCG, 10 de outubro de 2019.

38. "No One Reaches More Machines with Smarter Technology Than John Deere", John Deere, último acesso em 20 de março de 2020, https://www.deere.com/en/our-company/john-deere-careers/work-here/isg/.

39. Shawn Achor et al., "9 Out of 10 People Are Willing to Earn Less Money to Do More-Meaningful Work", *Harvard Business Review*, 6 de novembro de 2018, https://hbr.org/ 2018/11/9-out-of-10-people-are-willing-to-earn-less-money-to-do-more-meaningful-work.

40. Leena Nair, entrevista com a equipe do BCG, 17 de junho de 2019.

41. "People with Purpose Thrive", Unilever, último acesso em 19 de março de 2020, https://careers.unilever.com/global/en/people-with-purpose-thrive.

**264 NOTAS**

42. Leena Nair, entrevista com a equipe do BCG, 17 de junho de 2019.
43. "Project #ShowUs: Dove's Disruptive New Partnership to Shatter Stereotypes", Unilever, 15 de maio de 2019, https://www.unilever.com/news/news-and-features/Feature-article/2019/project--showus-doves-disruptive-new-partnership-to-shatter-stereotypes.html.
44. Leena Nair, "Have You Found Your Purpose?" Medium, 22 de novembro de 2018, https://medium.com/@leenanairHR/have-you-found-your-purpose-heres-how-4d93f7bccaa9.
45. Leena Nair, entrevista com a equipe do BCG, 17 de junho de 2019.
46. Jörgen Sundberg, "How Unilever Developed a New EVP and Employer Brand", Link Humans, último acesso em 20 de março de 2020, https://linkhumans.com/unilever/.
47. "LinkedIn", Tulsa Marketing Online, último acesso em 19 de março de 2020, https://www.tulsamarketingonline.com/linkedin-lists-its-10-most-followed-pages/. A classificação deles oscila, mas, no dia 25 de março de 2020, contabilizaram 9,4 milhões de seguidores no LinkedIn ("Unilever", LinkedIn, último acesso em 26 de março de 2020, https://www. linkedin.com/company/unilever/).
48. Meghan French Dunbar, "How Nature Became the World's Largest B Corp — and How Its Helping", Conscious Company Media, 5 de janeiro de 2016, https://consciouscompany media.com/sustainable-business/how-natura-became-the-worlds-largest-b-corp-and-how- its-helping/; Daniel Azevedo (diretor administrativo do BCG e parceiro e CCO da Natura), entrevista com a equipe do BCG, 11 de julho de 2019.
49. Keyvan Macedo, entrevista com a equipe do BCG, 20 de dezembro de 2019.
50. Keyvan Macedo, entrevista com a equipe do BCG, 20 de dezembro de 2019.
51. Carol Fulp, *Success Through Diversity: Why the Most Inclusive Companies Will Win* (Boston: Beacon Press, 2018). Pesquisas descobriram uma clara conexão entre diversidade e níveis de engajamento. Em empresa com baixos níveis de engajamento, por exemplo, existe uma lacuna maior entre os gêneros ("BCG's Gender Diversity Research: By the Numbers", BCG, último acesso em 19 de março de 2020, https://www.bcg.com/en-us/capabilities/ diversity-inclusion/gender-diversity--research-by-numbers.aspx).
52. Frances Brooks et al., "Winning the Race for Women in Digital", BCG, 28 de novembro de 2018, https://www.bcg.com/en-us/publications/2018/winning-race-women-digital.aspx.
53. Ruth Umoh, "Meet America's Best Employers for Diversity 2020", *Forbes*, 21 de janeiro de 2020, https://www.forbes.com/sites/ruthumoh/2020/01/21/meet-americas-best-employers-for-diversity-2020/#31144fcd5739.
54. Rainer Strack et al., "Decoding Digital Talent".
55. Orsolya Kovacs-Ondrejkovic et al., "Decoding Global Trends in Upskilling and Reskilling", BCG, novembro de 2019, https://www.bcg.com/publications/2019/decoding-global-trends- upskilling--reskilling.aspx.
56. Bob Black, entrevista com a equipe do BCG, 13 de janeiro de 2020.
57. Laura Heller, "Walmart Launches Tech Incubator Dubbed Store No. 8", *Forbes*, 20 de março de 2017, https://www.forbes.com/sites/lauraheller/2017/03/20/walmart-launches-tech-incubator-store-no-8/#13ee844e2dcb.
58. Adam Kearney, "We Digitized Google's Peer Recognition", Medium, 2 de maio de 2016, https://medium.com/@K3ARN3Y/how-google-does-peer-recognition188446e329dd; John Quinn, "A Look at Google's Peer-to-Peer Bonus System", Bonusly (blog), último acesso em 20 de março de 2020, https://blog.bonus.ly/a-look-at-googles-peer-to-peerbonus-system/.
59. Børge Brende, "We Need a Reskilling Revolution. Here's How to Make It Happen", World Economic Forum, 15 de abril de 2019, https://www.weforum.org/agenda/2019/04/skills- jobs-investing-in-people-inclusive-growth/; "The Future of Jobs Report", Economic Forum, 2018, ix, http://www3.weforum.org/docs/WEF_Future_of_Jobs_2018.pdf.
60. "The Future of Jobs Report", 12.
61. "The Future of Jobs Report", 13.

## NOTAS 265

62. Orsolya Kovacs-Ondrejkovic et al., "Decoding Global Trends".
63. Orsolya Kovacs-Ondrejkovic, "What Would You Do to Stay Relevant at Work?" LinkedIn, 7 de novembro de 2019, https://www.linkedin.com/pulse/what-would-you-do-stay-relevant-work-orsolya-kovacs-ondrejkovic/.
64. Na verdade, aproximadamente dois terços dos funcionários "vivenciarão uma mudança significativa em seu perfil de trabalho nos próximos cinco anos" (Vikram Bhalla et al., "A CEO's Guide to Talent Management Today", BCG, 10 de abril de 2018, https://www.bcg.com/ publications/2018/ceo-guide-talent-management-today.aspx).
65. "What Is FutureSkills?" FutureSkills, último acesso em 26 de março de 2020, http:// futureskills.nasscom.in/about-futureskill.html#whyFutureSkill. A NASSCOM, a associação de comércio da indústria, identificou dez tecnologias emergentes ("What Is FutureSkills?").
66. "NASSCOM", NASSCOM, 17 de julho de 2019, último acesso em 21 de março de 2020, https://www.nasscom.in/sites/default/files/media_pdf/pr_hr_summit%202019.pdf.
67. "What Is FutureSkills", FutureSkills, último acesso em 21 de março de 2020, http:// futureskills.nasscom.in/about-futureskill.html#whyFutureSkill.
68. "Nasscom", Nasscom, 17 de julho de 2019, último acesso em 21 de março de 2020, https://www.nasscom.in/sites/default/files/media_pdf/pr_hr_summit%202019.pdf; Venkatesh Ganesh e KV Kurmanath, "Modi Launches Nasscom's 'Future Skills' Platform", *Hindu Business Line*, 19 de fevereiro de 2018, https://www.thehindubusinessline.com/info- tech/modi-launches-nasscoms-future-skills-platform/article22800117.ece.
69. "How Does It Work", FutureSkills, último acesso em 21 de março de 2020, http:// futureskills.nasscom.in/how-does-it-work.html.
70. Ganesh e Kurmanath, "Modi Launches Nasscom's 'Future Skills' Platform".
71. "FutureSkills: A NASSCOM Initiative", NASSCOM, último acesso em 26 de março de 2020, https://www.nasscom.in/sites/default/files/FutureSkills_An_Industry_Response.pdf; Shilpa Patankar, "Wipro, Nassscom Tie-Up for Future Skills Platform", *Times of India*, 21 de dezembro de 2019, https://timesofindia.indiatimes.com/business/india-business/wipro-nassscom- tie-up-for--future-skills-platform/articleshow/72914868.cms.
72. Parágrafo baseado em pesquisas e análises do BCG.
73. Debbie Weinstein, "How L'Oréal Is Preparing for the Next Evolution of Digital Marketing", Think with Google, junho de 2018, https://www.thinkwithgoogle.com/intl/en-aunz/advertising-channels/video/how-loreal-preparing-next-evolution-digital-marketing/.
74. "AT&T Invests $1 Billion in Employee Reskilling", Aspen Institute, 12 de março de 2018, https://www.aspeninstitute.org/of-interest/upskilling-news-att-invests-1-billion-employee-reskilling/.
75. Susan Caminiti, "AT&T's $1 Billion Gambit: Retraining Nearly Half Its Workforce for Jobs of the Future", CNBC, 13 de março de 2018, https://www.cnbc.com/2018/03/13/atts-1- billion-gambit--retraining-nearly-half-its-workforce.html.
76. Aaron Pressman, "Can AT&T Retrain 100,000 People?" *Fortune*, 13 de março de 2017, https://fortune.com/longform/att-hr-retrain-employees-jobs-best-companies/.
77. Caminiti, "AT&T's $1 Billion Gambit".
78. Caminiti, "AT&T's $1 Billion Gambit".
79. Kate Rogers, "Manufacturers to Spend $26.2 Billion on 'Upskilling' in 2020 to Attract and Keep Workers", CNBC, 17 de janeiro de 2020, https://www.cnbc.com/2020/01/17/ manufacturers-to-spend-26point2-billion-on-upskilling-workers-in-2020.html.
80. Scott Snyder, "Talent, Not Technology, Is the Key to Success in a Digital Future", World Economic Forum, 11 de janeiro de 2019, https://www.weforum.org/agenda/2019/01/talent-not-technology-is-the-key-to-success-in-a-digital-future/.

# 266 NOTAS

81. Rich Hutchinson et al., "The Bionic Company", BCG, 7 de novembro de 2019, https://www.bcg.com/publications/2019/bionic-company.aspx.
82. Bob Desimone, "What High-Performance Workplaces Do Differently", Gallup, 12 de dezembro de 2019, https://www.gallup.com/workplace/269405/high-performance-workplaces-differently.aspx.
83. Shawn Achor et al., "9 Out of 10 People Are Willing to Earn Less Money to Do More-Meaningful Work", *Harvard Business Review*, 6 de novembro de 2018, https://hbr.org/2018/11/9-out-of-10-people-are-willing-to-earn-less-money-to-do-more-meaningful-work.
84. Charles Mitchell et al., "The CEO View of Risks and Opportunities in 2020", Conference Board, último acesso em 21 de março de 2020, https://files.constantcontact.com/ff18da33701/9f-112366-808b-4de4-b342-60b0f843784a.pdf.
85. "Key Skills Needed to Survive the 21st Century", Jobiness (blog), 14 de janeiro de 2019, http://blog.jobiness.com/key-skills-needed-to-survive-the-21st-century/.

## Capítulo 9: Adote a Transformação Contínua

1. N. Chandrasekaran, entrevista com a equipe do BCG, 14 de janeiro de 2020.
2. David Leonard e Claude Coltea, "Most Change Initiatives Fail—but They Don't Have To", Gallup, 24 de maio de 2013, https://news.gallup.com/businessjournal/162707/change- initiatives-fail-don.aspx.
3. Dados obtidos de uma pesquisa no banco de dados do S&P Capital IQ.
4. "Microsoft Market Cap 2006–2019", Macrotrends, último acesso em 25 de março de 2020, https://www.macrotrends.net/stocks/charts/MSFT/microsoft/market-cap.
5. Rolf Harms (gerente geral de estratégia e aquisições da Microsoft), entrevista com a equipe do BCG, setembro de 2019.
6. Satya Nadella, *Hit Refresh: The Quest to Rediscover Microsoft's Soul and Imagine a Better Future for Everyone* (Nova York: Harper Business, 2017), 66.
7. Eugene Kim, "Microsoft Has a Strange New Mission Statement", Business Insider, 25 de junho de 2015, https://www.businessinsider.com/microsoft-ceo-satya-nadella-new-company-mission-internal-email-2015-6.
8. "Annual Report 2017", Microsoft, último acesso em 25 de março de 2020, https://www.microsoft.com/investor/reports/ar17/index.html.
9. Krzysztof Majdan e Michał Wasowski, "We Sat Down with Microsoft's CEO to Discuss the Past, Present and Future of the Company", Business Insider, 20 de abril de 2017, https://www.businessinsider.com/satya-nadella-microsoft-ceo-qa-2017-4?IR=T.
10. Jordan Novet, "How Satya Nadella Tripled Microsoft's Stock Price in Just Over Four Years", CNBC, 18 de julho de 2018, https://www.cnbc.com/2018/07/17/how-microsoft-has- evolved-under-satya-nadella.html; Matt Asay, "Who Really Contributes to Open Source", InfoWorld, 7 de fevereiro de 2018, https://www.infoworld.com/article/3253948/who-really- contributes-to-open-source.html#tk.twt_ifw.
11. Ron Miller, "After 5 Years, Microsoft CEO Satya Nadella Has Transformed More Than the Stock Price", TechCrunch, 4 de fevereiro de 2019, https://techcrunch.com/2019/02/04/after-5-years-microsoft-ceo-satya-nadella-has-transformed-more-than-the-stock-price/.
12. Austin Carr e Dina Bass, "The Most Valuable Company (for Now) Is Having a Nadellaissance", Bloomberg, 2 de maio de 2019, https://www.bloomberg.com/news/features/2019-05-02/satya-nadella-remade-microsoft-as-world-s-most-valuable-company.
13. Dados obtidos do banco de dados do S&P capital IQ e do ValueScience Center do BCG.
14. Este capítulo se baseia fortemente em Jim Hemerling, Julie Kilmann e Dave Matthews, "The Head, Heart, and Hands of Transformation", Boston Consulting Group, 5 de novembro de 2018, https://www.bcg.com/publications/2018/head-heart-hands-transformation.aspx. A estrutura conceitual

desenvolvida neste capítulo apareceu originalmente aqui; também pegamos emprestada a terminologia quando necessário para transmitir ideias centrais. O capítulo apresenta, ainda, conceitos e frases de uma apresentação feita pessoalmente por Hemerling, denominada "The Head, Heart, and Hands of Transformation".

15. Hemerling, Kilmann e Matthews, "The Head, Heart, and Hands of Transformation".
16. Patti Sanchez, "The Secret to Leading Organizational Change Is Empathy", *Harvard Business Review*, 20 de dezembro de 2018, https://hbr.org/2018/12/the-secret-to-leading-organizational-change-is-empathy.
17. Hemerling, Kilmann e Matthews, "The Head, Heart, and Hands of Transformation".
18. Cathy Carlisi et al., "Purpose with the Power to Transform Your Organization", BCG, 15 de maio de 2017, https://www.bcg.com/en-us/publications/2017/transformation-behavior- culture-purpose-power-transform-organization.aspx.
19. Nadella, *Hit Refresh*, 68.
20. Nadella, *Hit Refresh*, 75.
21. Nadella, *Hit Refresh*, 79.
22. Nadella, *Hit Refresh*, 79–80.
23. Cathy Carlisi et al., "Purpose with the Power to Transform".
24. Confira Jim Hemerling et al., "It's Not a Digital Transformation Without a Digital Culture", BCG, 13 de abril de 2018, https://www.bcg.com/publications/2018/not-digital- transformation-without-t-digital-culture.aspx.
25. Nadella, *Hit Refresh*, 100.
26. Nadella, *Hit Refresh*, 102–103.
27. Rolf Harms, entrevista com a equipe do BCG, setembro de 2019.
28. Rolf Harms, entrevista com a equipe do BCG, setembro de 2019.
29. Nadella, *Hit Refresh*, 118–120.
30. Simone Stolzoff, "How Do You Turn Around the Culture of a 130,000-Person Company? Ask Satya Nadella", Quartz, último acesso em 25 de março de 2020, https://qz.com/work/1539071/how-microsoft-ceo-satya-nadella-rebuilt-the-company-culture/.
31. Nadella, *Hit Refresh*, 9–10.
32. Sandra J. Sucher e Shalene Gupta, "Layoffs That Don't Break Your Company", *Harvard Business Review*, maio–junho de 2018, https://hbr.org/2018/05/layoffs-that-dont-break-your-company.
33. Sandra Sucher, "There's a Better Way to Do Layoffs: What Nokia Learned, the Hard Way", LinkedIn, 3 de maio de 2019, https://www.linkedin.com/pulse/theres-better-way-do-layoffs-what-nokia-learned-hard-sandra-sucher/.
34. Sucher e Gupta, "Layoffs That Don't Break Your Company".
35. Sucher, "There's a Better Way to Do Layoffs".
36. Sucher, "There's a Better Way to Do Layoffs".
37. Sucher, "There's a Better Way to Do Layoffs".
38. Sucher, "There's a Better Way to Do Layoffs".
39. Sucher, "There's a Better Way to Do Layoffs".
40. Análise do BCG baseada em dados do banco de dados do S&P Capital IQ.
41. John Callaham, "Microsoft Is Helping Fund Startups Created by Laid Off Smartphone Workers in Finland", Windows Central, 2 de agosto de 2016, https://www.windowscentral.com/microsoft-tries-help-laid-smartphone-workers-finland-find-new-jobs.
42. Gerard O'Dwyer, "Finland's IT Sector Recovers After Break-Up of Nokia", Computer Weekly, 12 de dezembro de 2018, https://www.computerweekly.com/news/252454294/Finlands-IT-sector-recovers-after-break-up-of-Nokia.
43. O'Dwyer, "Finland's IT Sector Recovers".

268 NOTAS

44. Jay Yarrow, "Microsoft's CEO Sent Out a Giant Manifesto to Employees About the Future of the Company", Business Insider, 10 de julho de 2014, https://www.businessinsider.com/microsofts-ceo-email-2014-7.

45. Samantha McDonald, "Nike to Open Paris Flagship in the Most Expensive Building on the Champs-Élysées", *Footwear News*, 8 de outubro de 2019, https:// footwearnews.com/2019/business/retail/nike-champs-elysees-headquarters-house-of-innovation-paris-1202852317/.

46. Hilary Milnes, "In Effort to Grow Direct Sales, Nike Integrated Its App Strategy into Its Stores", Digiday, 26 de março de 2019, https://digiday.com/retail/nike-integrated-app-strategy-stores/.

47. Khadeeja Safdar, "Nike's Strategy to Get a Lot More Personal with Its Customers", *The Wall Street Journal*, 13 de março de 2019, https://www.wsj.com/articles/nikes-strategy-to-get-a-lot-more-personal-with-its-customers-11557799501.

48. Morgan Forde, "Company of the Year: Nike", Supply Chain Dive, 9 de dezembro de 2019, https://www.supplychaindive.com/news/nike-supply-chain-Celect-dive-awards/566234/.

49. Alfonso Segura, "The Fashion Retailer", Fashion Retail Blog, 16 de abril de 2018, https://fashion-retail.blog/2018/04/16/5015/.

50. Análise do BCG baseada em dados do banco de dados do S&P Capital IQ e do ValueScience Center, do BCG.

51. Martin Reeves et al., "Preemptive Transformation: Fix It Before It Breaks", BCG Henderson Institute, 17 de agosto de 2018, https://www.bcg.com/publications/2018/preemptive- transformation-fix-it-before-it-breaks.aspx.

52. Reeves et al., "Preemptive Transformation".

53. Polly Mosendz, "Microsoft's CEO Sent a 3,187-Word Memo and We Read It So You Don't Have To", *Atlantic*, 10 de julho de 2014, https://www.theatlantic.com/technology/archive/2014/07/microsofts-ceo-sent-a-3187-word-memo-and-we-read-it-so-you-dont-have-to/374230/.

54. Steve Denning, "How Microsoft Vanquished Bureaucracy with Agile", *Forbes*, 23 de agosto de 2019, https://www.forbes.com/sites/stevedenning/2019/08/23/how-microsoft-vanquished-bureaucracy-with-agile/#5d26bb3c6f58.

55. Steve Denning, "Surprise: Microsoft Is Agile", *Forbes*, 27 de outubro de 2015, https://www.forbes.com/sites/stevedenning/2015/10/27/surprise-microsoft-is-agile/#45dd014a2867.

56. Mosendz, "Microsoft's CEO Sent a 3,187-Word Memo".

57. Jim Hemerling, Julie Kilmann e Dave Matthews, "The Head, Heart, and Hands of Transformation", BCG, 5 de novembro de 2018, https://www.bcg.com/publications/2018/head-heart-hands-transformation.aspx.

58. Tomamos emprestadas essas perguntas, com algumas adaptações, de uma apresentação feita por um de nós (Jim Hemerling).

## Além da Excelência em Liderança

1. Roland Busch, entrevista com a equipe do BCG, 17 de fevereiro de 2020.
2. Satya Nadella, entrevista conduzida pelo BCG, Seattle, Washington, 4 de junho de 2019.
3. Roberto Marques, entrevista com a equipe do BCG, 10 de março de 2020.
4. Roberto Marques, entrevista com a equipe do BCG, 10 de março de 2020.
5. N. Chandrasekaran, entrevista com a equipe do BCG, 17 de setembro de 2019.
6. Roberto Marques, entrevista com a equipe do BCG, 10 de março de 2020.
7. Lars Fæste et al., "Transformation: The Imperative to Change", BCG, 3 de novembro de 2014, https://www.bcg.com/en-us/publications/2014/people-organization-transformation-imperative--change.aspx.
8. N. Chandrasekaran, entrevista com a equipe do BCG, 17 de setembro de 2019.

# ÍNDICE

## A

abordagem flexível, 116–134
adeia de suprimento integrada globalmente, 116
Adidas, 121–122
  SpeedFactories, 121
administração de talentos, 187
ágil, filosofia, 170
agricultura, setor, 139–143
Aiming for Zero, 55
Airbnb
  expansão, 78
AkzoNobel, 149
alavancas de ativação, 214–219
Alexa
  superplataforma, 106
Alibaba, 80–94
  economia digital de parceiros locais, 81
  fracassar rápido, 170
Amazon, 81
  Amazon Web Services, 137
ambiguidade, 235
América do Sul, 85
Anglo American plc, 40–42
Ant Financial, 97–99
Apple
  App Store, 105

aprofundamento, estratégia, 88
aquisitratação, 192
arquitetura de dados, 154–156
  global, 13
arquitetura digital, 154–156
  Amazon Web Services, 142
asset light, modelos, 78–82
  disrupção, 83
  globalização, 82
assinaturas direct-to-consumer, 51
assistência médica, setor, 56
automotivo, setor, 51
  Vale do Silício, 54
Azurion, 54–55

## B

Baidu, 110
Bajaj Auto, 79–80
big data, 145–147
Blackrock, 31
Brasil
  economia, 85
Bridge, 218
Bridgestone, 88–91
ByteDance, 161

## C

cabeça-coração-mãos

modelo de liderança, 235
cadeia de suprimentos, 136
capitalismo
  descontentamento, 7
  e TSI, 45
comércio digital, 9
compensação de carbono, 25
conectividade digital, 9
consumidor, 28
  global, 48
    ascensão, 66
convicção, liderança, 232
Covid-19, pandemia, 1
  aceleração de tendências, 3
  adaptação, empresas, 3
  economia, 92
  nacionalismo, 9
crescer seletivamente
  ambiente local, 13
crescimento global, 6
crises
  volatilidade, 2
cultura, 215–216

## D

dados, 135–158
  análise de, 137
  globalização, 136
  infraestrutura, 137

# 270 ÍNDICE

pessoais
Megvii, 85
data analytics, 137–158
democratização da mídia, 28
desempenho com propósito, 11
desenvolvimento sustentável, 23
desigualdade, 7
distribuição global de baixo custo, 116

## E

economia
brasileira
1980, 23
cashless
China, 99
compartilhada, 50
ecossistema, 97–114
colaborativo, 211
digital, 133
fundamentos, 100–107
alcance geográfico, 102
benefício mútuo e geração de valor, 105
cruzar as linhas entre indústrias, 104
estruturas maleáveis de acordos, 104
relacionamentos multilaterais entre os participantes, 100
guerra de, 111
plataformas, 106
redes digitalizadoras, 106
superplataformas, 106–107

empatia, 217–219
empresa
favorecida, 104
global, 76
incumbente, 76
sustentável de alto desempenho
estratégias, 12
entrega flexível, 114
equipes ágeis, 13
estratégia versus velocidade, 109
excelência, 236

## F

fabricante do equipamento original (OEM), 101
fábricas e centros de entrega, 13
Facebook
data center, 137
Fidelity, 171
Fitbit, 79
Flipkart, 75
fluxo de dados, 133
força de trabalho, 186–207
Kronos, 195
LinkedIn, 195
L'Oréal, 203
Natura, 197
Nestlé, 195
Unilever, 186
Wipro, 186
formas ágeis de trabalho, 170–172
líderes, 233

Fortnite, 138
Fórum Econômico Mundial, 200
front end e back end, 177
funcionários, 185–207
jornada do, 199
millennials e Geração Z, 198

## G

gamificação, 61
Gatorade, 63
gêmeos digitais, 129
General Electric, 130
General Motors, 53
geração Z, 187
gig economy, 193
globalização, 6
riscos, 10

## H

Hershey, 88
hierarquia piramidal rígida, 162
H&M, 145

## I

Impacto Social Total
TSI, 27–46
bem-estar do consumidor, 32
capacitação social, 32
governança, 32
sustentabilidade ambiental, 32
valor econômico, 32
valores e princípios éticos, 32

## ÍNDICE 271

impressão 3D, 123

Indústria 4.0, 120–122

indústria farmacêutica, 146

IntelligentEngine, 59

intervenções top-down, 209

**J**

John Deere, 140

Johnson & Johnson, 124

jornada do cliente, 68

**K**

Konecranes, 149

**L**

local para global, estratégia, 89

L'Oréal, 62

**M**

manutenção preditiva, 142

mãos da transformação, 224

marketing sob medida, 62

Mars, 87

Mastercard, 34–38

   inovação sustentável, 36

   retorno aos acionistas, 38

mentalidade de startup, 162

método ágil distribuído, 172

Microsoft, 210–214

   mobile-first, cloud-first, 211

   por trás dos bastidores, 212

   transformação, 225

Milton Friedman, 27

mindset

   ágil, 225

   de crescimento, 216

MindSphere Application
Centers (MACs), 148

mobilizações de recursos, 209

modelo

   de engajamento, 69

   de negócio, 121

   operacional

      e alavancagem de dados,
143–154

montadoras de carros, 53

multilateralismo, 121

**N**

nacionalismo

   econômico, 88

nações de alto crescimento

   políticas, 76

Natura, 22–27

   centros de gravidade, 173

   &Co, 173

   crescimento da
competência, 173

   Empresa B, 25

   estratégia de distribuição,
22

   modelo de produção, 24

   modelo operacional, 26

   proteção do meio ambiente,
23

   treinamento de consultoras,
23

   vendas diretas, 23

negócio global

   aspecto técnico, 204

Netflix, 65–66

   expansão, 78

Niantic, 78

Nike, 222–227

   Consumer Direct Offense
Strategy, 223

   House of Innovation, 222

Nintendo, 78

Nokia, 6

**O**

Omron, 39–40

open data lakes, 145

oportunidades criativas
atraentes, 194

organização matricial, 165

**P**

paradoxo, 235

parcerias, 41–46

   marginais, 99

pegadas globais, 82

PepsiCo, 28–29

   diversidade, 29

   Performance com Propósito,
29

personalização, 61–65

   tecnologia, 63

Philips, 54–56

PIB

   grande convergência, 8

plataformas de tecnologia, 176

políticas protecionistas, 9

Polku, 219

produtos físicos, 48

propósito

   da empresa, 214–215

      propósito superficial, 215

   social, 31

# 272 ÍNDICE

## Q
questões estratégicas complexas, 1

## R
recursos analíticos, 13

rede
de relacionamentos, 110
de valor, 13
digitalizadora, 112

responsabilidade social corporativa (RSC), 22

retornos totais aos acionistas (RTA), 22

Revolução Industrial, 119

revolução tecnológica, 231

Rolls-Royce, 57–58

## S
Samsung, 126

Schneider Electric, 150–152

serviços digitais, 47

serviços financeiros, setor, 4

servitização, 49–72
benefícios, 57
mineração inteligente, 108
mobilidade como serviço, 51
Orica, 82

Shell, 153

Siemens, 147–148
na China, 90

soluções e experiências digitais, 13

Spotify, 65

Starbucks, 142

streaming, 50–72

sustentabilidade, 22–46

## T
tarifas, aumento, 85

tarifas médias e específicas, 121

Tata Consultancy Services (TCS), 4

Tata Steel, 86–87

TCS, 4
excelência, 4
Modelo de Rede de Distribuição Global, 117

tecnologias digitais transfronteiriças, 59

teias de valor, 97–100

tensão, 235
social, 7

Tesla, 63–64
personalização dinâmica, 64

ThyssenKrupp, 87

TMRW, 84

tolerância ao risco, 132

TotalCare, 58

transformação, 14
contínua, 210–230
tradicional, 216

tribalismo, 8

## U
Unilever, 167–168
administração regional, 168

## V
velha globalização, 63

volatilidade, 74
era de, 6

Volkswagen, 101–102

## W
We Connect, 101

Whirlpool, 49–50

Wipro, 192–201

## X
Xiaomi, 74–76
expansão, 75

## Projetos corporativos e edições personalizadas
dentro da sua estratégia de negócio. Já pensou nisso?

**Coordenação de Eventos**
Viviane Paiva
viviane@altabooks.com.br

**Assistente Comercial**
Fillipe Amorim
vendas.corporativas@altabooks.com.br

A Alta Books tem criado experiências incríveis no meio corporativo. Com a crescente implementação da educação corporativa nas empresas, o livro entra como uma importante fonte de conhecimento. Com atendimento personalizado, conseguimos identificar as principais necessidades, e criar uma seleção de livros que podem ser utilizados de diversas maneiras, como por exemplo, para fortalecer relacionamento com suas equipes/ seus clientes. Você já utilizou o livro para alguma ação estratégica na sua empresa?

Entre em contato com nosso time para entender melhor as possibilidades de personalização e incentivo ao desenvolvimento pessoal e profissional.

## PUBLIQUE SEU LIVRO

Publique seu livro com a Alta Books. Para mais informações envie um e-mail para: autoria@altabooks.com.br

 /altabooks    /alta-books    /altabooks   /altabooks

## CONHEÇA OUTROS LIVROS DA **ALTA BOOKS**

Todas as imagens são meramente ilustrativas.

Esta obra foi produzida nas
oficinas da Imos Gráfica e Editora na
cidade do Rio de Janeiro